MAX GEHRINGER

SUA CARREIRA DIRETO AO PONTO

Um guia de perguntas e respostas para se dar bem nas mais diferentes situações corporativas

ISBN 978-85-5717-142-8

DADOS INTERNACIONAIS DE CATALOGAÇÃO NA PUBLICAÇÃO (CIP)
ANGÉLICA ILACQUA CRB-8/7057

SOMOS EDUCAÇÃO | Benvirá

Av. das Nações Unidas, 7221, 1º Andar, Setor B
Pinheiros – São Paulo – SP – CEP: 05425-902

SAC
0800-0117875
De 2ª a 6ª, das 8h às 18h
www.editorasaraiva.com.br/contato

Presidente	Eduardo Mufarej
Vice-presidente	Claudio Lensing
Diretora editorial	Flávia Alves Bravin
Editoras	Débora Guterman
	Paula Carvalho
	Tatiana Vieira Allegro
Produtores editoriais	Deborah Mattos
	Rosana Peroni Fazolari
Suporte editorial	Juliana Bojczuk

Preparação	Maria Silvia Mourão Netto
Revisão	Tulio Kawata
Projeto gráfico	Deborah Mattos
Diagramação e capa	Caio Cardoso
Impressão e acabamento	Corprint Gráfica e Editora Ltda.

Gehringer, Max
   Sua carreira direto ao ponto : um guia de perguntas e respostas para se dar bem nas mais diferentes situações corporativas / Max Gehringer. – São Paulo : Benvirá, 2017.
   344 p.

Bibliografia
ISBN 978-85-5717-142-8

1. Profissões - Desenvolvimento 2. Recursos humanos 3. Orientação profissional 4. Sucesso nos negócios I. Título

17-0971
CDD 378.161
CDU 378:(079)

Índices para catálogo sistemático:
1. Profissões - Desenvolvimento

Copyright © Max Gehringer, 2017
Todos os direitos reservados à Benvirá,
um selo da Saraiva Educação.
www.benvira.com.br

1ª edição, 2017

Nenhuma parte desta publicação poderá ser reproduzida por qualquer meio ou forma sem a prévia autorização da Saraiva Educação. A violação dos direitos autorais é crime estabelecido na lei nº 9.610/98 e punido pelo artigo 184 do Código Penal.

EDITAR 16413   CL 651173   CAE 621807

Agradecimentos a
Renato Gehringer pela
inestimável colaboração

Uma pequena introdução

Imagine o mercado de trabalho como uma peça de teatro. No palco, há atores principais e secundários. Assim como ocorre no trabalho, ninguém ali no palco age exatamente como agiria em situações informais. Cada um tem um papel a representar, e tentará fazê-lo da melhor forma possível, dia após dia. Precisará saber a hora de falar e a hora de deixar os outros falarem. Precisará continuamente mostrar que está à altura do papel que lhe foi dado. O sucesso de cada um dependerá da atuação de todos, mas alguns se destacarão mais do que outros.

Então, o mercado de trabalho seria uma falsidade? Não. Seria uma adaptação às circunstâncias. Quem começa a trabalhar em uma empresa conservadora irá se comportar segundo os padrões dela. O mesmo vale para empresas descontraídas. Quem entra em uma empresa onde os funcionários se cumprimentam e se tocam ao início do expediente, irá aderir a esse sistema, digamos, pegajoso. Mas há empresas em que encostar no próximo é proibido, e isso não significa que uma esteja certa e a outra errada. É o que chamamos de cultura, a identidade física e emocional de uma empresa.

Em que tipo de empresa você gostaria de trabalhar? Sem dúvida, naquela que mais se pareça com você, para que não tenha que modificar radicalmente seus hábitos. Mas isso nem sempre é possível, como quem já procurou emprego bem sabe. Logo, conseguir ingressar em uma empresa que ofereça boas oportunidades de crescimento, mesmo que ela tenha um par de coisas que poderiam ser melhores, começa a parecer mais apropriado do que passar muito tempo procurando a empresa ideal, aquela em que tudo funcionará ao gosto do empregado.

Essa representação profissional começa já na entrevista. O traje escolhido para o dia não pode estar em desacordo com a maneira como os demais funcionários da empresa se vestem. As respostas dadas deverão ser aquelas que causarão impacto positivo, mesmo que o entrevistado as tenha decorado. E o comportamento durante a entrevista deverá dar ao entrevistador a certeza de que o contratado irá se portar de modo condizente com a etiqueta daquela empresa, qualquer que seja o modo como ele se porte fora dela.

E quando, você perguntaria, um empregado começa a ter o elementar direito de pensar e oferecer sugestões? Depois que ele ganhar a confiança dos superiores. Primeiro, ele mostrará que pode executar bem as tarefas pelas quais está sendo pago. Depois, aos poucos, será chamado a opinar. Finalmente, entrará na escala das promoções, galgando postos à medida que seus resultados e seu desempenho profissional superarem os de seus pares.

Parece difícil? Não só parece. De cada dez brasileiros que ingressam no mercado de trabalho, sete nunca serão promovidos. Se isso aparenta ser uma tragédia, leve em conta que nenhuma empresa pode ter mais chefes do que subordinados. Isso seria inverter a pirâmide da hierarquia, e aí ela desmoronaria sob o próprio peso. Para que o processo funcione, é preciso que 70% dos funcionários permaneça na base. Mas esse não é o seu caso. Se para você não fizesse muita diferença ter sucesso na carreira ou permanecer anônimo, você não teria comprado este livro.

Certas regras básicas não mudam, não importa em que estágio da carreira você esteja – no começo, chegando ao meio ou além da metade. Para quem é principiante, é preciso conhecê-las. Para quem acredita que deveria estar melhor do que está, é preciso revê-las e verificar onde a carreira emperrou, e por quê. Para quem já acumulou mais de duas décadas de experiência e se sente tranquilo, é preciso rever constantemente os conceitos, para evitar que a tranquilidade gere a obsolescência precoce.

Essas regras elementares são as seguintes:

- A empresa não se adaptará ao que você deseja. Cabe a você adaptar-se ao que ela necessita.

- O passado produz boas histórias, mas o amanhã depende dos resultados de hoje. Um bom passado pode ter garantido o emprego até agora, mas não garantirá a continuidade dele.

- Avaliar o desempenho do chefe direto não faz parte das atribuições do subordinado. Empregados são admitidos por um único motivo: há um trabalho a ser feito, e alguém precisa fazê-lo. E o chefe é o responsável pelo resultado final. Por isso, cabe ao subordinado apoiar o chefe, qualquer que seja a opinião que possa ter sobre ele.

- Empregados com bom potencial nunca passam despercebidos. Não há nenhum motivo para uma empresa ignorar quem é bom e possa produzir bons resultados.

- Competência técnica, sozinha, não assegura uma promoção. Há outros fatores que, conjuntamente, pesam mais. Dentre eles, liderança, bom relacionamento em todas as direções e identificação com as diretrizes da empresa.

- O emprego pertence à empresa, mas a carreira pertence ao profissional. O investimento nela deve ser feito por conta própria, sem esperar que a empresa banque os custos. Um novo curso feito poderá ser útil à empresa em curto prazo, mas, no longo prazo, servirá muito mais para a carreira.

- Ignorar mudanças, tanto dentro da empresa quanto no mercado em geral, é a maneira mais usual de truncar ou desacelerar a carreira.

Mudanças ocorrem todos os dias. Tem sido assim desde que o mundo é mundo, mas a velocidade está ficando cada vez maior. Há pouco mais de vinte anos, ninguém tinha telefone celular. Há trinta, não tínhamos a internet. Há quarenta, não havia computadores pessoais. E o mais espantoso para a geração atual é que ninguém sentia falta de nenhuma dessas coisas até elas aparecerem e transformarem a maneira como vivemos. Quem deixou que essas e outras mudanças passassem, como se elas não tivessem acontecido, se tornou anacrônico.

Em uma carreira profissional, qual é a melhor mudança? É aquela que fazemos aos poucos, em conta-gotas, quase sem nos darmos conta de que estamos mudando. Um novo conceito que abraçamos, um novo conhecimento que adquirimos, um erro que reconhecemos. Nada de muito especial, é verdade, tanto que o efeito somente será percebido ao final de alguns anos, quando não conseguirmos nos recordar de nenhuma mudança drástica que fizemos, mas percebermos que ficamos muito diferentes do que éramos, e muito satisfeitos com o que nos tornamos.

É disso que este livro trata, das pequenas transformações ao alcance de todos. Durante meus primeiros treze anos como "respondedor corporativo" da Rádio CBN, recebi mais de trinta mil perguntas de ouvintes, das quais cerca de três mil foram respondidas no ar. Neste livro, procurei reunir os temas mais frequentes – aqueles que mais causam dúvidas e apreensões. São situações do dia a dia, e posso garantir que quem ainda não passou por uma delas inevitavelmente irá passar no decurso da carreira. E, se uma resposta precisar ser expandida, após cada bloco você encontrará algumas palavras-chave, é só consultar o índice no final do livro para verificar as páginas que contêm outras questões sobre assuntos semelhantes.

acomodação · adaptação · ambiente de trabalho · amizade ·
concurso público · confiança · consultoria · contratação · contrato
· cursos · cursos técnicos · demissão · depreciação · desempre
engenheiro · estabilidade · estágio · estagnação · ética · etiqu
formação acadêmica · frustação · futuro · hierarquia · honestidade ·
· métodos arcaicos · métodos peculiares · motivação · mudança
obrigatoriedade · perseguição · prioridade · proatividade · processo
· recursos humanos · redes sociais · relacionamento com colega
· trabalho em equipe · traços de personalidade · trainee · trans
acomodação · adaptação · ambiente de trabalho · amizade ·
concurso público · confiança · consultoria · contratação · contrato
· cursos · cursos técnicos · demissão · depreciação · desempre
· engenheiro · estabilidade · estágio · estagnação · ética · etiqu
formação acadêmica · frustação · futuro · hierarquia · honestidade ·
· métodos arcaicos · métodos peculiares · motivação · mudança
obrigatoriedade · perseguição · prioridade · proatividade · processo
· recursos humanos · redes sociais · relacionamento com colega
· trabalho em equipe · traços de personalidade · trainee · trans
acomodação · adaptação · ambiente de trabalho · amizade ·
concurso público · confiança · consultoria · contratação · contrato
· cursos · cursos técnicos · demissão · depreciação · desemp
· engenheiro · estabilidade · estágio · estagnação · ética · etiqu
formação acadêmica · frustação · futuro · hierarquia · honestidade ·
· métodos arcaicos · métodos peculiares · motivação · mudança
obrigatoriedade · perseguição · prioridade · proatividade · processo
· recursos humanos · redes sociais · relacionamento com colega
· trabalho em equipe · traços de personalidade · trainee · trans
acomodação · adaptação · ambiente de trabalho · amizade ·
concurso público · confiança · consultoria · contratação · contrato
· cursos · cursos técnicos · demissão · depreciação · desempre
engenheiro · estabilidade · estágio · estagnação · ética · etiqu
formação acadêmica · frustação · futuro · hierarquia · honestidade ·
· métodos arcaicos · métodos peculiares · motivação · mudança
obrigatoriedade · perseguição · prioridade · proatividade · process

ento · avaliação · chefe · começar a carreira · concorrência ·
nto pessoal · criatividade · críticas · cultura empresarial · currículo
rização · discriminação · elogios · e-mail · empreendedorismo ·
ativa · experiência · experiência prática · família · flexibilidade ·
dade · leis trabalhistas · liderança · marketing pessoal · meritocracia
· negociação · networking · o que falar · o que fazer · obrigações ·
rodutividade · promoção · reações emotivas · recomeçar a carreira
o · riscos · sabotagem · salário · sinceridade · situações inéditas
ansparência · treinamento · vários empregos em pouco tempo:
ento · avaliação · chefe · começar a carreira · concorrência ·
nto pessoal · criatividade · críticas · cultura empresarial · currículo
orização · discriminação · elogios · e-mail · empreendedorismo
tativa · experiência · experiência prática · família · flexibilidade ·
dade · leis trabalhistas · liderança · marketing pessoal · meritocracia
· negociação · networking · o que falar · o que fazer · obrigações ·
rodutividade · promoção · reações emotivas · recomeçar a carreira
o · riscos · sabotagem · salário · sinceridade · situações inéditas
ansparência · treinamento · vários empregos em pouco tempo:
ento · avaliação · chefe · começar a carreira · concorrência ·
nto pessoal · criatividade · críticas · cultura empresarial · currículo
alorização · discriminação · elogios · e-mail · empreendedorismo
tativa · experiência · experiência prática · família · flexibilidade ·
dade · leis trabalhistas · liderança · marketing pessoal · meritocracia
· negociação · networking · o que falar · o que fazer · obrigações ·
rodutividade · promoção · reações emotivas · recomeçar a carreira
o · riscos · sabotagem · salário · sinceridade · situações inéditas
ansparência · treinamento · vários empregos em pouco tempo:
ento · avaliação · chefe · começar a carreira · concorrência ·
nto pessoal · criatividade · críticas · cultura empresarial · currículo
rização · discriminação · elogios · e-mail · empreendedorismo ·
ativa · experiência · experiência prática · família · flexibilidade ·
dade · leis trabalhistas · liderança · marketing pessoal · meritocracia
· negociação · networking · o que falar · o que fazer · obrigações ·
rodutividade · promoção · reações emotivas · recomeçar a carreira

1

Há alguma decisão que você tomou ao começar sua carreira e da qual nunca se arrependeu?

Sim, há uma. Ouvir com atenção opiniões de pessoas que haviam passado por alguma situação parecida com a que estivesse me incomodando. Fui aprendendo que essas opiniões variavam bastante de uma pessoa para outra e que, muitas vezes, eram contraditórias entre si. Posso lhe assegurar que não segui a maior parte das sugestões que ouvi, mas nunca deixei de perguntar e escutar atentamente antes de agir. A predisposição para ouvir, e depois ponderar e peneirar o que nos foi dito, nos proporciona duas atitudes vitais na carreira: decidir com precaução e, principalmente, evitar fazer bobagens por precipitação.

2

Meu chefe não costuma ficar criticando os subordinados. Por isso, fiquei paralisada quando ele criticou em voz alta algo que eu havia feito do meu jeito, e que, segundo ele, era o jeito errado. Considerei a crítica injusta, mas não reagi. Não porque eu não tivesse argumentos, mas porque fui apanhada de surpresa e não consegui falar nada. Meus colegas, que testemunharam tudo, estão divididos quanto à minha atitude. Alguns acharam que fiz bem em ficar calada; outros, que eu deveria ter respondido, mas a maioria confessou não saber como teria reagido numa situação dessas. Qual seria a maneira mais apropriada de responder a uma crítica injusta?

Essa é uma situação pela qual todos nós já passamos pelo menos uma vez na carreira. Em minha opinião, uma reação deve ser evitada: começar a discutir com o chefe no mesmo tom que ele usou. Como ele pode não ter razão, mas tem a autoridade que o cargo lhe confere, dificilmente deixará de usá-la se a conversa esquentar. O passo seguinte é evitar ficar dando explicações na frente dos colegas. Se o chefe já disse que aquele não era o jeito certo, ele até poderá mudar de ideia depois, mas em uma conversa particular e após a temperatura ter baixado. Dito isso, não creio que exista uma maneira universalmente correta de um subordinado reagir em uma situação como essa que você descreveu, mas posso compartilhar a melhor reação que já vi. Ela consiste em perguntar ao chefe, num tom de voz normal, como ele desejaria que a tarefa fosse executada e não interrompê-lo enquanto ele estiver falando. Toda vez que vi isso acontecer, o chefe começava falando alto, ia diminuindo o volume de voz aos poucos, até terminar num tom normal. Quando encerrava, o subordinado agradecia e o chefe percebia que tinha exagerado em sua reação inicial. Então, eu diria que você, dentre as opções que tinha, não usou a que talvez fosse a mais correta, mas, por outro lado, o chefe também não teve uma reação explosiva. E isso foi bom. Em discussão de chefe e subordinado, uma explosão não anula a outra. Só provoca uma terceira explosão, de carga muito maior.

Palavras-chave: chefe, críticas, depreciação, reações emotivas, situações inéditas, hierarquia, o que falar.

3

Tenho 17 anos e estou concluindo um curso técnico. Não tive dificuldade para conseguir um estágio, numa empresa multinacional. Fiquei contente, mas me bateu uma grande dúvida. Se eu for efetivado ao final do estágio, não creio que conseguirei fazer uma faculdade de renome, como era meu objetivo inicial. Sei que para entrar nessas faculdades mais famosas é preciso estudar muito, fazer cursinho, e mesmo depois de entrar a carga será pesada. Vejo isso observando o pessoal que trabalha nesta empresa. Sendo apenas um técnico, eu não teria liberdade para chegar mais tarde, ou sair mais cedo, para, por exemplo, participar de pesquisas de campo ou trabalhos em grupo. Se eu der prioridade ao trabalho e fizer uma faculdade menos famosa, mais fácil de entrar e de levar o curso, isso prejudicaria ou ajudaria minha carreira? Ou seria melhor eu desistir de ser efetivado e cursar uma faculdade renomada?

Antes de responder, vale a pena enfatizar algo que você mencionou no início. Você está se formando como técnico e conseguiu sem dificuldade um estágio numa multinacional. Nos últimos anos uma multidão de jovens decidiu pular o curso técnico e partir direto para uma faculdade. Por isso, faltam técnicos no mercado. E, por isso, você conseguiu um estágio. E quase certamente será efetivado. Você está fazendo tudo certo. Eu apenas lhe sugiro não desistir tão facilmente da faculdade que você gostaria de cursar. Faça o vestibular. Se passar, encare o curso. Talvez a coisa não seja tão complicada como você está antecipando que será. Caso venha a ser, transfira-se para outra faculdade "mais fácil de levar", como você mesmo diz. O mais

SUA CARREIRA DIRETO AO PONTO **15**

importante é que, aos 18 anos, você já terá um bom emprego numa boa empresa e a vida inteira pela frente. Pode até ser que, após ser efetivado, você descubra um curso superior no qual ainda nem pensou, mas que poderia ser o mais indicado para sua carreira. Isso acontece muito, e é fruto da observação de quem está dentro de uma empresa. Hoje, há muitos jovens fazendo cursos superiores sem saber se conseguirão um estágio ou um emprego. Eu gostaria que mais jovens pensassem como você e não menosprezassem a importância do curso técnico.

Palavras-chave: cursos técnicos, formação acadêmica, contratação, estágio, começar a carreira, prioridade, riscos.

4

Na empresa em que trabalho, são comuns reuniões fora do horário do expediente. A cada mês, acontecem duas ou três. A convocação é feita verbalmente pelo gerente, e ele não aceita desculpas. Diz que todo mundo deve participar porque os assuntos tratados são importantes para nosso desempenho e nosso crescimento profissional. De minha parte, considero que as reuniões são válidas. Muitos problemas já foram resolvidos nelas. Só fico em dúvida quanto à obrigatoriedade da participação. Se fosse um treinamento, tudo bem.

Vamos lá. Esse é um tema que não admite muita discussão. Uma empresa, quando convoca um empregado para esticar o expediente, e tanto faz se é para uma reunião ou para um treinamento, deve pagar as horas extras correspondentes. Existem sentenças da Justiça do Trabalho nesse sentido, e a maioria dos acordos coletivos de trabalho enfatizam essa necessidade. Agora entra a diferença entre convocação e convite. Uma empresa pode convidar seus empregados a participar de algum tipo de encontro fora do expediente. Pode ser uma festa, por exemplo. O empregado pode ou não aceitar o convite, a critério dele. Caso não aceite, não precisa explicar por que não aceitou e não ouvirá nenhuma recriminação pela ausência. Já no caso de uma convocação disfarçada de convite, existe algum tipo de pressão para o comparecimento e de retaliação pelo não comparecimento. Isso é o que não pode. Eu colocaria como exceção a essa regra algo que seja do interesse do empregado e que tenha sido solicitado por ele mesmo. Por exemplo, um empregado quer fazer um curso de inglês. A empresa se dispõe a pagar um professor para vir à empresa, mas pergunta se o empregado concordaria em fazer as aulas fora do horário de expediente. Nesse caso, a iniciativa partiu do empregado e existe uma clara vantagem para ele, que é o pagamento do curso. Seria muita cara de pau o empregado tentar no futuro cobrar essas aulas como horas extras. Portanto, exceções existem, mas são bem poucas. Como regra geral, se a empresa impõe a extensão do horário de trabalho, mesmo que seja com a melhor das intenções, deve arcar com a compensação dessas horas.

Palavras-chave: hora extra, ambiente de trabalho, cultura empresarial, métodos peculiares, obrigatoriedade, chefe, leis trabalhistas, treinamento.

5

Tenho 21 anos e este ano vou começar a estudar Pedagogia. Escolhi essa área porque acredito que a Educação é a única coisa que pode transformar a vida de uma pessoa e abrir portas para melhores condições de vida. O que você acha dessa área?

Antes de responder o que eu acho, permita-me cumprimentá-la pelo motivo que levou você a optar por Pedagogia. Você pensou no próximo. Pensou em proporcionar meios para que muitas crianças e jovens estejam bem preparados para a sociedade e para a vida profissional. Isso é gratificante. Imagino que a recompensa financeira não seja a sua principal prioridade, e isso é ainda mais louvável. Porém, quando você me pergunta o que eu acho da área, a situação muda um pouco. Você pode vir a ser uma educadora pública, e para isso teria que ser aprovada em um concurso. Ou pode vir a ser uma educadora que dá aula em escolas particulares, e nesse caso precisaria conhecer outros educadores já estabelecidos que pudessem recomendar você no início de sua carreira. Em ambos os casos, você pode conversar com educadores e entender o que eles fazem, quanto tempo dedicam diariamente ao ensino, quanto ganham. Talvez você não saiba, mas os educadores constituem a categoria mais mal paga do Brasil, levando em consideração a importância do trabalho que executam. Supondo que neste momento você não considere que a remuneração seja importante, ainda assim sugiro que se informe sobre esse aspecto porque é ele que irá determinar o seu padrão de vida, e do seu padrão de vida dependerá a sua tranquilidade para poder ensinar. Conheço muitas pessoas que já fizeram essas contas e ficaram cientes de que poderiam ganhar mais se escolhessem outro curso e fossem trabalhar em uma empresa, mas mesmo assim decidiram seguir a carreira do ensino. Se esse for o seu caminho, novamente a parabenizo e sei que muitos jovens, alguns que ainda nem nasceram, farão o mesmo no futuro.

Palavras-chave: formação acadêmica, salário, arrependimento, começar a carreira, prioridade, riscos.

6

Eu estava participando de dois processos de seleção. Do primeiro eu já tinha até desistido porque havia feito todas as entrevistas e um mês tinha passado sem que eu recebesse algum retorno. O segundo processo foi bem mais rápido e resultou em uma proposta que considerei boa. Solicitei demissão da empresa em que estava trabalhando e comecei a cumprir os trinta dias de aviso-prévio. Ali pelo décimo dia, para minha surpresa, a primeira empresa, aquela que eu achava que não havia se interessado por mim, me chamou para conversar e me fez uma proposta melhor do que aquela que eu havia aceitado. Bem melhor, na verdade, tanto em termos de salário quanto de expectativas futuras de carreira, por ser uma empresa maior e com ótimas referências no mercado. Agora, não sei o que faço. Já empenhei minha palavra com a segunda empresa e teria que começar a trabalhar nela daqui a alguns dias. Se eu fizer isso, sei que vou me arrepender. Se desistir da proposta que já aceitei para ficar com a outra, também vou me arrepender, nesse caso por não ter cumprido o que prometi. Em sua opinião, qual dos dois arrependimentos me faria sofrer menos?

Seria o segundo, mas você já sabia a resposta. Há algum tempo, tomei conhecimento do caso de uma empresa que havia feito uma proposta a um profissional, que aceitou e pediu demissão da empresa em que trabalhava. Porém, antes que a contratação fosse concretizada, a empresa retirou a proposta, alegando que a matriz tinha cancelado a vaga. Certamente, havia a obrigação moral da empresa em manter o acordo, mas não havia a obrigatoriedade legal, já que o acordo só vale após a assinatura do contrato de trabalho e do registro em carteira. A situação que você descreveu é a mesma, só que com os papéis trocados. Você não assinou nenhum contrato, só assumiu um compromisso verbal. Moralmente, deveria cumpri-lo. Legalmente, não tem nenhuma obrigação de fazer isso. Profissionalmente, deve buscar o que é melhor para a própria carreira. Ou seja, o arrependimento número dois o fará sofrer menos. Para encerrar, vale lembrar que tanto empresas como empregados podem se precaver contra essas traições de última hora. Basta uma carta-compromisso assinada por ambas as partes no momento do acerto e antes do pedido de demissão.

Palavras-chave: processo seletivo, transferência, sinceridade, demissão, contrato, arrependimento, ética.

7

Sou engenheiro. Registro meus horários de entrada e saída num livro de ponto e faço horas extras. Muitas horas extras. Mas não recebo nada por elas porque, segundo a empresa, engenheiro é cargo de confiança. É isso mesmo?

Empregados que ocupam cargos de confiança de fato não recebem horas extras, mas as empresas precisam preencher alguns requisitos para caracterizar essa situação. Um deles é o horário. Quem ocupa cargo de confiança não está sujeito ao controle de sua jornada de trabalho. Como você registra os seus horários de entrada e saída, isso já é um indício de que seu cargo não é de confiança. Mas vamos além. Se você chegar atrasado uma hora e tiver essa hora descontada de seu salário, aí definitivamente seu cargo não é de confiança. Além do horário não controlado, o típico ocupante de um cargo de confiança toma decisões, possui subordinados diretos e tem poder para demitir ou admitir funcionários. Ocorre, porém, que tudo é relativo. Nem sempre alguém que ocupa um cargo de confiança precisa ter subordinados. A importância do trabalho feito, e seu impacto, já podem caracterizar a confiança. Quanto a tomar decisões, isso não significa poder total, absoluto e irrestrito. A maioria dos gerentes precisa perguntar antes a seu diretor se pode ou não tomar determinada decisão, caso se trate de algo que fuja da rotina. Há também empresas nas quais, por força do regulamento interno, um gerente não pode demitir um subordinado sem a aprovação do diretor. Isso quer dizer que o gerente não ocupa cargo de confiança? Sim, ocupa. Apenas o poder de decisão dele está limitado pelas normas da empresa. Se a sua empresa eliminar o controle de horário, pode ser que as demais atribuições sejam suficientes para caracterizar o cargo de confiança. Ou não, se você não for chefe de ninguém e não tiver poder para tomar decisões. O que é possível afirmar, com toda a certeza, é que a denominação "engenheiro" por si só não é suficiente para caracterizar cargo de confiança.

Palavras-chave: hora extra, confiança, engenheiro, métodos peculiares, hierarquia.

8

Aos 41 anos, formei-me em Gestão de Recursos Humanos, após passar quinze anos atuando como Inspetor de Qualidade. Ao concluir o curso, enviei currículos para empresas, cadastrei-me em sites e pedi indicação de amigos, mas nada aconteceu. Nem mesmo a empresa em que trabalho me deu uma chance. Solicitei uma transferência para a área de RH e não fui atendido. Sinto-me frustrado, porque parece que fiz um novo curso por nada. Por que o mercado de trabalho não valoriza nem oferece oportunidades a quem demonstrou interesse em buscar uma nova profissão?

A resposta não é agradável, mas é sincera. Empresas, quando abrem um processo de seleção, pensam no que será melhor para elas. E, por isso, contratam profissionais com escolaridade e experiência prática na função. Assim, quem concluiu um curso, mas nunca trabalhou na área, leva uma desvantagem insuperável, já que sempre aparecerão candidatos que preenchem as exigências da empresa. O único caminho possível para uma mudança desse gênero é mesmo através de uma recomendação. Ou até mais do que isso: é preciso que alguém que conheça bem a pessoa praticamente dê uma ordem para que ela seja contratada. Há também a possibilidade de tentar concursos públicos, que não exigem nem experiência, nem indicação. Mas fica a dica para quem pensa em partir para um curso completamente diferente de tudo o que fez na vida profissional até agora. Uma mudança radical não é impossível, mas não será rápida nem fácil. Isso não significa que não se deva tentar, apenas que não se deve partir da certeza de que somente o diploma em si será suficiente para mudar a situação.

Palavras-chave: formação acadêmica, processo seletivo, transferência, *networking*, concurso público, recomeçar a carreira, experiência prática.

9

Passei por uma situação meio constrangedora. Fui convidada a participar de uma reunião em minha empresa. Estavam presentes representantes de vários departamentos, e eu estava representando o meu. Quando surgiu uma oportunidade para expressar meu ponto de vista, já que o assunto era pertinente à minha área, comecei a frase com "Eu acho" e fui interrompida pelo diretor que coordenava a reunião. Ele me disse: "Quem sabe, fala. Quem acha, fica quieto até saber". Não falei mais nada até o final da reunião. Não soube como reagir na hora e não sei até agora.

Existem dois motivos para o diretor ter falado o que falou. O primeiro é a neurolinguística. Ela ensina que você deve sempre usar frases afirmativas, positivas e, quando possível, impositivas. O segundo motivo é o marketing pessoal. O diretor passou uma imagem de alguém assertivo, direto ao ponto, focado na questão. Agora, pessoalmente, acho tudo isso uma frescura. Você, eu, nós, todos sabemos que "eu acho" não significa "não sei" ou "tenho dúvidas". Uma vez, no início da carreira, lembro-me de ter preparado um relatório para o meu chefe e ele me dizer: "Acho que você poderia ter feito melhor". Nem por um instante pensei que ele estivesse me convidando a refletir sobre o relatório. Ele estava me dizendo que o relatório estava uma porcaria. Se ele tivesse dito: "Tenho certeza de que você pode fazer melhor", isso não me faria sentir mais aliviado. Outra coisa interessante: quem se der ao trabalho de procurar no dicionário irá descobrir que o verbo "achar" é muito positivo. "Eu acho" significa "Tenho uma opinião", "Quero compartilhar o que penso". Mas um dos sentidos registrados é o mais explicativo de todos: "Achar" significa "Ter uma ideia firme. Decidir. Resolver". É claro que existe gente que diz "Eu acho" e não sabe o que está falando, mas quem diz "Eu sei" também corre esse risco. A simples afirmação não é um atestado de sabedoria. Então, voltando à pergunta, após o diretor ter dado aquela demonstração pública de estrelismo, acho que você deveria ter simplesmente continuado a frase que havia começado. O conteúdo da frase mostraria que você sabia muito bem o que estava achando.

Palavras-chave: chefe, críticas, marketing pessoal, reações emotivas, reputação, situações inéditas, o que falar, ética.

10

Sou diretor de Vendas de uma empresa que está no mercado há mais de trinta anos. Temos 120 vendedores espalhados pelo Brasil e, desde que entrei na empresa, há doze anos, sempre usamos um sistema de classificação dos vendedores em relação aos objetivos. Todo mês, uma lista de 1 a 120 mostra os melhores e os piores, e essa lista é enviada a todas as nossas filiais. Nunca ouvi reclamações sobre esse sistema aberto e transparente de mostrar quem vai bem e quem precisa melhorar. Porém, nossa diretoria de Relações Humanas emitiu um parecer de que esse *ranking* não é politicamente correto porque deprecia e eventualmente humilha (esses foram os termos utilizados) os vendedores com os piores resultados. Essa depreciação, ainda segundo o parecer, faz com que haja queda de motivação na equipe. Estou confuso.

Com todo o respeito ao politicamente correto, empresas se tornam fortes porque sabem ser competitivas, e carreiras são construídas na base da competição direta. Esse mesmo argumento da depreciação foi utilizado para eliminar as notas escolares. Até uns quinze anos atrás, sabia-se quem eram o melhor e o pior aluno da classe. Agora, não se sabe mais. A comparação foi extinta e todo mundo passa de ano. O efeito que isso teve na formação dos alunos é, no mínimo, duvidoso. Tanto em relação ao que ele realmente aprendeu na escola quanto em relação ao seu futuro profissional. Muitos recém-formados têm um choque quando entram em uma empresa e descobrem que seu rendimento será comparado com o de seus colegas. E, mesmo que os resultados não sejam publicados, isso não impedirá a empresa de substituir os vendedores menos efetivos. A diferença é que um *ranking* mostra, sem que ninguém precise falar, qual é a situação de cada um. Sem o *ranking*, um vendedor poderá achar que uma eventual demissão se deu por outros fatores, como perseguição do chefe ou inveja dos colegas. Todos somos a favor do politicamente correto, mas é preciso ter cuidado para diferenciar o que é feito para depreciar e o que é feito para informar. Caso contrário, vamos acabar eliminando a classificação dos campeonatos de futebol. Porque, então, os jogadores dos times na zona de rebaixamento podem se sentir depreciados e perder a motivação para correr mais e jogar melhor.

Palavras-chave: avaliação, ambiente de trabalho, concorrência, cultura empresarial, depreciação, meritocracia, motivação, métodos peculiares, ética, produtividade.

11

Tenho uma equipe de oito subordinados que fazem um trabalho importante, porém rotineiro. Como não há espaço para criatividade, percebo que minha equipe se ressente quando vê outras áreas da empresa, principalmente a área de Vendas, celebrando resultados obtidos. Minha pergunta é: como posso motivar minha equipe?

E a minha pergunta é: algum de seus subordinados gostaria de ir para a área de Vendas? Trabalhei em uma empresa na qual havia o mesmo tipo de situação que você descreve. Tentamos mostrar aos ressentidos que as celebrações são proporcionais à dificuldade para atingir um objetivo, e que o pessoal de Vendas fazia tanto barulho porque tinha ralado uma barbaridade, física e mentalmente. Como a explicação não foi bem digerida, partimos para o plano B. Abrimos a possibilidade de transferências internas para Vendas. Quem quisesse, era só se candidatar. Estranhamente, ninguém se candidatou. Mas isso não significa que você, com seus oito subordinados, esteja emaranhado em uma situação sem saída. Existem muitas áreas em qualquer empresa. Todas as funções têm uma razão de ser, mas a visibilidade varia de função para função. Uma maneira de um gestor motivar uma equipe que tem um trabalho pouco visível e pouco desafiador é incentivar os subordinados a estudar, ficar de olho nas vagas que aparecem em outras áreas e propor que seus subordinados sejam considerados candidatos a elas. Isso também funciona, e muito bem. Uma equipe se desmotiva não por causa da natureza do trabalho que executa, mas porque não vislumbra uma possibilidade de mudança em médio prazo. A motivação aparece e cresce quando os subordinados percebem que o superior está batalhando para que aqueles que se interessarem possam ter um futuro diferente. E tem mais. Mesmo que uma equipe de oito pessoas não tenha o melhor trabalho da empresa, nada impede que possa ter o melhor chefe da empresa.

> **Palavras-chave:** motivação, criatividade, transferência, cursos, trabalho em equipe, reações emotivas, produtividade.

12

Estou vivendo uma situação meio chata. Entrei em uma empresa há pouco tempo e um de meus colegas parece que me escolheu para ser a escada dele. Tudo o que eu falo, ele retruca. Isso, no aspecto puramente profissional. Pelo lado social, ele me trata bem. O problema é que basta surgir uma discussão de trabalho e pronto, qualquer coisa que eu diga meu colega já rebate e diz que não é bem assim, principalmente quando o chefe está ouvindo. Nunca fui muito de ficar discutindo e, na maioria dos casos, tenho certeza de que discutir com meu colega não levaria a nada, só faria com que nós dois perdêssemos tempo. Como nosso chefe é omisso, só escuta e não fala nada, pergunto: qual seria a melhor atitude a tomar?

A melhor atitude é bater de volta. Você avaliou perfeitamente a situação. Pessoas como esse seu colega existem em todas as empresas. Eles querem mostrar que são fortes e escolhem como alvo alguém que parece fraco. Alguém que não vai responder, não vai reagir, não vai argumentar. Para quem só está ouvindo, como é o caso do seu chefe, você não está conseguindo se livrar de uma situação incômoda. E não me parece que seu chefe seja omisso. Ele seria se você estivesse sendo ofendido, o que não é o caso, como você mesmo explicou. A questão é profissional. Seu colega está usando você para mostrar que tem ascendência, conhecimento e espírito de liderança. Como você não está ganhando nada com isso, mostre que não é nas suas costas que seu colega irá subir para se promover. Use argumentos técnicos, da mesma maneira que seu colega está fazendo, e leve a discussão adiante, sem se alterar nem escorregar para o lado pessoal. Como você está há pouco tempo na empresa, esse seu colega deduziu erradamente que você seria fraco o suficiente para que ele pudesse se sobressair à sua custa. Mostre que, se ele não abrir o olho e fechar a boca, pode acontecer o contrário.

Palavras-chave: relacionamento com colegas, sabotagem, adaptação, chefe, concorrência, confiança, críticas, liderança, marketing pessoal, o que falar, reputação, situações inéditas, depreciação, crescimento pessoal.

13

Tenho 27 anos e trabalho desde os 19. Nesses anos, fiz todos os cursos que o tempo e os recursos me permitiram fazer. Dois idiomas, MBA, mestrado, e estou concluindo um doutorado. Acontece que a empresa na qual eu trabalhava, uma multinacional europeia, decidiu fechar o escritório regional que mantinha aqui na minha cidade. Agora, estou desempregado faz cinco meses, disparei meu currículo para todos os lados, dentro e fora do meu estado, mas nada aconteceu. Já me disseram que dificilmente uma empresa vai querer me contratar para uma vaga equivalente àquela que eu tinha porque meu currículo ficou pesado demais. Como posso explicar que estudei e continuo estudando porque gosto e que não vou criar nenhum tipo de complicação para a empresa que me contratar?

Situações como a sua estão ficando mais comuns no mercado de trabalho à medida que os anos vão passando porque as oportunidades de estudar se ampliaram muito. Fazer um MBA era algo complicado há vinte anos, mas hoje não é mais. Não que isso seja ruim, muito pelo contrário. Nesse mesmo sentido, sua decisão de não parar de estudar também foi acertada, e o tempo mostrará que não há motivos para você se arrepender. O que está pegando é algo chamado "superqualificação". Existem empresas que não querem contratar alguém cuja qualificação acadêmica esteja bem acima da média dos funcionários atuais e muito acima do exigido para o desempenho de uma função, porque sempre paira aquela suspeita de que a pessoa vai entrar na empresa e imediatamente começar a procurar outro emprego mais compatível com sua formação. O que profissionais como você têm feito é preparar currículos de acordo com as vagas oferecidas. Se a vaga pede apenas curso superior, os demais cursos são eliminados nominalmente do currículo, figurando como uma frase coletiva: "Vários cursos de aperfeiçoamento profissional". Essa é uma situação ideal? Nem de longe, mas pode gerar algo que você está precisando muito: ser chamado para uma entrevista, e então mostrar quem você realmente é e, se for o caso, poder explicar pessoalmente ao entrevistador que tem cursos adicionais, mas que a empresa não precisa ficar temerosa com relação a isso. Finalmente, é sempre triste constatar que currículos que deveriam despertar atenção estão de fato despertando, mas pelo motivo errado.

Palavras-chave: desemprego, currículo, formação acadêmica, proatividade, contratação, cultura empresarial.

14

Comecei a trabalhar faz um mês e estou assustada com o que tenho visto no meu emprego: uma gente mesquinha, individualista, carreirista. O mundo que sonhei não existe no mercado de trabalho. É isso mesmo ou existe luz no fim do túnel?

Sim, existe. Não uma luz, mas um holofote. Você, como todo profissional que optou por uma carreira na iniciativa privada, terá satisfações e encontrará empecilhos. E tudo irá depender da maneira como você lida com esses empecilhos. Vou lhe dar as quatro opções mais usadas.

A primeira é a abordagem da autoajuda. A premissa é simples. Quanto mais complicado for o problema, mais simples será a solução. E, o que é melhor, a solução está dentro de você e não requer esforço, nem prática, nem habilidade. O resultado é que nos últimos vinte anos foram vendidos cerca de 30 milhões de livros de autoajuda e nem 10% disso de livros técnicos.

A segunda é a abordagem esotérica. É o contrário da autoajuda porque a solução do problema está fora do seu alcance. No universo, existem mecanismos desconhecidos que, por algum motivo, se unem para conspirar contra as nossas ambições pessoais. Portanto, a melhor maneira de encarar um problema é buscando explicações no inexplicável.

A terceira é a abordagem cínica. Essa é a mais fácil de entender. Todo mundo que conseguiu alguma coisa na vida deve ser tratado com desconfiança. Ou é corrupto, ou é pelego, ou é aproveitador.

E a quarta é a abordagem pragmática. Cada um de nós enxerga um mundo melhor, mais equilibrado, mais bem estruturado, sem desigualdades, povoado por pessoas prestativas que estão mais preocupadas com o próximo do que com elas mesmas. Por isso, o primeiro contato com a realidade costuma resultar em um choque. Isso ocorre no mercado de trabalho desde sempre. Nele nada é fácil. Nada acontece por acaso. E apenas uma minoria consegue atingir posições de destaque nas organizações. Essa minoria é formada por gente que entende as regras do jogo e consegue usá-las em seu benefício. Se você ler a história do século 20, verá que isso ocorreu tanto no capitalismo como no socialismo, com a diferença de que no socialismo os mandantes se perpetuam. Nenhuma das quatro opções é perfeita, e é difícil dizer qual é a menos imperfeita, mas a boa notícia é que você tem opções. E tem também outros caminhos possíveis, como o de constituir a sua própria empresa e aplicar nela os seus conceitos.

Palavras-chave: cultura empresarial, relacionamento com colegas, adaptação, sinceridade, proatividade, sinceridade, situações inéditas, trabalho em equipe, reações emotivas, expectativa, traços de personalidade, ética.

15

Tive um negócio próprio que não deu certo e agora estou procurando emprego. Devo mencionar esse empreendimento no meu currículo?

Sim, você deve mencionar o negócio próprio porque ele é parte integrante do seu histórico profissional. Mas não deve mencionar, nem no currículo, nem em entrevistas, nem em conversas pessoais, que não deu certo. Nem sequer o fato de você eventualmente ter encerrado o negócio com dívidas para pagar, o que pode ser classificado como fracasso. Embora essa seja a medida mais utilizada, não é a única e, em minha opinião, nem é a mais importante. Você tirou lições valiosas de sua experiência como empreendedor. Aprendeu que as coisas das quais você reclamava quando era empregado não eram tão fáceis de solucionar como pareciam ser. Aprendeu a ver um negócio como um todo, conheceu setores que não conhecia, teve de entender de contabilidade, fluxo de caixa, legislação fiscal e trabalhista e mais um monte de aspectos que são desconhecidos para quem tem uma função num setor de uma empresa. Aprendeu a correr riscos e a tomar decisões. Aprendeu que otimismo é bom, mas nem sempre conduz a resultados favoráveis. Tudo isso o transformou num profissional mais consciente de suas possibilidades e de suas limitações. Se você abrisse um novo negócio, certamente não incorreria na maioria dos erros que incorreu. O único cuidado que você deve tomar em entrevistas é mostrar como sua experiência como empresário pode agora ser útil para uma empresa. Alguns entrevistadores ficam com um pé atrás porque imaginam que alguém que se acostumou a mandar e a decidir tudo sozinho vai ter dificuldades para se adaptar a um sistema mais rígido de decisões. Além disso, ex-empresários tendem a ser bastante críticos na avaliação de seus superiores hierárquicos. Se você conseguir demonstrar numa entrevista que pode contribuir sem criar conflitos, e se realmente praticar isso depois que começar a trabalhar, em pouco tempo descobrirá que esse hiato como empreendedor terá sido uma experiência muito bem-sucedida.

Palavras-chave: empreendedorismo, currículo, processo seletivo, adaptação, desemprego, marketing pessoal, situações inéditas, experiência prática, recomeçar a carreira, mudança de emprego.

16

A cada ano, minha empresa desconta um dia do meu salário para repassar ao sindicato. Eu não sou nem quero ser sindicalizado. Posso pedir que esse desconto não seja efetuado?

Não. Essa não é uma decisão da empresa. A contribuição sindical é obrigatória por lei. Só existe uma maneira de evitar esse desconto: pagando a anuidade da categoria profissional. Por exemplo, um engenheiro, um advogado, um administrador, que estejam registrados em seus respectivos órgãos de classe, devem apresentar até o dia 28 de fevereiro ao setor de pessoal da empresa o comprovante de que esse pagamento foi feito. Se nenhum comprovante for apresentado, a empresa fará o desconto de um dia de salário em março. Evidentemente, o profissional precisa exercer uma função compatível com a sua formação para ser eximido da contribuição sindical. Se um psicólogo estiver trabalhando como assistente financeiro, ele terá o dia descontado, mesmo que contribua com o Conselho de Psicologia. Agora, vamos tentar entender o que está por trás do desconto de um dia. Associar-se a um sindicato é uma decisão de cada um. Quem não quiser, não se associa. Tanto que, atualmente, cerca de 80% dos empregados não são formalmente associados a nenhum sindicato. Mas o pagamento da contribuição sindical não leva isso em conta. Esse tributo federal, instituído em 1940, não faz distinção entre sindicalizados ou não. E para onde vai o dinheiro? O bolo, que já se aproxima do bilhão de reais por ano, é dividido entre o sindicato, a confederação nacional da categoria e o Ministério do Trabalho. E o que é feito com o dinheiro? Os sindicatos não são legalmente obrigados a dizer como o dinheiro foi empregado. Os que prestam contas ao público fazem isso espontaneamente. E a última pergunta é a de sempre. É justo descontar um dia de trabalho de quem nunca precisou do sindicato? Essa é a resposta mais simples, embora não seja a mais fácil de digerir. O conceito que cada pessoa possa ter sobre o que é ou não é justo pode e deve ser usado para argumentar e tentar mudar a situação, mas, enquanto houver uma lei em vigor, ela não pode deixar de ser cumprida.

Palavras-chave: cultura empresarial, obrigações, obrigatoriedade, transparência, leis trabalhistas.

17

Fiz uma avaliação de minha carreira e concluí que estou acomodado. Tenho 29 anos e faço a mesma coisa há cinco. Durante esse tempo não estudei e não fui atrás de oportunidades, dentro ou fora da empresa. Agora, toda vez que chega um novo funcionário, cheio de gás, percebo que minha acomodação ainda não me faz correr algum grande risco imediato, mas não sei quanto tempo isso irá durar. Estou bem, estou tranquilo, não tenho problemas de relacionamento, não tenho dívidas, mas meus superiores me enxergam como o funcionário legal e prestativo que treina os recém-chegados e ajuda todo mundo. Meu chefe já me falou que está satisfeito comigo, mas nunca me disse que posso ser algo além do que já sou. Seria conveniente eu mudar de emprego para não ser apanhado de calças curtas daqui a alguns anos?

De fato, você corre o risco de virar parte da paisagem. Quem faz todo dia o mesmo trajeto para o trabalho já decorou os lugares por onde passa. A mesma padaria, o mesmo posto de gasolina, a mesma pracinha. Parece que essas coisas sempre estiveram ali e sempre estarão. Ninguém para para pensar que a padaria está precisando de uma pintura, ou a pracinha de mais cuidado, ou o posto de um luminoso mais chamativo. Essa é a síndrome do funcionário-paisagem. Os colegas que passam por ele todos os dias sabem que ele sempre esteve ali e sempre estará e já não precisa mais de nenhuma atenção especial. E, quanto mais o tempo passa, mais imóvel ele parecerá e mais integrado à paisagem. Você pode iniciar seu próprio processo de mudança conversando com seu chefe. Pedindo uma oportunidade que pode, por exemplo, ser uma transferência para outro setor. Ao mesmo tempo, você pode se matricular em algum curso de aperfeiçoamento. Tanto pelo curso como pelas pessoas que poderá conhecer nele. O que eu sugiro que você não faça é aceitar a primeira proposta que apareça para trocar de emprego. O primeiro passo, que é reconhecer a acomodação, você já deu. Mas o segundo passo não precisa ser um salto no escuro no mercado de trabalho. Ser acomodado não é bom, mas ser descuidado pode ser bem pior.

Palavras-chave: acomodação, concorrência, proatividade, arrependimento, mudança de emprego, cursos, marketing pessoal, idade.

18

Minha noiva trabalha como secretária numa multinacional e constantemente é escalada para acompanhar a diretoria em convenções ou reuniões em outros estados. Pelo pouco conhecimento que tenho da profissão de secretária, isso não me parece normal.

Essa é uma preocupação que muitos homens têm. Começando pela parte profissional, essas viagens ainda não são normais na maioria das empresas, mas não é algo incomum em multinacionais. Não só no caso de secretárias, mas também de assistentes de Marketing, Vendas, Recursos Humanos e outras áreas. O interessante é que, durante décadas, as esposas e as namoradas reclamavam quando seus companheiros diziam que tinham que viajar a serviço e eles pacientemente explicavam que as viagens eram uma necessidade, não uma oportunidade para se divertir. Com a ascensão das mulheres no mercado de trabalho, a mesma situação passou a ter os papéis invertidos. E, se parecia que o destino das mulheres seria se conformar e ficar em casa choramingando e lamentando a ausência dos amados, os homens não parecem aceitar com a mesma facilidade que suas namoradas ou esposas passem três ou quatro dias em uma convenção num resort à beira-mar ou numa reunião gerencial em outro estado. Mas, no fim, a explicação é a mesma que sempre foi: ciúme. Minha sugestão é prática: ou confia ou desiste. Se há ciúme é porque existe amor, como dizia uma música do século passado, mas neste século não é recomendável que homem muito ciumento se amarre em mulher talentosa que tenha grandes ambições profissionais. E vice-versa.

Palavras-chave: cultura empresarial, obrigações, situações inéditas, confiança, métodos peculiares, reações emotivas, família.

19

Confidencialmente, através de uma pessoa que trabalha na administração, chegou a meus ouvidos que estou para ser dispensado. Não sei ainda o motivo. Não tenho ouvido críticas ao meu trabalho, não sou casca-grossa com os colegas e nunca discuti com meu chefe. Sei que minha situação não é nada confortável, mas, pelo menos, ao contrário da maioria das pessoas que é dispensada e só fica sabendo no ato, eu vou poder me preparar. Então, pergunto qual deveria ser meu comportamento na hora de receber a notícia.

Normalmente, a reação de um demitido é proporcional à maneira como a comunicação é feita. Nem todo chefe tem sangue-frio para dar a notícia de modo impessoal, sem nenhuma emoção. Sem se dar conta, o chefe ou sobe ou baixa o tom da voz, e isso sempre influi na maneira como o demitido reage. Existem chefes que preparam um discurso e se municiam de dados para explicar as razões da demissão, enquanto outros falam o mais rápido possível para se livrar do problema, sem levar em conta que o problema do demitido é muito maior. Então, cada caso é um caso. O que posso lhe sugerir é que você tente receber a notícia profissionalmente, uma vez que a decisão já estará tomada. Ouça sem interromper, respire fundo, pegue uma folha de papel e, sem se alterar, pergunte a seu chefe o que você fez de errado para não cometer o mesmo erro no próximo emprego. Anote tudo o que ele falar. Se ele enrolar, mencionando motivos vagos, não se perturbe. Anote a enrolação. Quando ele terminar, pergunte se seria possível a empresa estender a sua assistência médica por seis meses. Muitas empresas fazem isso quando o demitido solicita. Pergunte também se seria possível seu chefe lhe conseguir uma carta de recomendação. Talvez a resposta seja negativa, mas não custa nada pedir. Por fim, agradeça pelas oportunidades que lhe foram dadas, não se desculpe, nem tente explicar nada. Ao sair com classe, você deixa quem tomou a decisão com a pulga atrás da orelha. Se soltar os cachorros e ficar disparando acusações, passará a impressão de que a decisão estava correta. Eu sei que não é fácil sair sem se exaltar. Mas, pensando no futuro, vale a pena tentar.

Palavras-chave: demissão, chefe, proatividade, críticas, desemprego, etiqueta, adaptação, reações emotivas, o que falar.

20

Trabalho em uma grande empresa. Muito boa e coisa e tal, mas meu chefe já me prometeu três vezes um aumento e até agora nada. Estou sendo ludibriado?

Toda e qualquer empresa possui um processo para a concessão de reajustes salariais. Pode ser o processo mais informal possível, tipo uma empresa bem pequena, na qual o dono acompanha pessoalmente o desempenho de cada funcionário e a qualquer momento premia aqueles que acha que devem ser premiados. Ou então o processo pode ser formal, com avaliações de desempenho anuais e enquadramento dos mais bem-avaliados em faixas salariais predefinidas. A principal diferença entre esses dois processos é que no primeiro tudo depende da vontade de uma só pessoa, e no segundo a solicitação precisa passar por três ou quatro níveis. Olhando pelo lado bom, isso dificulta injustiças, como alguém receber um aumento sem merecer. Olhando pelo lado não tão bom, processos definidos engessam as decisões. Se a avaliação anual é feita em outubro, muito dificilmente alguém receberá um aumento em março. Casos excepcionais são levados pelo chefe ao gerente, que leva ao diretor, que apresenta a recomendação a um comitê de remuneração. Esse comitê avalia o impacto que um aumento poderá causar nos colegas do mesmo setor ou de outros setores e quase sempre decide que é melhor perder um funcionário do que segurá-lo e ter problemas com vários outros. Você trabalha em uma empresa assim. Grande, organizada, cheia de processos, e coisa e tal. Seu chefe é bem-intencionado e deve ter encaminhado os pedidos de aumento. Mas as pessoas que de fato tomam a decisão talvez nem saibam direito quem você é. Elas irão avaliar o salário pago por sua função e compará-lo com o que o mercado está pagando. Por tudo isso, seu chefe não poderia lhe fazer promessas, já que ele não tem poder para cumpri-las. O que você pode tentar é conseguir uma proposta melhor de outra empresa. Se você de fato está ganhando menos do que vale, a proposta aparecerá. E aí você poderá sair ou negociar a permanência. Em empresas grandes, esse tipo de situação força quem pode tomar a decisão final a decidir mais rapidamente.

> **Palavras-chave:** chefe, cultura empresarial, reações emotivas, métodos peculiares, transferência, salário, avaliação, obrigações, sinceridade, transparência, negociação, mudança de emprego.

21

Trabalho em um setor que basicamente tem duas grandes empresas concorrentes. Juntas, elas detêm quase 80% do mercado. Desde que entrei, aprendi que devemos odiar o nosso principal concorrente. Não podemos nem mencionar o nome dele. Só que, faz duas semanas, um cliente comum às duas empresas indicou meu nome para um diretor do concorrente. Aceitei ter uma conversa confidencial com esse diretor e recebi uma proposta para mudar. Em uma situação normal, eu aceitaria correndo. Mas sei que na hora em que eu falar que, simplesmente, conversei com alguém da concorrência, o mundo vai desabar sobre a minha cabeça. O que seria melhor: eu sair sem dizer para onde vou ou dizer a verdade e aguentar o linchamento interno?

Em seu lugar, eu diria que recebi a proposta, avaliei e decidi aceitar. Conheço algumas empresas como a sua, e posso lhe assegurar que nada do que você diga irá minimizar o impacto da notícia. Você será acusado de traidor, no mínimo. Pode até ser que sua empresa invente algumas inverdades a seu respeito para mostrar aos que ficam que os bons não saem. Ou, quem sabe, e essa é a maior vantagem de dizer a verdade, sua empresa até lhe faça uma proposta para você ficar. Você talvez tenha que passar um dia desagradável quando anunciar sua saída, mas o ponto é que, quando duas empresas competem ombro a ombro pela liderança do mercado, uma não pode ser perfeita em tudo e outra não pode estar contando apenas com a sorte para continuar existindo. Apenas sugiro que você não fale bem de sua empresa atual quando começar na próxima. Muito provavelmente, ela não será muito diferente. As palavras usadas por lá talvez sejam outras, mas o sentimento de menosprezo pelo concorrente será muito semelhante. Resumindo, você não está batendo asas para a liberdade. Está saindo de uma gaiola para entrar em outra.

Palavras-chave: concorrência, ambiente de trabalho, mudança de emprego, contratação, cultura empresarial, demissão, meritocracia, relacionamento com colegas, reputação, sinceridade, trabalho em equipe, ética.

22

A empresa em que trabalho há seis anos me acenou com uma bela oportunidade de promoção. Só que em outro estado, bem distante da cidade em que nasci e onde vivo até hoje. Olhando

apenas os números, não há muito que pensar. Mas eu gostaria de saber o que mais precisa ser avaliado em uma mudança dessas, principalmente porque tenho planos de me casar no ano que vem e minha noiva está enxergando essa transferência como o começo do fim do nosso relacionamento.

Profissionais que se dão bem nesse tipo de mudança possuem duas características. A primeira é a facilidade de adaptação, que diz respeito às coisas materiais: moradia, comida, transporte, os costumes locais. A segunda característica é emocional. É o apego à família, a necessidade de conviver com os amigos, e, no seu caso, a opinião da noiva. O trabalho em si será a menor de suas preocupações. O lado emocional é que vai pegar. O primeiro sintoma é a conta do celular. O primeiro salário é gasto ligando e conversando longamente com quem ficou para trás. Profissionais mais individualistas e mais seguros de si ligam uma vez por semana, só para informar como as coisas estão. Quando o lado emocional começa a se manifestar em forma de solidão ou saudade, o lado material sofre um golpe. A comida parece pior do que é, os costumes locais parecem estranhos, os vizinhos de prédio parecem mais chatos e todos os motoristas parecem barbeiros. Essa é a primeira avaliação que você precisa fazer sobre si mesmo. Que tipo de pessoa é você: aquela que não vai sentir o efeito da distância ou a que precisa e gosta de um ombro amigo, de um abraço e de um papo gostoso? Caso você conclua que se dará bem vivendo sozinho, vem a parte mais importante: a opinião da sua noiva. Muito provavelmente, embora não tenha dito isso, ela está contra a mudança porque é o tipo de pessoa que precisa da família por perto e já sentiu que será muito difícil abrir mão dessa proximidade. E não adianta você tentar usar argumentos racionais para combater pontos de vista emocionais. Logo, eis a questão: o que é mais importante, sua carreira ou sua noiva? Se for preciso abrir mão de uma para ter a outra, qual escolher? Essa é a decisão que você precisa tomar, e que ninguém poderá tomar por você.

Palavras-chave: transferência, reações emotivas, adaptação, arrependimento, salário, situações inéditas, família, riscos.

23

Comecei a estagiar numa empresa de grande porte e muito famosa, mas estou tremendamente frustrada com o que vi até agora. O trabalho que me deram para executar é primário, e as pessoas com quem converso não estão nem um pouco interessadas em saber o que eu aprendi e quais são as minhas aptidões. Estou aqui faz um mês e minha intenção é partir para outra, mas antes gostaria de ouvir sua opinião.

O que você está vivendo é a diferença entre expectativa e realidade. Algo parecido acontece com quem vai viajar ao exterior pela primeira vez. O viajante imagina que irá adorar a viagem, e essa boa impressão inicial geralmente vem de cartões-postais ou de fotos e relatos postados na internet por outros viajantes que adoraram o país. Só que quem viaja pela primeira vez sempre enxerga primeiro o que não estava esperando. E aí descobre que o povo não é bem-educado com turistas, que as ruas não são tão limpas quanto nas fotos, que comer bem custa muito caro e que a comida com preço acessível é de baixa qualidade. Porém, as coisas boas não eram miragem, nem propaganda enganosa de agências de turismo. As coisas boas de fato existem e estão lá. Depois de três dias, o viajante já concluiu que, para aproveitar o que há de bom, será preciso conviver com o que não é tão bom. E, por fim, o saldo da viagem acaba sendo positivo. A mesma coisa acontece com os estagiários, só que a experiência dura mais que três dias. Ela dura três meses. Para seu conforto, eu lhe diria que essa frustração inicial que você está sentindo não é diferente do que a maioria dos estagiários sente. E os que não se sentem assim são os que têm baixa ambição em relação à própria carreira. Se você direcionar sua atenção para as coisas boas que a empresa oferece aos funcionários, não será difícil encontrá-las. Se você somente se concentrar nas coisas de que não gostou, elas lhe parecerão cada vez piores. Por isso, eu lhe sugiro não sair já. Espere três meses, e nesses dois meses que faltam tente balancear a crítica e os elogios. Porque, no fundo, empresas são como pessoas. Não existe ninguém que só tenha qualidades, nem ninguém que só tenha defeitos. O que nós fazemos é relevar os defeitos das pessoas das quais gostamos e exagerar os defeitos daquelas que detestamos. A empresa que você descreveu certamente tem muitas coisas boas a oferecer. Basta querer vê-las.

Palavras-chave: estágio, ambiente de trabalho, adaptação, arrependimento, criatividade, expectativa, depreciação, motivação, relacionamento com colegas, situações inéditas, começar a carreira.

24

Tenho 26 anos, trabalho desde os 19 e fiquei os últimos três tentando passar em algum concurso público. Finalmente consegui passar em um e faz três meses que assumi meu posto. O salário é bom, mas não estou conseguindo me adaptar ao ritmo do serviço público. Tudo é muito devagar. Vejo colegas que estão fazendo a mesma coisa há mais de dez anos e fico pensando se é isso o que me espera. O que me levou a mudar foi a garantia de estabilidade, e isso eu tenho. Mas o resto é previsível demais. Estou sentindo falta da correria e da criatividade. O que faço?

Toda vez que insinuo que o ritmo do serviço público é mais moderado, vários funcionários públicos me escrevem para dizer que não é bem assim, que eles são sérios e dedicados. Não duvido que sejam. A diferença está na concorrência. Basta uma empresa privada piscar para que o concorrente aproveite e ganhe espaço no mercado. Quando não há concorrência, a preocupação diminui e o ritmo tende a ser mais suave. Isso faz com que os setores público e privado sejam dois mundos muito diferentes, o que não quer dizer que um seja melhor do que o outro. Você pode agora fazer uma comparação que antes não podia. Se a estabilidade continua sendo sua principal prioridade, tudo é uma questão de adaptação. Se deixou de ser, basta voltar. Mas sugiro que você evite tomar uma decisão com base na primeira impressão. Três meses é pouco tempo. Um ano será suficiente para que as coisas fiquem mais claras e a decisão seja mais ponderada.

Palavras-chave: concurso público, adaptação, arrependimento, cultura empresarial, criatividade, concorrência, motivação, estabilidade, prioridade.

25

Tenho um bom currículo e não posso reclamar do meu salário. Também não tenho queixas contra a empresa em que trabalho há três anos. O que me preocupa é que completei 29 anos e não vejo possibilidades internas de crescimento. Então, decidi espalhar meu currículo pelo mercado e fazer contatos com pessoas conhecidas. A receptividade foi muito boa. Consegui até agora quatro propostas para mudar de emprego. Porém, todas elas foram para fazer a mesma coisa que estou fazendo e com um salário semelhante. Eu imaginava que conseguiria dar um salto, assumindo uma função gerencial, mas parece que nenhuma empresa quer contratar como gerente alguém que nunca foi gerente. Esse é o meu dilema. Não vejo perspectivas aqui onde estou e não encontro uma empresa que queira apostar em mim. O que está me faltando?

De fato, são bem poucas as empresas que contratariam alguém sem experiência gerencial para um cargo de gerente. A maioria das promoções acontece dentro da própria empresa. Então, você teria que mudar para a mesma função, mas em uma empresa que lhe oferecesse mais oportunidades. Antes disso, porém, sugiro que você faça uma avaliação mais crítica de si mesma. Na empresa grande e sólida em que você trabalha, certamente ocorreram promoções a cargos gerenciais nos últimos anos. Quase certamente, pessoas até mais jovens que você foram promovidas. Portanto, a questão não é de falta de oportunidade. É da falta de algo que essas pessoas demonstraram e você, ainda não. Observando essas pessoas com cuidado e isenção, você poderá descobrir o que é. Liderança,

SUA CARREIRA DIRETO AO PONTO **47**

talvez. Ou marketing pessoal. Ou resultados. A lista pode ser grande, mas eu começaria por esses três fatores. Um deles, ou talvez todos eles, é a resposta que você está procurando.

Palavras-chave: acomodação, currículo, *networking*, salário, contratação, cultura empresarial, transferência, liderança, marketing pessoal, críticas, idade, experiência prática, mudança de emprego.

26

Entrei em uma empresa com todo o gás, mas logo no primeiro dia um colega melou meu entusiasmo quando me disse: "Esquece, aqui só vai pra frente quem é amigo do rei". Daí eu pergunto: como é que a gente se torna amigo do rei?

Essa expressão brotou em um poema de Manuel Bandeira, que queria ir embora pra Pasárgada, uma terra utópica, onde teria tudo o que queria e do jeito que quisesse por ser amigo do rei. A Pasárgada do poema é ficcional, mas existem empresas bem reais em que os bons cargos são de fato reservados aos amigos do rei, que pode ser o dono, o patrão ou o diretor mandão. Em empresas assim, ficam em segundo plano o conhecimento e o talento, a vontade e a criatividade. O que conta é a confiança daquele que manda naquele que não apenas obedece como também sabe quais artifícios precisa usar para cair nas graças do rei. Eu lhe recomendo que, primeiro, preste bem atenção ao ambiente da empresa para se certificar de que ser amigo do rei é mesmo a principal referência usada nas promoções. Pode ser que o colega insatisfeito tenha dito essa frase para desculpar a si mesmo por não ter conseguido progredir na carreira. Mas, se a frase se mostrar verdadeira, o melhor é ir para outra empresa, uma em que "currículo" rima, mas não se mistura, com "ridículo". Em que "competência" rima, mas não se mistura, com "subserviência". Conheci vários profissionais que se vangloriavam de ser amigos do rei até descobrirem o óbvio. O rei nunca tem amigos. Ele tem súditos e servos, e você não vai querer ser nenhum dos dois porque, num momento de mau humor ou de uma dificuldade financeira, ou mesmo de uma desconfiança sem fundamento, o rei não hesitará em se livrar de qualquer um.

Palavras-chave: ambiente de trabalho, cultura empresarial, mudança de emprego, chefe, depreciação, hierarquia, meritocracia, perseguição, situações inéditas, amizade, ética, criatividade.

27

Participei de um processo de seleção em uma empresa e fui bem, tanto que recebi uma proposta de trabalho. Porém, ao ler o contrato, verifiquei a existência de uma cláusula que me impede de trabalhar em empresas concorrentes por dois anos, caso eu solicite demissão. Estou em dúvida se essa cláusula poderia ter sido incluída no contrato.

Poder, poderia, porque o papel aceita tudo. Mas ela não tem valor legal, segundo dois especialistas que consultei. Vamos começar entendendo o lado da empresa. Quando um empregado pede demissão, a empresa pode ficar preocupada com o estrago que ele poderá causar se for trabalhar num concorrente.

E o demissionário nem precisa ser um executivo. Pode ser um técnico especializado ou um vendedor cujo conhecimento específico seria importante para a nova empresa que o contratasse. Para isso, existe uma solução que muitas empresas vêm adotando. Trata-se de negociar com o demissionário um período em que ele não irá trabalhar num concorrente. Porém, isso tem um preço. A empresa paga para que o ex-empregado se mantenha longe da concorrência. Nesse caso, o acordo tem valor legal. Já a simples adição de uma cláusula, sem nenhuma compensação, como ocorreu no seu caso, não vai encontrar amparo. Primeiro, porque a lei trabalhista deixa bem claro que as obrigações entre empregador e empregado cessam quando o contrato de trabalho termina. E, segundo, porque um profissional desempregado tem o direito de ir trabalhar onde quiser e for aceito. Portanto, a cláusula de não ir para o concorrente é válida, desde que haja uma indenização e a previsão de uma multa em caso de quebra do contrato.

Palavras-chave: contratação, contrato, concorrência, demissão, desemprego, obrigatoriedade, transparência, leis trabalhistas, negociação, mudança de emprego.

28

Estou me desligando da empresa para fazer intercâmbio. O que devo escrever no e-mail de despedida para os colegas?

Sugiro o seguinte: "Prezados colegas, Estou contrariando um conselho dado pelo Max em várias ocasiões. Ele falou que a gente deve se despedir pessoalmente, dedicando mais tempo e mais atenção a quem nos dedicou mais atenção e mais tempo. Segundo ele, um e-mail genérico não vai interessar a quem não teve um contato mais estreito com a gente, e vai desagradar a quem teve. Mas, como discordo dele, estou mandando este e-mail para todos. Ele também já comentou que um intercâmbio é positivo para a carreira, mas que não irá me trazer resultados imediatos, assim que eu retornar. Em vez de encontrar empresas de braços abertos para me contratar, vou penar um pouco até conseguir um emprego e, o que é pior, o mais provável é que eu consiga um na mesma faixa salarial e na mesma função que tenho atualmente. Isso é o que ele disse". Aqui, recomendo que você coloque o que pensa. Primeira opção: "Concordo com o Max e estou indo fazer o intercâmbio pensando no longo prazo. Sei que na volta vou precisar de auxílio para me recolocar e conto desde já com a ajuda de vocês". Segunda opção: "Discordo do que ele falou. Vou voltar falando inglês fluentemente e tenho certeza de que conseguirei boas propostas de trabalho. Mas não me esquecerei de vocês e me coloco desde já à disposição de quem um dia, por qualquer motivo, precisar do meu auxílio". É isso. Boa viagem e boa sorte.

Palavras-chave: demissão, relacionamento com colegas, cursos, contratação, arrependimento, expectativa, futuro, sinceridade, etiqueta, e-mail, o que falar, riscos.

29

Fui promovida. Teve até uma festinha no meu setor e o gerente fez um belo discurso. Isso faz seis meses. Assumi a nova função, que venho desempenhando sem nenhum problema. Só que não recebi nenhum aumento até agora. Imaginei que um reajuste seria natural, tanto que nem me preocupei em perguntar. Estou tentando entender o que aconteceu. Será que a intenção da empresa era me promover com o mesmo salário? Isso não seria ilegal? Se não for, como falo com o meu diretor?

Vamos começar pelo lado legal. Se outros funcionários desempenham exatamente a mesma função que você, a empresa teria a obrigação de equiparar você a eles, ou de aproximar seu salário do salário deles, considerando-se que eles têm mais tempo no cargo. Caso contrário, não necessariamente uma promoção obriga a empresa a conceder um aumento, embora seja lógico pensar, como você pensou, que isso seria natural. Considerando as hipóteses mais prováveis, pode ser que, antes da promoção, você já estivesse na faixa salarial de seu novo cargo. Ou, quem sabe, alguém esqueceu de dar andamento no processo. Sugiro que você comece por aí. Chegue na maior simpatia e diga ao gerente: "Desculpe, mas acho que meu processo de reajuste deve estar parado em algum lugar". Se o gerente perguntar: "Que reajuste?", sua resposta será: "O da minha promoção". Isso porque não seria uma boa estratégia você perguntar se o reajuste existe. Já seria uma confissão de que você entenderia, caso ele não existisse. No mínimo, qualquer que seja a explicação que seu gerente venha a lhe dar, ele ficará ciente de que você não está nem um pouco satisfeita com a enrolação, e isso sem que você precise usar palavras pouco gentis.

> **Palavras-chave:** salário, transparência, o que falar, frustração, chefe, obrigações, expectativa, sinceridade, etiqueta.

30

Aos 21 anos de idade, já tive dois empregos e estou em vias de mudar para o terceiro. A mudança anterior foi por melhor proposta salarial e a atual, caso se concretize, também será. O fato de ficar menos de um ano em cada empresa poderá ter repercussão negativa futuramente?

Tudo depende do percentual de incremento salarial que você está tendo em cada mudança. Nenhuma empresa iria estranhar se alguém trocasse de emprego para ganhar o dobro. Mas já ficaria com um pé atrás se os aumentos fossem pequenos. Na avaliação de quem está contratando, um candidato que mudou de emprego três vezes, por 5% de aumento em cada uma, não hesitará em mudar de novo. Logo, para a empresa, seria mais viável contratar alguém estável, porque existe um custo quando um empregado pede a conta. Pode ser que você tenha começado em um patamar salarial muito baixo e que as mudanças, incluindo a que você pretende fazer agora, tenham dobrado o seu primeiro salário, mas ainda não o colocaram numa faixa salarial muito alta. Isso nada tem de negativo.

SUA CARREIRA DIRETO AO PONTO **53**

Porém, se você começou com um salário razoável no primeiro emprego, fez uma mudança por um percentual inferior a 10% de aumento e está pensando em fazer a segunda na mesma base, os próximos empregadores já não serão tão receptivos. Minha sugestão seria esta: se a mudança atual for por menos de 10%, você poderia aguardar uma proposta melhor, de no mínimo 20%. Bons saltos salariais são compreensíveis. O problema são os pulinhos, que acrescentam pouco ao bolso e muito à fama.

> **Palavras-chave:** mudança de emprego, salário, reputação, contratação, cultura empresarial, estabilidade, processo seletivo, etiqueta, vários empregos em pouco tempo.

31

Sou gestora numa grande empresa e estou planejando engravidar porque já tenho 37 anos. Porém, meu trabalho é estressante. Além da preocupação normal que a função exige, a cobrança por parte do diretor é constante e contínua, inclusive fora do horário de expediente, por meio de e-mail e celular. Como quero ter uma gravidez tranquila, pensei inicialmente em mudar para um emprego mais sossegado. Mas decidi que não quero mentir sobre a futura gravidez em uma entrevista e, se não mentir, não serei contratada. Depois, pensei em conversar com meu diretor, mas não sei como abordar o tema. O que você acha dessa situação?

Quanto à gravidez, acho excelente, embora, pessoalmente, eu não tenha passado por essa experiência... Quanto ao que fazer, minha recomendação é a mais simples possível: nada.

Não fale com o diretor antecipadamente. De repente, ele pode sugerir que você não engravide porque seu trabalho é vital e coisa e tal, e aí você entraria num choque de opiniões com ele. Engravide e anuncie a novidade. O que irá acontecer? Você terá a tranquilidade que deseja. O que aprendi na vida profissional é que, quanto mais a barriga aumenta, mais a pressão diminui. Nem mesmo o mais insensível dos chefes pensaria em pressionar uma mulher grávida com a mesma persistência e o mesmo furor de antes da gravidez. É até possível que você seja transferida para uma função menos importante nos últimos meses de gravidez, mas não se preocupe com a perda temporária de status. Sua prioridade é ter uma boa gestação. Depois, bom... depois é depois. Um filho irá mudar a maneira como você vê a vida profissional. O que você pensa hoje talvez não seja o que pensará daqui a dois anos. Então, dê um passo por vez, e boa gravidez.

> **Palavras-chave:** idade, obrigações, obrigatoriedade, transferência, o que falar, prioridade, etiqueta, sinceridade, situações inéditas, família.

32

Sofro de diabetes. Passei por um processo seletivo e fui contratada, e somente após começar a trabalhar revelei que era diabética. Meu chefe me repreendeu porque, segundo ele, eu deveria ter mencionado o fato na entrevista. A pergunta é: agi errado?

Não. Todas as empresas fazem um exame médico admissional e cabe ao médico decidir se o candidato tem uma doença que o incapacite a desempenhar uma função. Se algo precisa ser dito pelo candidato, isso deve ser informado ao médico, não ao entrevistador, porque somente um médico terá condições de avaliar a extensão de uma doença e sua real implicação no trabalho. Acredito que o exame médico que você fez foi superficial, como ocorre na maioria das empresas. Não conheço nenhuma que exija um *checkup* completo e rigoroso para contratar alguém. Imagino também que o médico tenha lhe perguntado sobre outras doenças, porque essa é a praxe do exame. Se ele perguntou e você respondeu que tinha diabetes e ele a aprovou mesmo assim, ótimo. Se você respondeu que não tinha nada e o médico colocou isso no relatório, a empresa poderá entender esse fato como quebra de confiança. Isso porque o exame médico é parte do processo de seleção, e mentir no exame é como mentir na entrevista. De todo modo, fica aos candidatos a sugestão de só comentar questões médicas com os médicos, os únicos credenciados a tomar decisões clínicas. Ao entrevistador, cabe a tarefa de avaliar as aptidões profissionais do candidato.

Palavras-chave: contratação, leis trabalhistas, chefe, depreciação, obrigações, confiança, sinceridade, o que falar.

33

Tenho 23 anos e estou nesta empresa há um ano e meio. Meu gerente é meio caladão. Na única vez em que tentei um contato para pedir mais tarefas, ele me respondeu rapidamente, e até

rispidamente, que eu estava fazendo bem o meu trabalho e que isso era o suficiente. Como posso me aproximar dele novamente e mostrar que tenho aptidões para alçar voos mais altos? Não quero sair daqui porque a empresa é boa, mas também não quero ficar marcando passo.

Em casos como o seu, a pergunta é a seguinte: em relação aos demais gerentes da empresa, o seu é igual ou diferente? Se for diferente, isto é, se os demais oferecem oportunidades aos subordinados e o seu não, você poderia pensar em mudar de gerente, conseguindo uma transferência para outro setor. Porém, como você me informou o nome de sua empresa, que eu não vou revelar, mas a conheço suficientemente bem, posso lhe assegurar que seu gerente se parece com os demais. A sua empresa não é apenas boa, como você disse. Ela é enorme e extremamente bem-sucedida há bastante tempo. E tem como prática promover os mais antigos, desde que sejam consistentemente bons. Isso significa que o seu trabalho está sendo acompanhado por seu gerente. Ele sabe que você é bom e que poderia fazer mais. E lhe disse isso, embora você não tenha gostado do tom. Mas o perfil da sua empresa é o de esperar. Agora, depende de você, mas você já sabe que seu gerente não é o problema e que sua empresa se tornou o que é por ser conservadora e cuidadosa. Ela é ideal para quem pensa em uma carreira no longo prazo, algo que muitos jovens, atualmente, enxergam mais como sinal de estagnação do que como desenvolvimento.

Palavras-chave: chefe, acomodação, motivação, o que falar, promoção, cultura empresarial, adaptação, arrependimento, estabilidade, expectativa, liderança, traços de personalidade.

34

O que você teria a dizer sobre uma empresa que não oferece nenhum incentivo a quem deseja estudar?

Começando pelo mais importante: se a empresa apoia ou não, se vai ou não pagar um curso, isso nada tem a ver com a sua decisão. Você deve estudar porque isso será importante para sua carreira e seu futuro, e não porque está recebendo um incentivo imediato para estudar. Dito isso, existem três tipos de empresas. Tipo 1: a que vê o pagamento de um curso como parte da política de motivação do funcionário. Empresas assim financiam parcialmente qualquer curso que o funcionário se mostre interessado em fazer, mesmo que pouco ou nada tenha a ver com a função que ele exerce no momento. Tipo 2: a empresa paga cursos, mas somente quando eles têm aplicação imediata nas tarefas executadas. A empresa do tipo 1 está investindo no funcionário num prazo mais longo, a do tipo 2 está pagando para ter um retorno imediato do que vai gastar. Agora, o tipo 3: a empresa somente contrata profissionais tecnicamente capacitados para a execução de uma função e espera que eles permaneçam nessa mesma função por um bom tempo. Para essas empresas, alguém que trabalhe num determinado setor e se disponha a fazer um curso compatível com outra área já representa um problema em potencial. Porque, ao terminar o curso, o funcionário irá querer mudar de área para colocar em prática aquilo que aprendeu. Mas, quando a vaga aparece, a empresa prefere contratar alguém que, além do curso, também já tenha experiência anterior. Mesmo sem ter dados suficientes, eu diria que você trabalha em uma daquelas empresas que só pagam pelo que têm certeza de que vão aproveitar em curto prazo. Lamento também dizer que as empresas do tipo 1 são relativamente poucas, mas certamente é numa delas que você gostaria de estar trabalhando.

> **Palavras-chave:** cursos, cultura empresarial, prioridade, expectativa, métodos peculiares, experiência prática.

35

Estou assustado. Acabo de ser demitido de meu segundo emprego, e pelo mesmo motivo que me demitiram do primeiro. Problemas de relacionamento. A questão é que não sou um criador de casos, nunca destratei ninguém, sou do tipo quieto e fico sempre na minha. Na primeira demissão, eu me convenci de que o verdadeiro motivo devia ser outro, mas, depois da segunda demissão, passei a acreditar que alguma coisa em meu comportamento desagrada a quem trabalha comigo. Só que não consigo descobrir o que fiz de errado. Você pode me dar uma luz?

Vou tentar. Quando a gente ouve falar em "problema de relacionamento", já imagina alguém meio fanfarrão, que briga, discute, não concorda com nada nem com ninguém, fala alto, é fofoqueiro, é mau-caráter, ou qualquer coisa nessa linha. Porém, nem sempre o relacionamento desanda por essas razões, digamos, histriônicas. Alguém muito calado também pode ser isolado por um grupo. O mesmo ocorre com alguém que não participa de rodinhas nas quais os colegas riem e relaxam por alguns minutos durante o expediente. Quando você diz "fico sempre na minha", pode ter acertado na mosca. Para ser bem aceito, o funcionário precisa ficar sempre na média dos demais. Nem muito exagerado, nem muito sumido. Em seu próximo emprego, sugiro que tente deixar de ficar sempre na sua e faça um esforço para socializar. Não ser o único que destoa do grupo. Tenha em mente também que existem empresas que apreciam os funcionários quietos e promovem os calados. Por isso, a primeira providência de um recém-contratado é entender o ambiente. E, em seguida, tentar se amoldar a ele. Não é tão difícil, porque nove em cada dez funcionários conseguem fazer isso sem grande esforço.

Palavras-chave: demissão, relacionamento com colegas, adaptação, ambiente de trabalho, cultura empresarial, avaliação, críticas, reputação, perseguição, trabalho em equipe, traços de personalidade, vários empregos em pouco tempo.

36

Chego atrasado ao trabalho com certa constância. Até já perdi um emprego por causa disso. Reconheço que tenho mesmo dificuldades para acordar de manhã, porém dou conta do recado no meu trabalho. Será que alguns minutinhos têm assim tanta importância? Chegar um pouquinho atrasado pode prejudicar uma carreira?

Sim, pode, pelo menos até o dia em que o atrasado contumaz assumir um cargo importante e não precisar mais dar satisfações a ninguém. Embora eu nunca tenha visto um atrasado contumaz chegar a um cargo importante, tudo na vida tem uma primeira vez. Mas vamos ao seu caso. Segundo especialistas no assunto, não existem tantos motivos assim para alguém viver perdendo a hora. Ou a pessoa dorme tarde, ou dorme mal. Ou então seu organismo, por alguma razão sideral, está adaptado a outro fuso horário. Ou ainda, como me disse certa vez um médico do trabalho, existem distúrbios que de fato podem causar essa inveterada resistência a acordar. Talvez esse seja o seu caso, e aí o conselho seria procurar ajuda médica. Mas o mesmo médico me disse que, na maioria das empresas, um reduzido grupo de atrasados é responsável pela maioria dos atrasos. É uma pequena comunidade que insiste em ignorar a chamada Lei Fundamental do Atraso: "Todo funcionário que sempre se atrasa tem um chefe que sempre chega cedo". Existem também os atrasados otimistas, aqueles que acordam com tempo suficiente, mas sempre saem de casa em cima da hora. Esses esbarram no fato de que a natureza é perversa. Porque, a cada dia, ela coloca um obstáculo novo e inesperado no caminho. O bom do atrasado é que ele é obrigado a exercitar a criatividade e, com o tempo, se transforma em um incrível inventor de grandes desculpas. Até o dia em que chega mais uma vez atrasado e diz: "Chefe, o senhor não vai acreditar". E o chefe responde: "É verdade. Não vou".

Palavras-chave: demissão, adaptação, cultura empresarial, flexibilidade, sinceridade, meritocracia, reputação, traços de personalidade, ética, riscos.

37

Cheguei à conclusão de que não terei oportunidade de crescimento na empresa em que trabalho há dois anos. É uma boa empresa, embora não seja ótima, mas me sinto travado e sem horizonte. Estou pensando em falar dessa preocupação para meu superior e dizer a ele que estou enviando meu currículo para outras empresas. Mas tenho receio de que minha extrema sinceridade possa ser mal interpretada.

Toda vez que um subordinado se dispõe a conversar com seu superior com uma conclusão já pronta, é preciso que ele chegue com a certeza de que a conclusão está correta. Para ter essa certeza, o subordinado precisa dispor de todos os dados, e não creio que você os tenha. O que você tem é uma interpretação dos fatos segundo sua própria óptica. O que normalmente acontece é que o superior rebate facilmente a conclusão, mostrando, por exemplo, que várias pessoas foram promovidas nesses dois últimos anos. Portanto, irá concluir o superior, o problema não está na empresa. A partir desse momento, não há como transformar uma conversa que começou com uma quase acusação em uma troca civilizada de ideias sobre a carreira do subordinado. Muito provavelmente, o superior agradecerá a informação de que você está procurando emprego e começará a procurar alguém para substituí-lo. Aí, caso você não consiga um emprego em breve e apareça um bom candidato à sua vaga, a situação, que já não é boa, ficará muito pior. Minha sugestão seria esta: pergunte ao superior o que lhe falta para merecer uma oportunidade. Qualquer coisa que ele disser, agradeça, volte para sua mesa e reavalie a sua situação. Quanto à extrema sinceridade, um pequeno lembrete: existe o sincero inconsequente e o sincero inteligente. Um diz o que pensa, e o outro pensa no que diz.

Palavras-chave: salário, crescimento pessoal, mudança de emprego, o que falar, sinceridade, chefe, currículo.

38

Tenho uma pergunta sobre "etiqueta corporativa", se esse for o termo. O que se deve fazer quando, por acaso, se encontra o chefe fora do ambiente de trabalho, em uma situação social?

Digamos, por exemplo, que você tope com seu chefe em um restaurante, num sábado à noite. Tá lá o chefe sentado com alguém que você não sabe quem é, batendo um papo animado. Você deve ir até a mesa e cumprimentá-lo ou deve fazer de conta que não o viu? E se você ficar na moita, o chefe o vir e, no dia seguinte, perguntar por que você não foi falar com ele? Como regra geral, um subordinado só deve ir cumprimentar o chefe se tiver com ele um relacionamento que vá um pouco além do ambiente de trabalho. Se, vamos dizer, o chefe costuma contar detalhes de sua vida pessoal ao subordinado. Mas, se esse fosse o caso, tenho a certeza de que você nem teria feito a pergunta. Alguém nessa situação certamente atropelaria o garçom para ir correndo dar boa-noite ao chefe. Como você perguntou, isso quer dizer que não existe esse

SUA CARREIRA DIRETO AO PONTO **63**

nível de intimidade e que o relacionamento entre vocês é puramente profissional. O melhor a fazer, nesse caso, é se fingir de morto e, no primeiro dia útil seguinte, ao cruzar com o chefe na empresa, comentar casualmente que o viu em tal lugar e que não quis incomodá-lo. Só isso e mais nada. Se o chefe disser: "Você podia ter ido me cumprimentar", isso vale como um convite para a próxima ocasião. É claro que alguns subordinados não desperdiçariam por nada uma chance de cumprimentar o chefe fora do local de trabalho. Só que isso seria uma aposta. Minha experiência me diz que, em sete de cada dez casos, o chefe preferiria não ser abordado, principalmente quando está na companhia de alguém. Mas quem acredita na sorte pode arriscar e ser um dos três contemplados com um "boa-noite". Eu diria que a chance é muito pequena se comparada com o risco.

Palavras-chave: etiqueta, chefe, sinceridade, obrigatoriedade, situações inéditas, riscos.

39

Trabalho no escritório central de uma empresa e tenho horário fixo de entrada e de saída. De vez em quando, tipo uma vez por mês, meu gerente me envia para uma filial em outro estado, para que eu faça uma auditoria nos procedimentos administrativos. Como a passagem aérea é comprada pela empresa, sem que eu seja consultado, o horário de saída do voo é sempre marcado para depois do fim do meu expediente normal. Então, vou para o aeroporto, espero uma hora, viajo mais uma ou duas horas, vou dormir num hotel e

no dia seguinte faço o meu trabalho. No retorno, é a mesma coisa. O voo é sempre marcado para depois do meu horário normal de expediente. Minha dúvida é: isso é hora extra?

Sim, com exceção do tempo em que você está dormindo. Mas a coisa não é tão simples como deveria ser porque a legislação deixa margem a interpretações. Então, consultei quatro empresas que têm procedimentos parecidos com os da sua. E as respostas variaram. Duas delas pagam hora extra pelo período que começa no momento em que o empregado sai de casa até o momento em que chega ao hotel. Outras duas empresas me responderam que cada caso é discutido individualmente porque os horários e as circunstâncias podem variar. Então, quantas horas extras devem ser consideradas é algo a ser discutido com a empresa. Mas que algumas dessas horas são extras, aí não há dúvida. São mesmo.

Palavras-chave: hora extra, cultura empresarial, leis trabalhistas, obrigações.

40

Quero pedir demissão, mas meu chefe está a cem quilômetros de distância. Trabalho numa filial da empresa e meu chefe, no escritório central. Como o chefe sempre foi meio pavio curto, temo que a reação dele não seja das melhores. Além disso, faço questão de explicar para ele por que estou saindo, mesmo que isso não seja obrigatório por lei. Pergunto qual seria a melhor maneira de comunicar a demissão: pessoalmente, por telefone ou por e-mail?

A melhor maneira é aquela que você utiliza regularmente. Se você se desloca até o escritório central sempre que surge um problema não usual, então deve pedir demissão pessoalmente. Se o telefone é o seu principal meio de comunicação com o chefe, deve telefonar. Se o relacionamento entre os dois é preferencialmente por escrito, deve mandar um e-mail. Qualquer que seja a fórmula, entretanto, você deve se preparar para a conversa. Minha sugestão é que você mencione os pontos positivos do novo emprego, e não os pontos negativos do emprego atual. Chefes com pavio curto não são necessariamente broncos e podem entender perfeitamente que um subordinado peça a conta por um salário mais alto ou uma oportunidade melhor. Mas irão acender o pavio se a conversa derivar para tudo o que está errado na situação atual. Não estou dizendo que não exista nada errado. Com certeza existe. Pode até ser que você esteja saindo porque não aguenta mais o chefe e a empresa. Porém, o pedido de demissão vai levar alguns minutos e a vida profissional ainda continuará por muitos anos. Como você não sabe de quem poderá vir a precisar no futuro, uma saída civilizada será um investimento, enquanto um confronto seria como fechar uma porta e jogar a chave fora. E é melhor ter um ex-chefe de pavio curto como referência do que como obstáculo.

Palavras-chave: demissão, chefe, sinceridade, o que falar, traços de personalidade, reputação, hierarquia, e-mail.

41

Eu me formei em Direito, mas não consegui passar no Exame da Ordem dos Advogados do Brasil. Em minha opinião, não é justo que alguém faça uma faculdade, tire um diploma que é um atestado de qualificação para exercer a profissão, e aí descubra que todo o sacrifício foi em vão.

Vamos começar pelo lado pragmático da situação. Ao se matricular num curso de Direito, o jovem já sabe que o exercício da profissão de advogado, ou a inscrição em um concurso público, dependerá da aprovação no Exame da Ordem. Justa ou não, essa é a regra do jogo, e ela foi estabelecida há mais de quarenta anos. E, infelizmente, a tendência é que o número de reprovados no Exame da Ordem aumente em vez de diminuir. Em 1995, existiam pouco mais de duzentos cursos de Direito no Brasil, número que quadruplicou em apenas dez anos. Já eram mais de oitocentos cursos em 2005, mais de 1.200 em 2011, e perto de dois mil atualmente. Cerca de 100 mil bacharéis em Direito se formam a cada ano e o crescimento no número de candidatos tem feito com que o índice de aprovação no exame seja cada vez menor. De cada dez que tentam, só um passa. Então, há duas maneiras de enxergar a mesma situação. A primeira é a discussão sobre a validade do exame, cuja revogação teria que envolver o Congresso e o Supremo Tribunal Federal. E a segunda é a racionalidade dos números frios, que só depende de uma decisão pessoal. Antes de optar pelo curso de Direito, um jovem precisa avaliar muito bem suas reais possibilidades de passar por essa peneira bem fina, não porque ela seja justa ou injusta, mas porque é legal e não há como contorná-la.

Palavras-chave: formação acadêmica, leis trabalhistas, futuro, frustração, obrigatoriedade, começar a carreira.

42

A empresa em que trabalho faz sete anos foi comprada por outra. Éramos uma firma familiar, com um bom ambiente, e agora fazemos parte de uma multinacional. Isso aconteceu faz um mês e no começo achei que seria uma boa para minha carreira, mas me enganei. Um bando de gestores chegou para ocupar os cargos mais importantes e o pessoal antigo de casa ficou desvalorizado. Não somos consultados para nada, não recebemos informações do que deverá acontecer e já estou ficando apavorado.

Quem faz a transição de uma empresa familiar para uma multinacional sente, de imediato, uma diferença no tratamento. Grandes empresas são metódicas e sistemáticas. Raramente uma situação é resolvida na base da conversa porque tudo já está previsto nos manuais operacionais. Isso torna a empresa, dependendo do ponto de vista, mais profissional ou menos pessoal. O carinho que o dono dispensava aos empregados é substituído por objetivos quantificáveis, avaliações periódicas de desempenho, e coisas do gênero. Pelo seu relato, você está encontrando dificuldade para se adaptar a essa nova cultura. A sugestão que posso lhe dar é evitar comparações. Não dizer que antes as coisas eram melhores, ou mais fáceis, ou menos complicadas. Os novos gestores podem até dar a impressão de que estão ignorando os funcionários antigos, mas isso não é verdade. Eles estão vendo tudo e avaliando cada etapa do processo. Como dependerá deles a decisão de quem fica e quem sai, se é que alguém irá sair, colocar-se à disposição é o primeiro passo. Minha experiência me diz que quem é bom fica, e boas oportunidades aparecem. Durante esse período de incertezas e de adaptação, ficar apavorado não vai ajudar em nada. Pelo contrário, poderá ser prejudicial.

> **Palavras-chave:** ambiente de trabalho, cultura empresarial, depreciação, situações inéditas, confiança, adaptação, expectativa, liderança, meritocracia, métodos peculiares.

43

Há maneiras de tornar um currículo mais chamativo? Tenho enviado muitos currículos para empresas, mas não obtive nenhuma resposta.

Quando uma empresa recebe um currículo e não responde, o silêncio é uma resposta. Significa que a empresa não está recrutando candidatos com aquele perfil, por mais apresentável que o currículo possa estar. Há também o fato, que não me canso de repetir, de que a maioria das contratações é feita por meio de indicações. Em alguns casos mais extremos, como o da área de Jornalismo, praticamente todas as contratações são feitas por recomendação de outro jornalista, porque já faz alguns anos que o número de vagas que aparece é muito menor do que o número de formandos na área. Mas, quaisquer que sejam a área, a idade e a experiência, ou a falta dela, espalhar currículos aleatoriamente é, sem dúvida, uma das maneiras de chegar a um emprego. Mas não pode ser a única, porque nem de longe é a mais eficaz.

Palavras-chave: currículo, *networking*, desemprego, contratação.

44

Em três semanas, passei da euforia à ansiedade e da ansiedade à frustração. Participei de um processo de seleção numa grande empresa. Fiquei entre as quatro finalistas e fui entrevistada por três gerentes. Todos eles elogiaram minhas respostas e minha postura. Fui para casa muito satisfeita e fiquei esperando ser chamada. E estou esperando até agora. Ninguém me ligou e já me convenci de que ninguém irá fazê-lo. Por que deixar um candidato eufórico? Só para se livrar dele sem ter que dar explicações? Não seria melhor dizer a verdade?

É bem possível que os três entrevistadores tenham dito a verdade. Se você foi uma das quatro finalistas em um processo que começou com dezenas de pretendentes, o seu nível estava acima do da maioria. E suas respostas e a sua postura refletiram isso. O que você talvez não tenha pensado é que os outros três finalistas ouviram os mesmos elogios. Todos eram ótimos. Findas as entrevistas, os três gerentes devem ter se reunido, trocado opiniões, e finalmente decidido quem seria contratado. Mas podemos também imaginar que o processo ainda não terminou. Que a vaga ficou congelada por alguma questão interna. Isso acontece em grandes empresas. O erro da empresa está em não avisar os candidatos de que o processo já foi concluído, ou está parado, ou foi cancelado. Empresas costumam esquecer que candidatos são também clientes, consumidores e, eventualmente, formadores de opinião. Grandes empresas gastam fortunas em propaganda para conquistar clientes, e seria um absurdo perdê-los devido a processos de seleção mal conduzidos. Mas é o que vai acontecer no seu caso. Se você é cliente dessa empresa, provavelmente deixará de ser. Se não é, dificilmente virá a ser. Talvez a comunicação nessa empresa e em várias outras esteja em mãos erradas. Talvez devesse ser uma atribuição da área de Marketing, que sabe como é difícil conseguir e manter um cliente.

Palavras-chave: processo seletivo, transparência, expectativa, elogios, cultura empresarial, ética.

45

Trabalho há vários anos na mesma empresa e na mesma função. Meu chefe me chamou e me fez uma proposta incômoda. Alegando que meu salário havia ficado muito alto, ele propôs que eu fosse dispensado, recebesse todas as verbas rescisórias a que tenho direito e pudesse sacar o meu fundo de garantia. Depois de seis meses, ele me readmitiria na mesma função, mas com um salário inferior ao que ganho hoje. Isso faz sentido?

Faz. Para a empresa. Quem passa muitos anos na mesma função, e recebe pequenos reajustes anuais, mesmo que seja apenas o dissídio e nada mais, depois de alguns anos pode ficar acima da faixa do mercado. Um funcionário que ganhava R$ 1.000 há dez anos, e recebeu reajustes anuais de 5%, o que não é nenhuma maravilha, estaria ganhando hoje quase R$ 1.600. Acontece que a faixa do mercado não acompanhou a inflação para a maioria das vagas nesse mesmo período porque a oferta de bons candidatos vem sendo maior do que o número de vagas oferecidas. O resultado é que a empresa conseguiria admitir um bom candidato para a função por R$ 1.200, 25% abaixo do que está pagando para um funcionário mais antigo. A demissão e a posterior contratação até resolvem o problema da empresa do ponto de vista legal, mas não levam em conta fatores essenciais como a dedicação e a fidelidade dos mais antigos, que ficam com aquela amarga sensação de ter que pagar a conta por ter feito tudo certo. Minha sugestão: se sua demissão for inevitável, não volte a trabalhar nessa empresa. Ela está sinalizando que quer ter você de volta, mas, ao mesmo tempo, está mostrando que não merece que você retorne.

> **Palavras-chave:** demissão, contratação, cultura empresarial, transferência, depreciação, estabilidade.

46

Trabalhei durante quatro anos em uma empresa, saí numa boa, fiquei dois anos em outra e agora recebi um convite para retornar à primeira empresa, numa posição de chefia, que eu não tinha

quando saí. Aceitei, feliz com o reconhecimento e satisfeito por não ter sido esquecido. Só que comecei a ter certas preocupações antes mesmo de assumir o cargo. Alguns de meus novos subordinados eu não conheço, porque entraram depois de minha saída, mas alguns eram meus colegas de trabalho. Éramos um grupo unido, brincávamos bastante, fazíamos piadas sobre os chefes, essas coisas que acontecem em qualquer empresa. Meu receio é que meus antigos colegas me recebam como se eu continuasse a ser mais um da turma, o que até posso ser, mas agora vou ser o superior hierárquico deles. Também não quero tratar as pessoas que eu já conheço melhor do que aquelas que vou conhecer agora. Estou certo em ter essas preocupações ou estou exagerando?

Você está certo. Não em relação a todos os seus ex-colegas e agora subordinados, mas certamente em relação a dois ou três. Sempre haverá quem pense que um camarada que virou chefe continua sendo mais camarada do que chefe, e que portanto as brincadeiras podem ser as mesmas de antes. Talvez você já saiba quem são essas pessoas que poderão influenciar as demais. Se sabe, é bom chamá-las para uma conversa particular na primeira hora. Peça a colaboração delas. Diga que você não mudou nem vai mudar, mas que o seu cargo mudou e que será cobrado se não agir como chefe. Talvez essas pessoas espalhem que você virou um chato com mania de grandeza. Bom, e daí? É difícil um chefe ter o carinho irrestrito de 100% dos subordinados. Mas duas coisas o chefe pode conseguir, se souber dar para poder receber: confiança e respeito.

Palavras-chave: chefe, hierarquia, ambiente de trabalho, o que falar, reputação, amizade, relacionamento com colegas, mudança de emprego, riscos.

47

O que se deve responder quando o entrevistador pergunta qual é sua pretensão salarial?

Há duas respostas possíveis. Se o candidato sabe qual é a faixa salarial para a função, na cidade ou na região, deve mencionar essa faixa. Acontece que pesquisas desse tipo somente são publicadas nas cidades de maior porte, separando as empresas em pequenas, médias e grandes. Uma busca na internet poderá mostrar se a pesquisa existe na cidade em que você mora. Se não existir, o melhor é não arriscar um valor. A pergunta é feita porque, se o candidato mencionar uma pretensão muito acima do que a empresa pretende pagar, ele pode ser descartado do processo seletivo. Isso porque, na avaliação do entrevistador, quem pede dez e aceita cinco irá continuar procurando um emprego de dez após ser contratado por cinco. O segundo risco é o de dizer um valor muito baixo. Muita gente descobre, depois da contratação, que poderia ter pedido mais do que pediu. Então, na dúvida, o melhor é responder "Desculpe, não tenho a menor ideia de quais são as faixas salariais. Gostaria de ouvir uma proposta". Na maioria dos casos, as empresas já sabem quanto podem pagar, e o entrevistador diz o valor. Em último caso, aquele em que o entrevistador não revela o salário de jeito nenhum e exige uma resposta, o entrevistado deve ter um número em mente. E como se consegue esse número? Perguntando. É quase impossível não existir algum amigo que ocupe uma função semelhante e possa dizer quanto está ganhando. Mas essa seria a última opção, porque o amigo pode estar ganhando mal, ou então ser meio mentiroso. A coluna do meio, aquela de pedir uma proposta em vez de fazê-la, é a opção mais recomendável.

Palavras-chave: o que falar, contratação, processo seletivo, salário, amizade.

48

Na empresa em que trabalho, já virou hábito o pessoal administrativo ficar até mais tarde sem receber horas extras. E não é pouco tempo. No mínimo, uma hora por dia. Eu não consigo entender a razão, já que não existe acúmulo de trabalho. O pessoal, simplesmente, fica. Quando perguntei por quê, me disseram que isso é praxe, e que quem sai na hora certa não é bem-visto porque mostra falta de comprometimento. Isso ocorre em todas as empresas?

Não, não ocorre em todas, mas ocorre em algumas. O mais estranho é que essa esticada desnecessária de expediente não foi importada. É um hábito brasileiro. Nenhum dos países que conheci adota essa prática. Mesmo nos Estados Unidos, o berço da competitividade, o pessoal administrativo não fica nem um minuto a mais. É claro que certos setores têm necessidade de prolongar a jornada. Por exemplo, o pessoal da Contabilidade no fechamento do mês. Mas, quando todo mundo fica todos os dias, ou algo está muito errado com a rotina da empresa, ou então a prática já se estabeleceu e ninguém mais sabe explicar por quê. O chefe fica porque o chefe

SUA CARREIRA DIRETO AO PONTO **75**

dele fica, e os subordinados acabam ficando porque ninguém quer arriscar. Dá a impressão de que ficar na empresa é melhor do que ir para casa, ou aproveitar o tempo para qualquer outra atividade. Isso não faz nenhum sentido, e todo mundo sabe que não faz, mas ninguém se atreve a ser o primeiro a desafiar a jurisprudência interna. Meu conselho? Seja você o primeiro a questionar. Mostre que você tem uma vida para ser vivida. E se você vier a se tornar uma vítima de seu atrevimento, não assuma que você não tem saída. Comece a sondar o mercado. Existem muitas empresas no Brasil que não confundem desperdício de tempo com comprometimento.

Palavras-chave: hora extra, ambiente de trabalho, reputação, adaptação.

49

Passo boa parte de meu dia no trabalho lendo ou respondendo e-mails. E três fatos me chamam a atenção. O primeiro é que a mensagem escrita substituiu a conversa. Funcionários disparam e-mails, mesmo estando a poucos metros do destinatário. O segundo é que quem recebe um e-mail com cinco copiados sente-se na obrigação de responder para todos, mesmo sem ter nada a acrescentar. E o terceiro é que metade dos e-mails nada tem a ver com trabalho. São piadas e fotos. Isso acontece em todas as empresas, ou a minha é exceção?

Vamos separar em duas partes. Os e-mails que nada têm a ver com trabalho são comuns apenas nas empresas nas quais não existe controle sobre o conteúdo. Isso é fácil de resolver, porque legalmente a empresa pode acessar os e-mails recebidos e enviados. O sistema é de propriedade da empresa e os e-mails foram enviados durante o horário de expediente. Isso vale também para o acesso a sites ou redes sociais. Basta a empresa divulgar que começará a ler tudo e o correio da amizade terminará de imediato. Agora, vamos à primeira parte da resposta, a dos e-mails com conteúdo profissional. O e-mail tem muitas vantagens. É grátis, é rápido, e tanto faz enviar uma mensagem para vinte destinatários como para um só. É essa aparente conveniência que gera a enxurrada. Conheço uma empresa que impôs quatro regrinhas para e-mails: (1) Nenhuma mensagem pode ter mais de cinco linhas de texto. (2) Antes de enviar, releia o que escreveu. (3) Não mande para quem não precisa. (4) Não responda o que não lhe foi perguntado. Na primeira semana, uma equipe rastreou os e-mails e os reincidentes foram chamados para uma brevíssima reunião de orientação. A partir daí, segundo a empresa, o tráfego caiu mais de 60% e livrou duas horas por dia por funcionário.

Palavras-chave: etiqueta, cultura empresarial, métodos peculiares, obrigações, e-mail, produtividade.

50

Completei dez anos de mercado de trabalho, vi muita coisa, passei por várias experiências e a minha avaliação é a seguinte: para ter uma carreira de relativo sucesso, é preciso ser medíocre. Essa é a verdade.

Permita-me dizer-lhe que o seu modo de avaliar a situação cria um problema para você mesmo. Porque, se você ainda vier a construir uma carreira de relativo sucesso, terá que reconhecer que conseguiu porque é medíocre. Por outro lado, se não tiver uma carreira de relativo sucesso, vai ser difícil você convencer alguém de que só não conseguiu porque você é bom demais. Então, qualquer que seja o desfecho, você não ficará satisfeito. Mas existe outra maneira de avaliar a situação. Você acredita, e quem sou eu para duvidar, que tem conhecimento e habilidade para assumir cargos em empresas sem ter que passar pela fase inicial, aquela em que o funcionário mostra que consegue realizar tarefas banais e pouco desafiadoras. Essa é realmente uma etapa chata da vida profissional. Ao ver pessoas ocupando cargos de relativa importância, você sabe que faria tudo melhor se estivesse no lugar delas. E aí, enquanto você fica comparando o seu hipotético desempenho com o desempenho real dessas pessoas, seus colegas estão tentando ganhar a confiança delas. E um dia eles é que acabam recebendo oportunidades, mesmo sendo piores do que você. Um profissional de relativo sucesso não é nenhum gênio renascentista, como você já descobriu. É apenas alguém que conseguiu um bom cargo e um bom salário porque entendeu o que a empresa esperava que ele fizesse, em vez de esperar que a empresa fizesse o que ele esperava.

Palavras-chave: expectativa, acomodação, adaptação, críticas, proatividade, experiência prática.

51

Se você pudesse voltar no tempo, e começar novamente sua carreira, o que faria de diferente?

Quase nada. Eu faria novamente tudo o que fiz, e exatamente da maneira que fiz. Morreria de vergonha de falar em público, como tantas vezes morri. Faria brincadeiras idiotas na hora errada, como fiz tantas vezes. Cederia de novo à timidez que não me permitiu me aproximar da menina mais bonita da escola. Escolheria minhas opções mais pela emoção do que pela razão, como fiz até perder a conta das vezes em que agi assim. Pensaria que os conselhos dos mais experientes eram uma maneira de eles consolarem a si mesmos pelos erros cometidos, e não uma genuína preocupação para que eu não viesse a cometer os mesmos erros. Se eu pudesse voltar no tempo, novamente correria riscos à toa e por nada, como corri, por pura diversão e sem pensar nas consequências. Mas não correria riscos que hoje sei que deveria e poderia ter corrido porque o sentido que hoje têm para mim não é o sentido que faziam então. Eu não pensaria no que poderia me acontecer dali a trinta anos porque não conseguiria me ver como um adulto que sucumbiu às regras indigestas da sociedade, como todos os adultos que eu conhecia haviam sucumbido. Eu seria de novo criticado em meu primeiro emprego por não levar as coisas a sério, porque existiam muitas coisas mais sérias para mim do que o meu primeiro emprego. Se eu pudesse voltar no tempo, não iria querer ser um jovem que soubesse tudo o que um adulto sabe. Que graça teria uma vida com respostas prontas? A graça está em não saber as respostas e encontrá-las por conta própria. Por isso, se eu pudesse voltar no tempo, só voltaria se tivesse a certeza de poder levar comigo todas as minhas incertezas.

Palavras-chave: crescimento pessoal, o que fazer, o que falar, começar a carreira, riscos.

52

Já tive vários chefes e nunca tive problema com nenhum deles. Mas estou tendo um com meu chefe atual. Ele não é mal-educado, muito pelo contrário, mas o estilo dele me incomoda. Ele me trata como se eu tivesse 7 anos de idade. Perde o tempo dele, e o meu, ao me explicar como executar tarefas simples e rotineiras. Por exemplo, eu ligo para clientes com frequência. Meu chefe me solicitou que, antes de cada ligação, eu fosse falar com ele para acertar os ponteiros. Aí, eu tenho que explicar o que vou falar para o cliente, e como vou falar. Nesses momentos, sinto-me como se fosse uma débil mental. Será que meu chefe é inseguro, ou será que eu é que estou sendo, já que ele também trata os meus colegas da mesma maneira?

Bom, certamente seu chefe está na contramão da corrente que diz que o chefe deve confiar, orientar e delegar. Por outro lado, ele não é o chefe antiquado cujo estilo é mandar, ignorar e ameaçar. Seu chefe está no meio das duas correntes. Comparado com o chefe moderno, ele é antigo. Comparado com o antigo, ele é moderno. Eu lhe sugiro esperar mais um pouco para ver se ele muda de comportamento após conhecer bem cada um dos subordinados. Se ele não mudar, então ele é mesmo aquele chefe de escola maternal. Alguns de seus colegas se sentirão felizes em ter um chefe assim. Se você não se sentir, fale com ele. Use o discurso da liberdade com responsabilidade. Se ele disser que sempre foi assim e sempre será, e se você também está segura de que não conseguirá se adaptar, então vocês dois são incompatíveis. Nesse caso, você sabe tanto quanto eu o que vai acontecer. Você ficará do lado mais fraco da corda e terá que procurar outra corda.

Palavras-chave: chefe, confiança, métodos peculiares, o que falar, depreciação, adaptação, traços de personalidade.

53

Sou encarregado de um setor. Apareceu uma diferença no estoque de mercadorias e depois de muita investigação chegamos a dois funcionários. Tenho certeza que um deles é o responsável, mas não estou seguro de que o erro tenha ocorrido por desonestidade. Pode ter sido apenas por desatenção. Cada um desses dois funcionários tem argumentos plausíveis, só que as histórias deles são contraditórias. Meu superior me deu uma semana para identificar o culpado. Caso eu não consiga, meu superior sugeriu que eu dispense os dois. Essa é a minha dúvida. Como saber quem está dizendo a verdade, já que os dois têm um bom tempo de casa e nenhum deles tem maus antecedentes?

A sugestão de seu superior vem dos tempos do Império Romano e deu origem ao verbo dizimar. No século 1, quando era preciso dar um exemplo a toda a tropa, o general escolhia dez legionários em cada cem, e eles eram sacrificados para servir de exemplo aos noventa restantes. Por que isso era feito? Porque o emprego de legionário era bom e existiam muitos candidatos às vagas que apareciam. E qual é a situação presente no mercado de trabalho? A mesma. Há mais candidatos do que vagas. Porém, já faz alguns séculos que a Justiça decidiu que não se deve condenar dois suspeitos só porque um deles certamente é o culpado. Esse é o princípio que deve também nortear uma empresa. Porque, no fundo, a culpa é da empresa. O erro ocorreu porque os instrumentos internos de controle não foram eficazes para preveni-lo. Sacrificar um funcionário inocente é uma maneira de transferir a responsabilidade. O ideal seria advertir os envolvidos e rever os controles para impedir que novos erros aconteçam. Mas, caso seu superior tenha a palavra final, a decisão dele mostrará em que século a empresa está.

Palavras-chave: chefe, métodos arcaicos, hierarquia, honestidade, obrigatoriedade.

54

Sempre estive muito atenta às dicas de comportamento em entrevistas. Visto a roupa adequada, chego com antecedência, faço tudo como se deve. Porém, percebo que do lado de lá o comportamento é outro. Nunca fui recebida na hora marcada. E na maioria dos casos não há lugares adequados para os candidatos

aguardarem a chamada. Já tive que esperar em pé durante 45 minutos até que o entrevistador finalmente decidisse me receber. Se eu tivesse me atrasado, talvez tivesse sido eliminada, ou no mínimo levaria uma bronca. Quando o entrevistador se atrasa, nem um elementar pedido de desculpas o candidato escuta. A impressão que fica é que a empresa não está nem aí.

Como o candidato não sabe se será entrevistado por uma empresa que prima pela pontualidade, não há como fugir ao procedimento que você relatou. É preciso chegar com quinze minutos de antecedência. Dito isso, não vejo motivo para um candidato fazer de conta que o fato de ter sido tratado sem consideração não tem importância. Claro que tem. Uma entrevista serve para duas coisas. Para a empresa decidir se um candidato está apto a trabalhar nela, e para o candidato decidir se aquela é a empresa em que ele quer trabalhar. Mencionar educadamente ao entrevistador o atraso de 45 minutos não é apenas um desabafo, é uma maneira de entender como a empresa trata seus funcionários. Se o entrevistador demonstrar irritação com a pergunta, o candidato pode agradecer e dispensar a entrevista. Bem poucos fazem isso, mas todos deveriam fazer. Porque, se uma empresa não mostra respeito prévio, certamente também não mostrará após a contratação.

Palavras-chave: processo seletivo, contratação, ética.

55

Tenho lido que existem muitas vagas oferecidas por empresas e não preenchidas por falta de candidatos qualificados. Pergunto onde estão essas vagas, já que me cadastrei em um monte de sites e enviei uma infinidade de currículos, mas nunca fui chamado para participar de processos seletivos.

Toda empresa tem um organograma. Nele estão dispostas, em forma de pirâmide, as funções que a empresa necessita para funcionar bem. Cada uma dessas funções tem uma descrição, que leva em conta a formação e a experiência prática do ocupante. Quando surge uma dessas vagas, a empresa começa a avaliar currículos de candidatos que se enquadram na descrição da função. E muitas vezes não encontra o que procura, por falta de qualificação. Por quê? Porque a descrição da função está pedindo um técnico. Como um mecânico, um eletricista, um carpinteiro, ou um especialista em eletrônica. Se não há profissionais assim nos currículos cadastrados, a vaga não é preenchida. É isso o que o mercado está dizendo: faltam técnicos. Vou dar um exemplo prático. Hoje, para cada vinte jovens que se formam em Jornalismo, é formado apenas um técnico que vai operar as impressoras. Esse técnico qualificado vai encontrar emprego facilmente. Dos vinte jornalistas, pelo menos quinze terão dificuldades para se empregar no setor. A explicação é que o mercado de trabalho não se amolda ao número de formandos. É o número de formandos que precisa se amoldar ao que o mercado procura. E essa equação está desbalanceada. Estão faltando técnicos com qualificação e sobrando candidatos com curso superior. Isso não significa que esses formandos não conseguirão emprego. É claro que conseguirão. A diferença é que eles terão que procurar bastante, ao passo que os técnicos serão bastante procurados.

Palavras-chave: processo seletivo, cursos técnicos, formação acadêmica, concorrência, currículo, experiência prática.

56

Quanto tempo a gente deve esperar para que uma promessa seja cumprida? Meu gerente me chamou, elogiou meu trabalho e me disse que a empresa tinha planos para mim. Perguntei que planos seriam esses e o gerente me disse para aguardar, que ele falaria comigo no momento apropriado. Isso já faz meses e o gerente não disse mais nada. Não quero parecer ansioso, mas, como foi ele quem começou o assunto, gostaria de saber que atitude devo tomar.

A primeira hipótese é que existem planos, mas não existe uma vaga imediata. Nesse caso, a tradução do que seu gerente disse seria a seguinte: você está sendo observado, seu trabalho é muito bom, e em casos assim a empresa sempre reconhece o mérito por meio de uma promoção. O que ele não disse, mas deveria ter dito, é que não estava fazendo uma promessa de curtíssimo prazo. A segunda hipótese é que nunca existiu plano nenhum e que seu gerente acredita em promessas vazias para motivar os subordinados. E, além disso, ele imagina que os subordinados não têm boa memória. Isso não é difícil de descobrir. Se outros colegas seus ouviram conversas semelhantes e nada aconteceu com eles, a possibilidade de que algo aconteça com você diminui bastante. Em ambos os casos, porém, você pode continuar a conversa que seu gerente iniciou. Num momento em que ele elogiar um trabalho que você fez, agradeça o elogio e relembre o que ele lhe falou sobre planos futuros. Mas não cobre prazos porque, se os planos realmente existem e são de médio prazo, você passará a impressão de que está querendo forçar a barra. Para que possa fazer seus próprios planos e administrar sua ansiedade, eu lhe diria que três meses é pouco tempo para o cumprimento de uma promessa e um ano, tempo demais.

Palavras-chave: chefe, o que falar, avaliação, elogios, salário, transparência.

57

Voltei a estudar depois de alguns anos e optei por um curso em uma área diferente daquela em que sempre atuei. Imaginei que o curso me daria a possibilidade de uma mudança rápida de carreira, mas isso não está acontecendo. Reconheço que não tenho experiência prática na área em que gostaria de atuar, mas tenho muita vontade de aprender. Como faço para dar esse salto profissional?

Salvo raras exceções, o mercado de trabalho não é uma estrada reta, larga e bem pavimentada. É mais uma sucessão de trilhas estreitas que se entrecruzam e não raramente confundem a cabeça de quem deseja escolher uma direção. Quando alguém decide estudar, só para dar um exemplo, Gestão em Recursos Humanos e não recebe uma única resposta para os currículos que envia, a impressão é que deve existir algum atalho. De fato, existe. Chama-se indicação direta. Mas então quem não conhece alguém que possa fazer essa indicação está definitivamente barrado? Não. É aí que as trilhas do mercado se entrecruzam. Se não há uma vaga na área escolhida, o candidato deve tentar uma vaga em qualquer outra área (no seu caso, aquela em que você já tem experiência prática), mas em uma empresa que mais tarde possa lhe proporcionar uma transferência para a área desejada. Depois da indicação direta, essa é a opção que mais funciona. A de já estar na empresa quando a oportunidade aparece. Demora mais, é verdade, mas é melhor do que passar muito tempo perseguindo uma única opção.

Palavras-chave: cultura empresarial, formação acadêmica, experiência, mudança de emprego, *networking*, recomeçar a carreira, currículo.

58

Já fui reprovada algumas vezes no teste de redação em processos seletivos porque me falta assunto. Leio o título e me dá aquele branco. O que posso fazer para melhorar?

Pouca gente sabe disso, mas o teste de redação reprova metade dos candidatos. Não só pelo conteúdo, mas também pelos erros gramaticais. Então, vou lhe dar uma sugestão bem simples, mas muito eficiente. Pegue um texto já escrito. Qualquer um, sobre qualquer assunto. Mesmo que sejam temas que você não costuma ler, como Economia ou Psicologia. Não precisa ser um texto longo. Pode ser somente um parágrafo de cinco linhas. Aí, escolha uma consoante. Qualquer uma. E reescreva o texto sem ela. Isso fará com que você tenha que encontrar sinônimos sem aquela letra para que o texto continue compreensível. Ao terminar, selecione outra consoante e repita o exercício. Você pode começar pelas consoantes menos usadas, como o "z" e depois partir para as que mais se repetem, como o "c". Parece um exercício fácil, mas não é. Muitas vezes, mudar uma palavra vai requerer que você transforme a frase, invertendo-a, pontuando-a de modo diferente. Além disso, ao ter que ler várias vezes um texto pronto para poder alterá-lo, duas coisas acontecerão. A sua compreensão do conteúdo do texto irá melhorar e você irá aprendendo a evitar os erros de gramática. Alguns desses textos ficarão em sua memória, e você poderá usá-los em futuras redações. Se fizer esse simples exercício uma vez por dia, em um mês seu estilo já terá melhorado muito.

Palavras-chave: processo seletivo, adaptação, proatividade, crescimento pessoal.

59

Trabalho faz um ano em uma empresa, e todos os dias me sinto muito incomodada ao ver que alguns funcionários só fingem que trabalham e passam horas acessando a internet. Em meu modo de ver, essas pessoas estão lesando a empresa. Agora, decidi pedir a conta e estou em dúvida se devo relatar esse comportamento antiético na entrevista de desligamento.

Ética é algo que ninguém precisa nos explicar o que é. Todos nós sabemos o que devemos fazer, e, principalmente, o que não podemos fazer. Ou porque é ilegal, ou porque é imoral. A partir de nossa educação e de nossa avaliação, cada um de nós desenvolve um código pessoal de conduta no trabalho. Alguns podem achar que usar o tempo na empresa para atividades que nada têm a ver com a função, como escarafunchar a internet, é apenas uma maneira de relaxar um pouco. Outros podem achar que isso é totalmente errado e se sentem incomodados quando veem o colega do lado fazendo. A questão é: o que devemos fazer quando temos certeza de que a conduta do próximo está prejudicando a empresa? Faz parte de nossa obrigação profissional denunciar o fato? Em certa medida, cada subordinado deve ser a extensão dos olhos e dos ouvidos do chefe? Ou a ética se aplica somente à nossa própria conduta e, se o chefe não vê o que está errado, o problema é dele? Essas respostas, em minha opinião, precisam ser dadas durante a ocorrência dos fatos, e não depois. Não se pode deixar para amanhã a ética de hoje. No seu caso, minha sugestão é que você não se preocupe com a empresa que está deixando, e sim com a atitude que irá tomar caso encontre a mesma situação na empresa para a qual irá.

Palavras-chave: o que fazer, crescimento pessoal, futuro, situações inéditas, ética.

60

Por que o mundo é tão complicado?

Começando pelo começo, nós não sabemos quando foi o começo. Do ponto de vista científico, aprendemos que, num dado momento, uma massa de energia do tamanho de uma laranja explodiu e formou o universo. Isso foi há uns 13 bilhões de anos, mais ou menos, na nossa maneira de contar o tempo. Até aí, o universo era simples, isso porque não existia ninguém para explicá-lo. Acontece que, em um daqueles zilhões de corpos celestes que se formaram na explosão inicial, uma célula se dividiu em duas, formando um minúsculo organismo capaz de agir por conta própria e de se reproduzir em outros organismos semelhantes. É bem verdade que foram necessários mais alguns bilhões de anos (e muitas mutações) até que esses organismos primitivos saíssem do oceano e chegassem à terra firme. Mas eles chegaram. E aí, durante mais um tempão enorme, tudo o que essas criaturas fizeram foi aumentar de tamanho, comer, dormir e se reproduzir. Muita gente diria que isso sim é que era vida. Até que aconteceu algo inesperado. Um asteroide destrambelhado se chocou com nosso mundinho e causou a extinção das espécies dominantes. Isso permitiu que outras espécies, que não tinham nem teriam a menor chance de se sobressair, por serem mais lentas e mais fracas, pudessem tomar conta do pedaço. E uma dessas espécies desenvolveu uma habilidade única: pensar. Uma habilidade que permite ver duas coisas separadas, que nada têm a ver uma com a outra, e imaginar o que poderia resultar da junção das duas. É isso que tornou o mundo complicado. O fato de que sabemos pensar e podemos transformar ideias em aplicações práticas. Nesse processo, há os que só sabem complicar e há os que tentam descomplicar. Numericamente, a primeira turma sempre esteve em vantagem, mas a segunda turma é que acaba se sobressaindo na vida e no trabalho.

Palavras-chave: adaptação, criatividade, motivação.

61

Sou formada em Jornalismo e responsável pelo jornal interno de uma empresa, que é distribuído a todos os funcionários na forma impressa ou acessado pela intranet. Só que eu não decido o que é publicado. As notícias me chegam prontas e eu apenas tenho que acertar o estilo e a gramática. Meu problema é que a maioria dessas notícias não condiz com a realidade da empresa. Só para dar um exemplo, sei que o ambiente de trabalho não é bom, mas tenho que publicar que ele é maravilhoso. Sinto-me muito mal fazendo isso. Eu me formei para dizer a verdade, não para mentir. Como posso convencer a empresa a mudar de postura?

O seu caso é um exemplo da diferença entre o que um funcionário recém-contratado espera de uma empresa e o que ele encontra. Em alguns casos, como no seu, a frustração inicial é bem grande. Imagino que você não queira fazer o óbvio, que seria pedir a conta. Eu lhe diria também, com alta dose de certeza, que sua empresa não irá mudar a linha de comunicação adotada. Claramente, o objetivo do jornal da empresa é fazer propaganda, não jornalismo imparcial. O que lhe sugiro é propor artigos que enfatizem as coisas boas que a empresa oferece, porque não acredito que tudo o que ela oferece seja ruim. Ao fazer isso, você irá ganhar a confiança das pessoas que hoje redigem os textos, e aos poucos irá conseguir mais autonomia. No seu caso, como no de muitos novos funcionários que trombam com a realidade, é preciso mostrar paciência e habilidade política, duas coisas que jovens profissionais abominam, com toda razão. Mas essa é uma daquelas leis cruéis do mercado de trabalho: nem sempre a decisão está nas mãos de quem tem razão.

Palavras-chave: hierarquia, ética, adaptação, obrigatoriedade, sinceridade, ambiente de trabalho.

62

Estou há apenas dois meses nesta empresa. Deixei o emprego anterior imaginando que esta seria uma oportunidade de aprender coisas novas, porque mudei para uma área diferente. Só que nada do que me foi dito na entrevista está acontecendo na prática. A empresa é lenta, não tem processos, e tudo é resolvido na base do grito. No dia em que saí da empresa anterior, meu gerente me alertou que eu estava fazendo bobagem e disse que eu poderia ligar para ele quando quisesse. Quero ligar e pedir para voltar, mas não gostaria de dar a meu ex-gerente a impressão de que fracassei em tão pouco tempo. O que devo falar para ele?

Sugiro que você fale exatamente o que seu gerente gostaria de ouvir. Que o ambiente de trabalho na nova empresa nem de longe se compara ao que você estava acostumada, e que você tinha um chefe excelente, mas só percebeu isso agora. Termine dizendo que, se puder, já estará de volta antes que seu gerente tenha tempo para desligar o telefone. Mas esteja preparada, porque duas coisas podem acontecer nessa conversa. A primeira, a boa, é que seu gerente aceite a sua volta. E a segunda, a ruim, é que ele repita que você fez bobagem e agora terá que pagar por isso. Se for esse o caso, por que seu gerente teria lhe dito para ligar? Provavelmente, porque usará o seu caso para impedir que outros subordinados saiam. Se ocorrer a pior hipótese, respire fundo, agradeça, diga que aprendeu uma lição e repita que continua à disposição. E o que você diria em futuras entrevistas de emprego, caso resolva não ficar aí? A mesma coisa. Diga que mudou sem refletir, e que nunca mais fará isso. Todos nós temos o direito de errar uma vez, mas inventar uma história para minimizar um erro seria um segundo erro.

Palavras-chave: o que falar, chefe, mudança de emprego, arrependimento, expectativa, riscos.

63

Não sei se meu caso é comum, mas já perdi várias oportunidades de mudar de emprego por achar que não daria conta dos trabalhos que me foram oferecidos. Tenho um emprego que me dá visibilidade junto aos clientes e em função disso alguns me fizeram

convites para assumir funções diferentes das que venho executando. Nunca aceitei, mas agora, depois de sete anos fazendo sempre a mesma coisa, fico me perguntando se deixei passar boas oportunidades que eu poderia ter aproveitado.

Em primeiro lugar, sim, seu caso é comum. Já aconteceu com muita gente que se sentia segura executando uma tarefa e ficou com receio de arriscar uma mudança. É verdade que precisamos ter um foco na carreira, mas também é verdade que algumas vezes encontramos uma carreira, e outras vezes uma carreira nos encontra. A falta de foco afeta negativamente a carreira de profissionais que ficam pulando de uma área para outra, sem se encontrar em nenhuma. Depois de sete anos e igual número de empregos que nada têm a ver um com o outro, o currículo vira uma geleia e o profissional acaba sendo visto pelo mercado como alguém sem rumo. Isso é bem diferente de tentar uma atividade nova, principalmente quando o convite vem de alguém que já conhece você. O simples fato de ser convidada já significa que você foi previamente avaliada e que quem a convidou viu em você condições para fazer o trabalho oferecido. Na próxima vez, sugiro que você arrisque, se a proposta for boa em termos de remuneração e de oportunidades futuras. Pode dar certo ou pode dar errado, mas, em casos como o seu, a chance de dar certo é bem maior.

Palavras-chave: acomodação, arrependimento, o que fazer, motivação, currículo, vários empregos em pouco tempo, salário, transferência.

64

Socorro. Eu estava participando de dois processos seletivos. Uma das empresas me fez uma proposta e eu aceitei porque teria que dar uma resposta imediata, e a outra empresa não se manifestava. Comecei a trabalhar e, depois de duas semanas, aconteceu o que eu temia. A segunda empresa se manifestou e me fez uma proposta muito melhor. Se eu tivesse recebido as duas propostas ao mesmo tempo, e se as duas fossem iguais, eu teria dado preferência a essa segunda empresa porque vejo nela melhores oportunidades de carreira. E agora ela me fez uma proposta que, além de tudo, é mais vantajosa financeiramente. O que faço? Peço a conta antes de completar um mês, ou mantenho a palavra empenhada, mesmo não me sentindo feliz com o desfecho da história?

Em minha opinião, que certamente não será a de muita gente, você deve pedir a conta pelo mais óbvio dos motivos. Se ficar, o seu desempenho não será o que normalmente seria, e o resultado é que você acabará prejudicando a empresa que o contratou. Para ela, é muito melhor ter alguém que veja esse emprego como uma boa oportunidade do que alguém que enxergue o emprego como um golpe de azar. Porque é isso mesmo que irá acontecer. Mesmo que não queira, você começará a se lastimar. Qualquer fato que não seja de seu agrado fará com que você imediatamente pense como seria melhor estar em outro lugar, e nenhuma empresa vai querer um funcionário pensando dessa maneira. Se explicar isso com cuidado a seu chefe, ele não ficará nem um pouco feliz, mas acredito que entenderá sua situação e sua decisão.

Palavras-chave: processo seletivo, arrependimento, o que falar, demissão.

65

Trabalho em um setor com doze colegas. Decidi investir em minha carreira cursando um MBA, e essa decisão fez com que alguns de meus colegas passassem a me discriminar e a me denegrir perante o chefe. Como posso lidar adequadamente com essa demonstração de inveja?

Em primeiro lugar, não vou duvidar de sua palavra de que o mal-estar foi gerado apenas e tão somente por sua decisão de cursar um MBA. Se for isso mesmo, seus colegas têm cérebro do tamanho de uma ervilha. Logo, ignore os invejosos e siga em frente de peito aberto e cabeça erguida. Em segundo lugar, com o devido respeito, permita-me duvidar de sua palavra. Todos os dias, surgem motivos muito mais sérios do que esse para que colegas de trabalho se desentendam. E o que mantém o balanço civilizado em uma empresa é o chamado bom senso. Se todo mundo resolvesse brigar por qualquer coisinha, a empresa logo se transformaria numa praça de guerra. Eu acredito que outros fatos tenham acontecido antes, e que a relação entre você e alguns de seus colegas já não era boa. Se não for isso, há outro fator que talvez possa ter provocado o pecado capital da inveja. É o pecado capital chamado soberba. Cansei de ver profissionais que começaram a cursar um MBA ficarem repetindo isso a todo instante e em qualquer situação, mesmo quando a menção ao curso era totalmente desnecessária. Isso realmente provoca reações antagônicas. Sugiro que você faça um exame de consciência e reveja a sua avaliação pessoal do caso. De todo modo, não abandone o MBA, que de fato será importante para sua carreira. Só não fique alardeando essa importância, caso esteja fazendo isso, e tudo voltará ao normal.

Palavras-chave: cursos, formação acadêmica, relacionamento com colegas, reações emotivas, perseguição, desvalorização, crescimento pessoal.

66

Fui contratado por um salário compatível com minha função, mas descobri que um colega ganha bem menos do que eu. Ele está na empresa há muitos anos e não tem a escolaridade que a função exige, mas tem conhecimento prático e experiência mais do que suficientes para a execução do trabalho. Confesso que, devido ao pouco tempo que tenho de casa, esse colega é até mais produtivo do que eu. Ele não sabe que eu ganho mais do que ele, e quando fui contratado meu gerente me pediu para não comentar essa diferença salarial. Eu me sinto mal com a situação e não sei se posso ou devo fazer algo a respeito.

Vamos começar pelo aspecto legal. Se você e seu colega têm funções com nomenclatura idêntica e fazem exatamente a mesma coisa, a empresa está criando um passivo trabalhista. Algum dia, seu colega poderá entrar com uma ação e requerer a equiparação, recebendo toda a diferença atrasada. Mas esse é um problema da empresa, e não seu. Uma explicação plausível para o fato é que a empresa esteja pagando ao colega pelo que ele é, e a você pelo que pode vir a ser. Outra explicação seria que a empresa está segura de que o funcionário mais antigo não pedirá a conta. O que provavelmente irá acontecer é que um dia seu colega descobrirá a diferença e talvez lhe pergunte por que você se manteve calado. E sua resposta será: "Porque recebi ordens para não falar". Em resumo, não tente resolver uma situação que você não criou, que não é de sua alçada, e que talvez nem precise de uma solução.

> **Palavras-chave:** salário, relacionamento com colegas, ética, leis trabalhistas, sinceridade, produtividade.

67

Desconfio que esteja na hora de eu sair desta empresa, porque me parece que cada minuto demora uma hora para passar. Esse seria um sintoma de que chegou mesmo o momento de eu procurar outro emprego?

De fato, o tempo que passa vagarosamente pode ser um sinal de que aí não é o seu lugar. Outro sinal frequente é a perda de concentração várias vezes durante o dia. Um terceiro é a falta de vontade de conversar. Mas todos esses sinais podem ser causados também por outras preocupações fora do trabalho, e acabam se refletindo nele. Existe, porém, um sinal bem mais claro. Chama-se falta de um modelo. Quando trabalhamos em uma empresa, notamos os profissionais que conseguiram dar o passo que nós gostaríamos de dar. Essas pessoas nos mostram que algo que desejamos para nossa carreira está ao nosso alcance e dentro de nossas possibilidades. A percepção de que estamos na empresa errada ocorre quando não vemos uma só pessoa que possa nos servir como parâmetro. Olhamos para todas as que ocupam cargos de chefia e vemos nelas a antítese de nossas aspirações. Os motivos podem variar, mas a conclusão é sempre a mesma: eu posso não saber bem o que quero, mas sei que não quero ser assim. É essa falta de um modelo que faz o tempo passar lentamente e provoca os demais sintomas de desinteresse pelo trabalho e pela empresa. Acontece que, se o padrão de sua empresa for esse, nada indica que ele irá sofrer uma alteração radical de um momento para outro. Portanto, se você não vê à sua volta um único profissional no qual possa se espelhar, então está mais do que na hora de procurar outro espelho.

Palavras-chave: chefe, mudança de emprego, liderança, motivação.

68

Quando uma pequena empresa que está iniciando suas atividades se propõe a pagar 50% a mais para contratar um profissional de uma grande empresa, o que ele deve levar em conta na avaliação da proposta?

Uma empresa pequena que está começando precisa de profissionais que já tenham demonstrado que são bons no que fazem. Isso não quer dizer que os melhores profissionais estejam todos em grandes empresas. Quer dizer que estar em uma empresa grande proporciona mais visibilidade, e por isso quem está é sempre mais procurado. Só que um profissional que esteja satisfeito em uma grande empresa não mudaria para ganhar 20% a mais em uma empresa da qual pouco ainda se sabe. Logo, a pequena empresa iniciante somente vai conseguir contratar alguém realmente bom se fizer uma oferta bastante generosa. Até aí, tudo são flores. Agora é que vem o espinho. Não é incomum que uma empresa pequena faça a proposta pensando apenas no curto prazo. O profissional que vem para a empresa iniciante traz consigo seu conhecimento técnico, ou sua agenda de potenciais clientes, ou sua capacidade para montar uma área, ou tudo isso junto. Logo, no primeiro ano, até que a empresa engrene no mercado, certamente o contratado vale o que vai ganhar. Porém, a partir do momento em que a empresa se estabiliza, esse profissional fica caro porque já não tem muito mais a agregar. E a solução será substituí-lo por alguém que esteja na média salarial do mercado. Não estou dizendo que isso ocorre em todos os casos, mas já vi ocorrer em muitos. A solução, para o contratado, é solicitar que a empresa assine um contrato que garanta dois ou três anos de estabilidade. Sem essa garantia, a mudança será uma loteria.

Palavras-chave: mudança de emprego, cultura empresarial, confiança, salário, métodos peculiares, motivação, concorrência, contratação, estabilidade, riscos.

69

Tenho 26 anos e estou há quatro nesta empresa. Não tenho queixas, sou valorizado e bem tratado, mas nunca fui considerado para uma promoção. Continuar aqui será bom ou ruim para a minha carreira?

Eu lhe diria que você está na companhia de, pelo menos, 20 milhões de profissionais brasileiros. No mercado de trabalho, tanto no setor privado como no serviço público, o normal é *não* ser promovido. Se olharmos o mercado como um todo, isto é, se pudéssemos juntar todas as empresas do Brasil num único organograma, veríamos que existem em média dez subordinados para cada chefe. As pessoas podem mudar de área dentro da mesma empresa, podem mudar de empresa, podem mudar do setor privado para o público ou vice-versa, mas a proporção de um para dez não mudará. Portanto, numa carreira profissional, a promoção será sempre a exceção, não a regra. Só que, no início da carreira, a maioria dos profissionais tem total convicção de que será *aquele um*, e não um dos outros nove. Vale também lembrar que promoções não ocorrem somente por mérito. Elas podem ocorrer por tempo de casa, amizade, parentesco ou política. E isso faz com que o funil fique ainda mais estreito. Se seu objetivo for uma promoção, minha sugestão é que você tente outro emprego. Essa mudança fará com que você descubra se o problema está na sua empresa atual, que não promove quem merece, ou em você mesmo, por não ter ainda mostrado todas as condições

SUA CARREIRA DIRETO AO PONTO **101**

para ser promovido. Finalmente, o ponto mais importante. Lutar por uma promoção é louvável, mas construir uma carreira sem promoções não é um demérito nem um fracasso. Cedo ou tarde, a maioria dos profissionais irá querer o que você já tem. Um bom trabalho, sem queixas, numa empresa que valoriza e trata bem o funcionário.

Palavras-chave: crescimento pessoal, salário, mudança de emprego, estabilidade, concorrência.

70

Meu gerente está tendo um caso com uma de nossas colegas de trabalho. Como resultado, essa colega praticamente se outorgou a função de subgerente e já está mandando mais do que o próprio gerente. O resto de nós, que só quer trabalhar, não sabe bem como proceder. Se a colega nos dá uma ordem, sem ter autoridade formal para isso, e nós não a cumprimos, o gerente vem nos dizer que é para fazer o que a colega pediu. Estamos pensando em mandar uma carta anônima para a direção da empresa e expor a situação. Essa seria a melhor solução?

É uma solução viável, a não ser, evidentemente, que esse tipo de prática seja comum na empresa e que atinja também níveis mais altos. Se esse for o caso, a carta de nada irá adiantar. Mas, se a empresa for séria, a carta é de fato a solução mais indicada. Apenas sugiro que seja enviada ao setor de Recursos Humanos, que é, ou deveria ser, o guardião da moral e dos bons costumes das empresas em geral. Aí, o gerente será chamado a se explicar e não terá uma boa explicação, o que poderá até acarretar a demissão dele e da colega. Enfatizo que esse não é apenas um caso pessoal e secreto que não afeta a rotina de trabalho. Afeta, e muito. E quando afeta, a manifestação em grupo, mesmo que de forma anônima, é válida.

Palavras-chave: chefe, ética, sinceridade, Recursos Humanos, hierarquia, riscos.

71

Tenho uma pequena empresa. Faz três meses, minha funcionária de maior confiança, que estava comigo há oito anos, pediu a conta. Um amigo meu de longa data ficou sabendo e me solicitou que eu admitisse o filho dele, um rapaz que acabara de se formar e nunca tinha trabalhado. Entrevistei o rapaz e deixei bem claro quais seriam as exigências do trabalho. Ele respondeu "tudo bem" a todas as minhas colocações e eu o contratei. Passados três meses, minha decepção foi muito além do que eu temia. Para não dizer que o rapaz é preguiçoso, eu diria que ele é lento para entender as coisas e não tem o mínimo senso de urgência. Como as tarefas eram malfeitas e vinham se acumulando, decidi que não haveria outra opção a não ser substituí-lo. Esse é o meu problema. Como faço isso sem comprometer a amizade de quinze anos que tenho com o pai do rapaz?

Minha sugestão: antes de falar com o rapaz, fale com o pai dele. Na conversa, não faça críticas. São bem poucos os pais que gostam de ouvir críticas ao filho, mesmo quando elas são verdadeiras. A reação costuma ser de confronto, como se o pai é que estivesse sendo acusado de não ter cumprido seu dever de pai. Então, evite o confronto e explique que o trabalho requer uma pessoa com muita experiência prática. Coloque-se à disposição para ajudar a conseguir uma recolocação para o rapaz. Diga que estará aberto a reempregá-lo quando ele tiver acumulado mais experiência. Feito isso, diga exatamente as mesmas coisas para o rapaz. Assim, pai e filho ficarão tão confortáveis quanto mal informados. Talvez outras pessoas tenham sugestões diferentes a lhe dar, mas, em minha opinião, vale mais assegurar uma amizade de quinze anos do que vê-la desmanchar com meia dúzia de verdades.

> **Palavras-chave:** confiança, chefe, arrependimento, contratação, relacionamento com colegas, amizade, empreendedorismo, riscos.

72

Há dois meses, recebi uma proposta interessante para mudar de emprego, ganhando 25% a mais, mas eu teria que sair de imediato. A nova empresa até me reembolsaria o aviso prévio que eu teria que pagar. Procurei meu superior, falei para ele da proposta e disse que meu desejo era permanecer na empresa, mas desde que ela cobrisse a proposta. Meu superior consultou os superiores dele e no dia seguinte recebi a notícia de que a proposta da outra empresa seria coberta. Fiquei e, de fato, recebi o aumento. Na semana passada, fui demitido, segundo meu superior porque haveria um remanejamento de funções. Saí no mesmo dia porque a empresa me liberou do aviso prévio. Pior, liguei para a empresa que me havia feito aquela proposta, e a vaga já tinha sido preenchida. O que pode ter acontecido?

Podem existir várias explicações, mas eu diria que a menos plausível delas é que tenha havido o tal remanejamento. O que imagino que tenha acontecido é que sua empresa não podia ficar sem você de um dia para outro, e nem tinha condições nem de lhe dar um aumento de 25%, possivelmente porque isso criaria um desequilíbrio salarial em relação a outros funcionários. Então, o que a empresa fez, para ganhar tempo, foi lhe conceder o reajuste que você pediu. E aí, com calma, começou a procurar um substituto para você, pagando o salário que você recebia antes do reajuste. Essa é a explicação mais lógica. Ao colocar a empresa contra a parede, sem saber se ela teria condições de arcar com o aumento, você correu um risco. Poderia ter dado certo, e na maioria das vezes dá. Infelizmente, no seu caso, não deu.

Palavras-chave: mudança de emprego, salário, cultura empresarial, desemprego, negociação, riscos.

73

Sou o contato direto com alguns clientes da empresa em que trabalho. Minha função é correr atrás das reclamações que eles fazem e tentar resolver rapidamente os problemas apresentados. Recebi um e-mail de um cliente elogiando o meu trabalho e gostaria de saber se devo encaminhar essa mensagem ao meu chefe. Estou em dúvida se pega bem.

Bom, mal não pega. Você poderia encaminhar o elogio com uma notinha do tipo "Caro chefe, veja a mensagem de um cliente satisfeito". Mas a minha pergunta seria: se o e-mail fosse de crítica, e não de elogio, você o repassaria a seu chefe? Acho que não. Pelo menos, não com a frase "Caro chefe, veja a mensagem de um cliente pê da vida". O que eu sugiro é que você responda ao cliente, com cópia para o seu chefe, escrevendo mais ou menos o seguinte. "Agradeço o elogio, mas faço parte de uma equipe que procura atender o mais rapidamente possível as solicitações dos clientes. Quando conseguimos, o mérito é de todos". Seu chefe vai gostar duplamente da resposta. Além de tomar conhecimento do elogio do cliente, saberá que você não imagina que consegue resolver sozinho todos os problemas que aparecem porque certamente outras pessoas estão envolvidas na solução. E seu chefe ficará triplamente satisfeito se você conseguir encaixar na mensagem um elogio a ele, sem parecer puxa-saco. Algo como: "A determinação de nossa chefia é que o cliente seja atendido no máximo em cinco minutos". Aí, é bem provável que seu chefe mande o seu e-mail para o chefe dele, e você ganhará vários pontos em vez de um só. Esse é um bom exemplo daquilo que chamamos de marketing pessoal. Que não é, como muita gente pensa, a arte de aparecer. É a arte de alguém fazer o trabalho aparecer, sem provocar ressentimentos.

> **Palavras-chave:** reputação, avaliação, chefe, crescimento pessoal, trabalho em equipe, o que falar, transparência, situações inéditas, marketing pessoal, e-mail, elogios.

74

Perdi uma ótima oportunidade de emprego. A explicação foi que eu não tinha o perfil que a empresa procurava. Só isso, "o perfil". Fico me perguntando como posso mudar alguma coisa, se nem sei o que é preciso mudar. Você poderia me explicar o que é "o perfil"?

Quando uma vaga é aberta, o responsável pela área e o gerente de Recursos Humanos fazem uma lista detalhada das características desejáveis do futuro ocupante. Essa lista inclui o que pode ser facilmente comprovado, como a formação acadêmica, e também algumas habilidades que o entrevistador precisa descobrir na entrevista se o candidato possui, como criatividade, liderança e espírito de equipe. É por isso que muita gente coloca essas e outras características no currículo. Mas isso não fará diferença, porque entrevistadores não acreditam muito na autoavaliação do candidato. Então, essa é a primeira parte do perfil. É a adaptação de um candidato a uma função. A segunda parte é a adaptação à cultura da empresa como um todo. Aí o entrevistador avalia como o candidato se veste, se ele foi pontual, se fala gíria, se tem tatuagem. Não estou dizendo que isso seja negativo. Detalhes que uma empresa pode achar que não têm importância podem ser muito importantes para outra. A soma final resulta no perfil.

Tentando entender o que ocorreu no seu caso, ou você não se enquadrou nas características desejáveis para a função, ou então passou a impressão de que não se enquadraria no estilo da empresa. Seja lá o que for, não há o que mudar. Primeiro, porque você é o que é. E, segundo, porque não sabe que tipo de perfil a próxima empresa estará procurando.

Palavras-chave: processo seletivo, criatividade, liderança, avaliação, cultura empresarial, adaptação, traços de personalidade.

75

Estou numa situação delicadíssima. Faz dois anos, tive uma altercação com meu chefe. Num momento de tensão, falei para ele algumas coisas das quais hoje me arrependo, mas que na hora não consegui evitar. Como eu era considerado um bom funcionário, a empresa me transferiu para outro setor e a vida continuou. Agora, fiquei sabendo que aquele chefe vai ser promovido. A partir da semana que vem ele será o diretor de minha área, ou seja, vai ser o chefe do meu gerente atual. Minha opinião sobre ele não mudou. Continua negativa. Mas gosto do meu trabalho, e em minha última avaliação fui considerado o primeiro da fila para um dia assumir a gerência do meu setor. Minha dúvida é: o que eu faço?

Bom, com o devido respeito ao superlativo absoluto sintético que você empregou, eu diria que sua situação é delicada, mas não delicadíssima. Minha sugestão quanto ao que você deve fazer é a seguinte. Anote aí: nada. Por vários motivos: você não gosta dele. Não ficou feliz com a promoção dele. E preferiria que ele tivesse sido mandado para alguma ilha em que houvesse um vulcão ativo. Portanto, se disser a ele que o que passou, passou, ele vai perceber na hora que não passou. Duas coisas podem acontecer. A primeira: ele ficou dois anos só esperando a hora de se vingar de você. Aí, só lhe resta esperar que possa ser novamente transferido para outro setor. E a segunda: nesses dois anos, ele evoluiu, tanto que foi promovido a diretor. Então, no seu primeiro contato com ele, aja como se estivesse diante de um novo diretor, que você nunca viu na vida. Cumprimente-o com o respeito que a posição dele merece, relaxe e continue a fazer o trabalho que lhe rendeu a boa avaliação. Já vi alguns casos como o seu, e acredito que você terá uma surpresa agradável. Quem sabe, agradabilíssima.

Palavras-chave: chefe, reações emotivas, o que falar, crescimento pessoal, ambiente de trabalho, arrependimento, transferência.

76

O que se deve fazer quando um gerente faz promessas e depois se esquece delas? Nos últimos meses, meu gerente já me prometeu um aumento, o pagamento de um curso de inglês e uma mudança de função. Só que ele fala como se a promessa já fosse um fato consumado e depois se esquece do que falou. Esperei três meses pelo cumprimento da primeira promessa, a do aumento, e, quando cobrei meu gerente, ele me respondeu que o aumento não havia sido autorizado e me fez na lata a segunda promessa, a do curso. Passou-se um mês, e, quando o prazo para a inscrição no curso estava se esgotando, meu gerente alegou que a diretoria não havia aprovado a verba e me garantiu que finalmente eu seria transferida para outra área, uma mudança que eu já vinha pleiteando havia algum tempo. Isso foi há dois meses, e até agora

SUA CARREIRA DIRETO AO PONTO **109**

nada aconteceu. Sei que legalmente não posso provar nada, porque as conversas entre eu e meu gerente não tiveram testemunhas. Por isso pergunto o que devo fazer.

Infelizmente, esse é um sistema de gestão arcaico, chamado "empurrar com a barriga", que continua sendo praticado por alguns gestores antiquados. O sistema consiste em manter o subordinado na constante expectativa de que algo irá acontecer. Quanto tempo isso dura, depende da paciência do subordinado. No seu caso, eu diria que a melhor solução seria conversar diretamente com o gerente da área para a qual você deseja ser transferida e perguntar se essa possibilidade de fato existe. Se descobrir que é apenas mais uma invenção, você tem três opções: deixar de acreditar em promessas, pedir que a próxima promessa seja colocada por escrito ou começar com calma a procurar outro gerente em outra empresa. Um que administre com a cabeça, e não com a barriga.

> **Palavras-chave:** métodos arcaicos, chefe, transferência, transparência, proatividade, mudança de emprego.

77

Meu chefe só se comunica por e-mail. Ele fica mandando longas mensagens para os subordinados, cheias de detalhes e instruções. Ele só não pede um cafezinho por e-mail porque a copeira não tem e-mail. Se tivesse, ele daria instruções a ela sobre a temperatura da água e a quantidade de pó e açúcar. Em minha opinião, seria

mais produtivo se meu chefe simplesmente chegasse e falasse, gastando bem menos tempo, dele e nosso, que temos que responder a cada um dos e-mails que ele manda.

Vou começar relatando uma experiência pessoal. Trabalhei com um gerente que tinha uma tremenda dificuldade para falar o que queria, mas era de uma clareza ímpar ao escrever. O que ele não conseguia expressar em quinze minutos de conversa, expressava em cinco linhas de texto. O que ele fez foi escolher a forma como se comunicava melhor. Mas há outros motivos que levam chefes a escrever, e o principal deles é deixar tudo registrado para que não fiquem dúvidas, nem na hora, nem mais tarde. Escrever evita duas famosas desculpas. A do "Puxa, não me recordo", e a do "Ah, eu tinha entendido outra coisa". Poderíamos acrescentar também outros atributos menos louváveis num chefe, como insegurança pessoal e desconfiança em relação à equipe. Dito tudo isso, concordo com você. Se seu chefe não se comunica bem falando, ele precisa fazer um curso para se aprimorar.

Como eu também concordaria se você dissesse que tem um chefe que só fala e nunca escreve. Há situações em que uma conversa é o caminho mais indicado, e outras em que um registro escrito é necessário. Não é preciso que o chefe seja nem um orador, nem um escritor, mas apenas que saiba decidir qual opção será a mais eficiente para cada situação. O que, de modo geral, é o mínimo que se espera de um bom chefe.

Palavras-chave: chefe, e-mail, cultura empresarial, traços de personalidade, expectativa, métodos peculiares, produtividade.

78

Trabalhei oito anos numa multinacional e meu salário era muito bom. Numa reestruturação mundial determinada pela matriz, minha função foi transferida para outro país e fui demitida. Depois de passar uma semana com enxaqueca, juntei os cacos e saí procurando outro emprego. Consegui algumas propostas, mas a melhor delas foi para ganhar 60% do que eu ganhava. Como faz quase quatro meses que estou desempregada, já não tenho mais aquele otimismo inicial de conseguir um salário pelo menos igual ao que eu ganhava. Acho que o mercado mudou nesses oito anos em que não precisei procurar emprego, e eu não percebi. Minha dúvida é: o que vai acontecer se eu aceitar um salário bem menor? É isso que vou valer daqui para a frente, ou o que vale é o que eu ganhava antes?

As duas coisas. Mas com pesos diferentes. O seu salário anterior será levado em conta por uma empresa de grande porte que tenha uma função semelhante à que você tinha e que esteja procurando alguém com a sua experiência. Só que, como você já descobriu, essa é uma possibilidade não muito plausível em curto prazo. Aí vem a segunda parte, e essa já não é tão boa. Quando alguém completa um ano recebendo determinado salário – no seu caso, bem mais baixo do que recebia – passa a ter esse novo valor aos olhos do mercado. A sugestão que eu lhe daria é não aceitar a redução e continuar procurando, mas isso depende de sua situação financeira. Uma opção seria você prestar consultoria como autônoma a pequenas empresas, mesmo por valores baixos, apenas para que seu currículo não fique com um hiato que, a cada mês, se torna mais difícil de explicar.

Palavras-chave: demissão, salário, empreendedorismo, currículo, adaptação, desemprego, depreciação, consultoria, mudança de emprego.

79

Tenho trinta anos e trabalho desde os 19, portanto já inteirei onze anos de carreira. Só que nesse período tive dois empregos regulares e outros dois sem registro em carteira, que somam três anos. Aceitei esses dois empregos para não ficar parado, e confesso que as duas experiências foram muito boas, embora eu saiba que são irregulares perante a lei. Minha dúvida é: como trato esses dois empregos em meu currículo e nas entrevistas? Esqueço deles, já que não tenho como comprová-los?

Claro que não. Um currículo não é o retrato de sua carteira profissional. É o retrato de sua experiência, seja ela formal ou informal. Você deve mencionar esses dois empregos do mesmo jeito que menciona os outros dois, com o nome da empresa, a função ocupada e uma breve descrição de suas responsabilidades. É evidente que essas duas empresas, caso sejam contatadas por alguém interessado em contratar você, não irão dar informações a seu respeito. Pode até ser que neguem que você trabalhou nelas porque uma confirmação seria a confissão de que elas agiram irregularmente. Mas não se preocupe demais com isso. Em entrevistas, não comece falando sobre esse assunto. Deixe a entrevista caminhar normalmente. Caso tenha algum documento comprovando que passou por essas duas empresas, leve-os com você, mas só mostre ao entrevistador se ele solicitar. Finalmente, seu caso não é tão complicado assim. Atualmente, quase a metade dos trabalhadores brasileiros tem emprego sem registro em carteira. É uma situação que está se resolvendo aos poucos, e ainda vai demorar anos até que o seja inteiramente.

Palavras-chave: currículo, processo seletivo, sinceridade, o que falar, experiência prática.

80

Estou participando de um processo de seleção em uma empresa na qual eu gostaria muito de trabalhar. Passei pela bateria inicial de testes escritos e fiquei entre os doze finalistas. Agora, na prova final, que será assistida por três avaliadores, a empresa solicitou que cada um dos doze candidatos leve uma apresentação de cinco minutos em Power Point com o tema: "Quem é você?". Estou angustiada porque não sei o que a empresa está querendo e não quero perder essa vaga.

A empresa estará avaliando três coisas. A primeira é sua capacidade de síntese. Você terá de contar a história de sua vida em cinco minutos. A segunda é sua habilidade para montar uma apresentação que seja, ao mesmo tempo, informativa e agradável de assistir. E a terceira é a sua habilidade de se expressar falando. Uma dica que lhe dou é montar a sua apresentação com imagens, e não com textos longos. Além de mostrar sua criatividade, será mais agradável para quem estiver assistindo. Sugiro começar listando algumas de suas características pessoais e usar fotos antigas para ilustrá-las. Por exemplo: "Sou feliz", com uma foto de você quando era bebezinho abrindo um sorriso enorme. E, em seguida, "Mas sei ser séria no trabalho", com uma foto em que você está com a expressão mais séria do mundo. Liste dez coisas que você é, mas que tenham a ver com a vida profissional. Não use fotos apenas para se gabar, do tipo: "Essa sou eu de férias". E lembre que a vantagem de fazer uma apresentação assim é que você poderá treinar bastante. Faça a apresentação para sua família até memorizar cada frase e cada pausa. E, na hora, olhe nos olhos dos três avaliadores e não se preocupe com os outros onze candidatos. Eles é que terão de se preocupar com você.

Palavras-chave: processo seletivo, avaliação, criatividade, concorrência.

81

Alguém que é bem tratado e prestigiado pela direção da empresa pode se sentir infeliz? Eu me sinto assim. Já estou nesta empresa há sete anos. Em meu departamento, quando alguém não sabe a resposta para um problema, sou eu que consultam, mesmo não tendo cargo de chefia. Meu gerente não reclama que meus colegas venham me procurar. Pelo contrário, até incentiva isso e vive me elogiando por eu ser prestativo. Só que nesses sete anos já vi colegas serem transferidos para outras áreas, com funções

melhores, e eu continuo onde sempre estive. Às vezes, parece que o fato de eu ser um solucionador de problemas alheios tem funcionado mais contra mim do que em meu benefício.

Você não faz nenhuma pergunta, mas uma é óbvia. Por que alguém, que tem todas as respostas, estaciona na função em vez de progredir? A razão atende pelo nome de comodidade. Substituir um funcionário como você é muito difícil. Por isso, você não é transferido. E promovê-lo a uma subchefia também não é possível porque você teria que ser colocado num quadrinho entre o gerente e os colegas, algo que não faz sentido num organograma – quando um se subordina a um, é porque um dos dois está sobrando. Logo, para comodidade tanto do gerente como dos colegas, você é mantido intocado. E não pode receber um aumento porque, no papel, sua função é a mesma de seus colegas. Tudo isso leva a uma constatação: quem sabe todas as respostas, e nunca faz perguntas, corre o risco de ficar estacionado. Você precisa dizer ao gerente que se sente bem sendo o respondedor oficial do departamento, mas que não pretende ser apenas isso por mais sete anos. E aí perguntar qual será o seu futuro. O que o gerente vai dizer é difícil antecipar, mas... quem não pergunta nunca saberá a resposta.

Palavras-chave: acomodação, o que falar, chefe, proatividade, concorrência.

82

Sugestionado por alguns amigos, cometi algumas incorreções em meu currículo. Meus amigos me disseram que todo mundo faz isso, e por isso fiz também. Coloquei dois cursos superiores que comecei a frequentar e não terminei, mas a maneira como redigi o currículo dava a impressão de que completei os dois. Como meus amigos haviam antecipado, consegui um emprego e comecei a trabalhar faz uma semana. Só que estou muito preocupado. Não tenho curso superior, e a empresa pensa que tenho dois. Se alguém resolver investigar, corro o risco de perder o emprego. O que eu faço?

Resumindo, você mentiu no currículo. Você não apenas corre o risco de perder o emprego, como pode vir a ser dispensado por justa causa – falsidade ideológica –, o que causaria um tremendo estrago em sua carteira profissional. Há três coisas que você pode fazer. A mais recomendável é confessar. Fale para seu chefe que você errou por desespero de causa. Isso não elimina o risco de você ser dispensado, mas é provável que escape da justa causa. Ou pode até ser que seu chefe seja compreensivo e o perdoe. A segunda opção é pedir a conta enquanto é tempo, com o inconveniente de que terá que explicar numa próxima entrevista por que saiu em apenas sete dias. E a terceira é não fazer nada e torcer para que nada aconteça. Nenhuma das três opções é boa, e é por isso que se deve evitar misturar currículo com ficção.

> **Palavras-chave:** currículo, amizade, sinceridade, leis trabalhistas, o que falar, contratação, obrigações, ética, riscos.

83

Um colega de trabalho não vai com a minha cara. Nunca foi, desde o primeiro dia, e sem que eu falasse ou fizesse qualquer coisa que pudesse provocar essa reação negativa. Sinto-me muito mal com essa situação. Se chego numa rodinha, esse colega imediatamente se afasta. Se tento conversar com ele, como já tentei algumas vezes, ele me dá uma resposta monossilábica, levanta e me deixa falando sozinho. O que pode ter causado esse tipo de ressentimento sem sentido e sem razão?

Muitas vezes, para entender uma situação, é preciso invertê-la. Todos nós, pelo menos uma vez na vida profissional, já fomos apresentados a um novo colega e imediatamente não gostamos dele. Não sei se é uma questão de química pessoal, ou se a pessoa nos lembra alguém que detestamos, ou se há algum arrazoado psicológico mais profundo. Eu me sinto até meio envergonhado de confessar que isso já aconteceu comigo, e mais de uma vez. E suponho que deva ter acontecido também com você e com todos os profissionais, exceto aqueles que são tão puros de coração que nem deveriam estar no mercado de trabalho. Mas o ponto é o seguinte: quando nós é que não vamos com a cara de alguém, não nos sentimos mal com isso. Não ficamos pensando em prejudicar a pessoa, ou em desejar o mal dela. Apenas nos afastamos, e pronto. Mas, quando alguém não vai com a nossa cara, aí a situação muda. Ficamos procurando motivos para essa rejeição e não os encontramos porque eles são os mesmos motivos inexplicáveis que nos levam a rejeitar alguém. Eu sugiro que você simplesmente aceite que pelo menos uma pessoa neste mundo não vai com a sua cara. Se todos os demais colegas o aceitaram bem, só isso já será suficiente para demonstrar que você não tem nenhum problema.

Palavras-chave: relacionamento com colegas, amizade, ambiente de trabalho, críticas, expectativa, perseguição.

84

Tenho um chefe autoritário ao extremo. Ele manda e não escuta. Acredito que esse comportamento é nocivo para a empresa, porque muitas coisas erradas acontecem, e também é nocivo para nós, porque o chefe nunca assume a culpa após ter dado uma ordem errada. Como posso conviver com essa situação, já que esse chefe está há muitos anos na função e tem o respaldo do proprietário da empresa?

Eu fico até meio assustado só de pensar no que seria um chefe autoritário ao extremo, já que todo autoritário já é, por natureza, um extremista. Mas eu lhe diria que o problema está no processo de seleção. Você não deveria ter sido contratada para trabalhar na empresa em que trabalha. Alguém que a entrevistou deveria ter lhe perguntado como você se daria com um chefe autoritário ao extremo. E aí você responderia: "Não me daria bem porque acredito que um chefe democrático seja mais adequado, não só para mim como subordinada, mas também para as necessidades operacionais e estratégicas da organização". Bela pergunta e bela resposta. E aí tudo teria sido resolvido de maneira rápida e pacífica. O entrevistador lhe diria que iria procurar outra candidata, e você iria procurar uma empresa que se afinasse com seu pensamento mais liberal em relação à chefia. Como nada disso aconteceu, só lhe resta encarar a realidade. O chefe já existe. Está lá faz tempo. Tem o apoio do dono e não vai mudar de atitude, porque certamente foi essa atitude que fez o dono acreditar e confiar nele. Nesse caso, eu só poderia lhe sugerir o seguinte: ou você muda, ou você muda. Ou muda de postura, ou muda de chefe. Mas concordo inteiramente com suas ponderações, e lamento que "ponderação" seja uma palavra que não conste no dicionário de chefes autoritários ao extremo.

Palavras-chave: chefe, processo seletivo, adaptação, flexibilidade, mudança de emprego, traços de personalidade, sinceridade, métodos arcaicos.

85

Postei em minha rede social um elogio à empresa em que trabalho. Para minha surpresa, meu gerente ficou sabendo e me pediu que eu retirasse o post e não fizesse mais isso. Tenho duas dúvidas. A primeira é se a empresa pode cercear minha liberdade de expressão. E a segunda é entender o motivo que levaria uma empresa a censurar alguém que a elogiou.

Vamos começar pela segunda. Ao admitir que um empregado possa fazer um elogio que será tornado público, a empresa estaria admitindo que ele, ou outro empregado, poderia igualmente fazer uma crítica. E a maneira de a empresa evitar isso é solicitar que seus funcionários não falem dela. Nem a favor, nem contra. Agora, a primeira dúvida. Funcionários sempre falaram bem ou mal das empresas em que trabalham. O que mudou nos últimos anos foi o alcance. O que antes ficava restrito a um grupinho agora pode ser lido por zilhões de pessoas. O que assusta as empresas não é apenas uma eventual crítica. É também a possibilidade de uma informação confidencial vir a público, não por má-fé de um funcionário, mas por desconhecimento dessa confidencialidade. Por isso, algumas empresas já estão incluindo no contrato de trabalho uma cláusula impedindo o funcionário de se manifestar na internet sobre a empresa e seus empregados. O mais importante, com contrato ou sem, é que os funcionários sejam avisados e orientados antecipadamente sobre a norma da empresa. Isso vale até que, algum dia, a Justiça do Trabalho se pronuncie e determine se um funcionário estará ou não legalmente amparado caso decida compartilhar com a humanidade a sua sincera opinião sobre o chefe, os colegas e a empresa.

Palavras-chave: contrato, leis trabalhistas, críticas, cultura empresarial, métodos peculiares, obrigatoriedade, etiqueta, reputação.

86

Minha função é selecionar *trainees* para grandes empresas e já venho fazendo isso há mais de vinte anos. Nos últimos cinco, porém, tenho recebido reclamações que nunca havia recebido antes. Boa parte dos jovens que seleciono sai rapidamente do emprego. Quando eles pedem a conta, a empresa me liga e eu

converso com os jovens para entender os motivos. E a resposta que mais ouço é: "Já aprendi tudo o que tinha para aprender". Esse é o meu desabafo. Está cada vez mais difícil encontrar bons candidatos dispostos a completar pelo menos dois anos na mesma empresa.

Sempre que um movimento minoritário se choca com alguma regra longamente estabelecida, a primeira reação é condenar o movimento. O mundo tem sido assim e sempre será. A regra da estabilidade no emprego tem sido realmente colocada em xeque por muitos jovens. Conheço empresas que possuem dois grupos de empregados. Os que têm mais de dez anos de casa, e os que têm menos de três. No meio, há um vácuo. Não há quase ninguém entre três e dez anos. Só saberemos aonde essa situação irá chegar quando os jovens de hoje se transformarem em gestores, daqui a dez ou quinze anos, e não puderem censurar um jovem que pula de galho em galho no início da carreira, porque eles mesmos fizeram isso quando começaram. Até lá, as empresas terão que encontrar formas de reter seus talentos, jovens ou não. A turma do pula-pula ainda é uma minoria, mas já tem número suficiente para indicar que está surgindo um novo tipo de profissional, mais individualista, mais apressado, mais impaciente, mais dono da própria carreira. No fundo, acredito que os mais antigos até gostariam de ter sido assim, mas o mercado não permitia. Agora, começa a permitir.

Palavras-chave: estabilidade, estagnação, contratação, críticas, expectativa, situações inéditas, mudança de emprego, idade, vários empregos em pouco tempo, estágio.

87

A empresa em que trabalho tem como uma de suas missões a excelência no atendimento aos clientes. Isso é o que está escrito num enorme painel colocado na recepção. Sou assistente comercial e diariamente ouço meu supervisor atender às ligações dos clientes. Ao contrário do que a empresa afirma, o tratamento dispensado aos clientes por meu supervisor é degradante, variando entre a ironia e a ofensa. Minha dúvida é: considerando que sou parte de uma organização, devo relatar esse fato à direção da empresa?

De primeira, a resposta seria "sim", mas vou lhe adiantar o que provavelmente acontecerá se você fizer a denúncia. Primeiro ponto: seu real objetivo seria colocado em dúvida. Você poderia ser acusado de querer derrubar seu supervisor para eventualmente ficar com o cargo dele. Vamos assumir que isso nem de longe é verdade. Segundo ponto: seus colegas precisarão confirmar o que você disse, caso contrário a sua denúncia ficaria inconsistente. Terceiro ponto: os clientes também deverão confirmar sua denúncia. Como clientes, eles já poderiam ter reclamado por conta própria à direção da empresa, e é estranho que nenhum deles ainda não tenha feito isso. Quarto ponto: digamos que um cliente confirme e que seu supervisor seja chamado a se explicar perante a direção. Aí, como ficaria a sua situação? É provável que você ganhe o rótulo de dedo-duro. Então, você deve se curvar ao que acha errado? Não. Mas a sua denúncia só terá sucesso se as pessoas envolvidas reagirem da maneira que você imagina que elas irão reagir. Por isso sugiro que você comece pelo segundo ponto. Descubra se um par de colegas estaria disposto a lhe dar apoio. Se você não encontrar um único aliado, é bem possível que seu disparo acabe atingindo quem você menos espera: você mesmo.

Palavras-chave: chefe, ética, críticas, expectativa, relacionamento com colegas, arrependimento, depreciação, sabotagem, sinceridade, riscos.

88

Recebi uma boa proposta de emprego, mas não quero simplesmente pedir a conta da empresa atual, onde já estou faz nove anos. Solicitei a meu chefe que me demitisse, mas ele respondeu que é norma da empresa não dispensar quem não merece ser dispensado. Saí perguntando aqui e ali em busca de outras opções, e um amigo me disse que eu poderia apelar para uma rescisão indireta. Pergunto se isso seria viável.

Começando pelo fim, isso existe, mas dificilmente se aplicaria ao seu caso. Rescisão indireta é mais ou menos inverter as bolas. O empregado é que dá uma justa causa na empresa, encerrando o contrato de trabalho e garantindo todos os seus direitos trabalhistas. Porém, isso só pode ser feito se a empresa estiver cometendo algum desrespeito grave em relação ao contrato de trabalho, como atrasos contínuos no pagamento do salário, exposição do empregado a tarefas que possam causar dano considerável à sua saúde, a empresa obrigar um empregado a fazer algo que seja contrário à lei – por exemplo, caixa dois – ou ainda agressão física por parte do empregador ou de um superior. Se você acredita que pode se valer de uma dessas situações, minha sugestão é esta: não faça nada sem consultar um advogado trabalhista. Ele é o profissional apto a lhe oferecer a orientação legal necessária. Se nenhuma dessas faltas graves se aplica ao seu caso, resta-lhe entender por que sua empresa não dispensa ninguém a pedido: é porque há uma multa pesada a ser paga sobre o Fundo de Garantia. Essa multa não é um prêmio ao empregado dispensado. É um castigo que a lei impõe à empresa, e nenhuma empresa deseja ser castigada por fazer algo que não precisa fazer.

Palavras-chave: demissão, leis trabalhistas, contrato, mudança de emprego, salário.

89

Sou diretor de uma empresa e estou próximo de completar 50 anos de idade. Meu sonho sempre foi chegar à presidência e pergunto se isso é possível depois dos 50 anos.

Sim, é. Vamos começar separando as empresas em duas categorias. Na primeira, o que mais conta são a estabilidade e o relacionamento. O modelo é o mesmo do Exército e da Igreja Católica, em que o tempo de casa é determinante para uma promoção e não há grandes saltos na carreira. Antes dos 50 anos, ninguém vira general ou papa. Esse é também o caso dos bancos, ou das empresas essencialmente técnicas, cujos presidentes são, de preferência, engenheiros. Numa empresa assim, você teria chance de realizar seu sonho. A segunda categoria é a das empresas que baseiam as promoções no mérito individual. Nelas, é possível chegar a presidente ainda na faixa dos

30 anos. Esse é o caso das empresas voltadas para o mercado de consumo. Os presidentes, quase sempre, saem das áreas de Marketing ou Vendas.

Mas a sua pergunta é muito importante para jovens e ambiciosos, aos quais informo que há três coisas que a maioria dos jovens presidentes teve que fazer. Primeira: trabalhar muito. O expediente raramente tem menos de doze horas diárias, incluindo fins de semana. Segunda: correr riscos. Mudar de área para absorver mais conhecimentos, ou aceitar um cargo executivo numa empresa de menor porte. Salvo bem poucas exceções, os presidentes com menos de 40 anos estão em empresas cujos nomes a maioria das pessoas nunca ouviu falar, mas que funcionam como uma catapulta. Terceira: focar no curto prazo. Quando existem vários colegas com igual capacidade técnica, destaca-se e é promovido aquele que consegue resultados imediatos acima dos objetivos. Em resumo, não há idade máxima para chegar a presidente, mas quem quer chegar mais cedo precisa arriscar bastante e correr muito.

Palavras-chave: salário, estabilidade, meritocracia, cultura empresarial, proatividade, adaptação, flexibilidade, concorrência, idade.

90

Trabalho em uma empresa que tem uma rotatividade muito alta. Meu departamento tem 23 postos de trabalho, e no ano passado tivemos 19 pedidos de demissão. Eu já completei três anos de casa e por isso acabei ficando com duas tarefas que não fazem parte de minha descrição de funções. Uma é treinar os novos

contratados e a outra é fazer a avaliação de saída de quem pede a conta. O problema é que o motivo alegado por aqueles que se demitem é sempre o mesmo: melhor proposta salarial. Já perguntei ao meu gerente se não deveríamos ter algum tipo de programa para reter os bons empregados, e a resposta dele foi que tudo está nos conformes e que eu não preciso me preocupar. Gostaria de saber se realmente não preciso.

Sim e não. Vamos primeiro à parte do não. Uma empresa pode decidir pagar salários abaixo da média do mercado quando um empregado demissionário é facilmente substituível. Imagino que sua empresa não faça muitas exigências quanto a escolaridade ou experiência anterior, e o resultado é que sempre vão existir candidatos disponíveis para preencher as vagas que se abrem. Como o treinamento é rápido e barato, já que você mesma é responsável por ele, sem ganhar nenhum adicional por isso, a empresa certamente fez as contas e concluiu que pagar menos é um bom negócio do ponto de vista financeiro. Agora, vamos à parte do sim. Você deveria se preocupar porque 80% de seus colegas foram embora ganhando mais e você continua aí. Talvez você fique porque gosta da empresa, mas não custa sondar outras organizações das quais poderá gostar tanto quanto, com a vantagem de que elas pagarão melhor, o que a fará gostar delas ainda mais.

Palavras-chave: contratação, demissão, salário, acomodação, cultura empresarial, motivação, mudança de emprego, métodos peculiares, treinamento.

91

Em situações profissionais, quando devo tratar alguém por "senhor" ou por "você"?

O tratamento é uma questão de reconhecimento. Ele pode ser formal, como é o tratamento devido a uma autoridade pelo título que lhe é conferido durante o exercício de um cargo. Nesse caso, entram as Excelências, as Eminências, os Meritíssimos. Essa reverência verbal é uma exigência do protocolo e não de uma escolha pessoal de quem se dirige a uma autoridade. O segundo tipo de tratamento é o que dedicamos a profissionais liberais. A maioria de nós usa "doutor" e "senhor" quando conversa com um médico, e essas palavras saem naturalmente. E o terceiro tipo é o tratamento com base apenas no respeito pela idade.

Agora, vamos transferir tudo isso para o ambiente de trabalho. Se um funcionário de 50 anos de idade é subordinado a um chefe que tem 30, qual é o tratamento que um e outro devem usar? O de senhor. Ao empregado, pela idade. Ao chefe, pelo cargo. O que um realmente pensa do outro não entra em cogitação. Em países com mais educação do que o Brasil é assim que funciona. No Brasil, temos um histórico de informalidade e de irreverência que há muito tempo já descambou para a falta de respeito, tanto à autoridade como à idade. Se, por exemplo, um engenheiro conclui um doutorado aos 28 anos, nem passa pela cabeça de um colega de trabalho começar a chamá-lo de "doutor", a não ser como piada. De modo geral, a sugestão mais simples é esta: em caso de dúvida, use "senhor" e "senhora", e só mude o tratamento se a pessoa pedir. Talvez isso soe meio fora de moda, mas eu lhe garanto que, no íntimo, qualquer pessoa aprecia ser tratada com deferência. A educação é uma corrente. Quanto mais forem os bons exemplos, mais forte ela se torna.

Palavras-chave: etiqueta, ambiente de trabalho, adaptação, idade.

92

Trabalho como analista financeiro em uma multinacional e tenho uma segunda fonte de renda, dando assistência no período noturno a um escritório contábil. Nunca fiz segredo disso, mas só agora meu gerente ficou sabendo. Ele me chamou e me disse que o fato de eu ficar até a meia-noite no escritório faz com que a falta de horas de sono afete meu rendimento. Ele não me falou para deixar o escritório contábil, apenas me disse para pensar no assunto e voltar a conversar com ele. O que você sugere que eu faça?

Começando pelo ponto de vista legal, qualquer empregado pode ter um segundo emprego, desde que não se sobreponha às horas normais de trabalho do primeiro emprego, e que o empregado não utilize informações ou materiais do primeiro emprego. Também é recomendável que a segunda empresa não seja concorrente da primeira, mesmo que os serviços prestados sejam diferentes. Vamos dizer que você está respeitando essas regras. Então, você pode dizer ao seu gerente que só tem dois empregos porque precisa muito desse rendimento extra. Se o seu gerente for compreensivo, talvez lhe proponha um reajuste. Se ele radicalizar e disser que você terá que deixar o segundo emprego, legalmente a razão estará do seu lado se você recusar, mas leve em conta que seu gerente poderia dispensá-lo alegando outro motivo qualquer, como redução de custos. Em seu lugar, eu deixaria o segundo emprego, só até a situação esfriar. E o retomaria daqui a alguns meses, dessa vez sem dizer nada para ninguém porque imagino que não esteja registrado em sua carteira profissional. Só espero que você esteja mesmo descansando o suficiente. Dormir pouco reduz a concentração no dia seguinte, e seu gerente pode ter razão quanto à queda do seu rendimento.

Palavras-chave: leis trabalhistas, concorrência, o que falar, chefe, obrigatoriedade, obrigações, produtividade.

93

Desejo construir uma carreira em uma grande empresa do setor privado. Acabo de me formar em Administração, mas resido longe de grandes centros e não vejo perspectivas de bons empregos em meu estado. Pergunto se seria viável eu me mudar para São Paulo.

Se você considerar o número de empregos por metro quadrado, nenhuma cidade do Brasil concorre com São Paulo. Na verdade, não mais que dez cidades do mundo concorrem com São Paulo. Esse é o lado bom. O lado não tão bom é que São Paulo é a cidade com mais empregados no Brasil, mas é também a que tem mais desempregados. Existem muitos empregos em São Paulo porque existe muita gente, e isso faz com que cada boa vaga que aparece seja disputada por um batalhão de candidatos bem formados e, no mais das vezes, bastante ansiosos. Posso lhe garantir que, se você vier para São Paulo sem conhecer ninguém na cidade, encontrará um emprego. Só não sei se você o consideraria um bom emprego. Seria um emprego iniciante, com salário relativamente baixo, numa cidade em que morar de aluguel não é barato. Mas, se você tiver recursos para se manter, e paciência para passar um ou dois anos em empregos abaixo de sua capacidade e de sua ambição, arrisque. Quem não arrisca sempre acaba ficando com a impressão de que teria dado certo se arriscasse. Se você vier e der certo, maravilha. Se não der, o que é sempre uma possibilidade para quem não tem bons contatos, você passará a ver com outros olhos o mercado de trabalho de seu estado natal. Em resumo, eu não o incentivaria a vir correndo, mas também não quero desiludi-lo de bate-pronto. Se vier, venha com disposição e não desista se as primeiras experiências não forem exatamente aquelas que você espera ou imagina.

Palavras-chave: adaptação, riscos, prioridade, começar a carreira, expectativa.

94

Minha empresa decidiu promover a primeira convenção da área de Operações, na qual eu trabalho. Vai ser num sábado, num hotel fora da cidade. Sei que na área Comercial as convenções fazem parte da rotina e que os vendedores gostam delas. Mas

vi a agenda da nossa convenção e descobri que vai ser um dia inteiro de apresentações e trabalhos em grupo. Ou seja, vou ver as mesmas pessoas que vejo todos os dias e, posso estar enganado, mas no fundo vou mesmo é trabalhar de graça. E ainda por cima num sábado, dia que reservo à minha família. Pergunto se a empresa pode me obrigar a participar, e o que acontecerá se eu não for.

Tenho certeza de que na carta que você recebeu ou irá receber está escrito "convite". Isso porque, legalmente, não pode haver uma imposição para a presença, a não ser que a empresa pague horas extras. Sendo um convite, você pode decliná-lo. Quando lhe for perguntado por quê, você pode mentir, alegando que já tem um compromisso inadiável justo naquele sábado. Ou pode ser sincero, e dizer que não deseja trabalhar de graça. Quais serão as consequências? Das duas uma: se você for um profissional tão especializado e tão competente que a empresa não pode de jeito nenhum ficar sem você, provavelmente serão feitos apelos para que você participe. Caso contrário, não acredito que você venha a perder o emprego, mas será visto pela chefia como alguém que não entende a importância de um dia de convivência sadia com os colegas fora do local de trabalho. Você é quem sabe, mas eu, em seu lugar, iria. Talvez o dia não vá ser tão perdido como você imagina. E, caso seja, aí sim você terá um motivo definitivo para não participar da convenção do ano que vem.

> **Palavras-chave:** obrigatoriedade, hora extra, leis trabalhistas, cultura empresarial, expectativa, reputação, família.

95

A empresa em que trabalho oferece oportunidades internas, sempre procurando primeiro dentro de casa quem possa preencher qualquer vaga que apareça. Isso é muito bom, mas há um senão. Quando surge uma vaga, é feito um processo e são selecionados três finalistas. A prova final – que decide quem será o escolhido – é um bate-papo com o gerente da área, a gerente de Recursos Humanos e uma psicóloga. Só que essa prova é feita com os três finalistas juntos, e uma das perguntas é esta: "Por que você se considera mais adequado para a vaga do que seus dois colegas?". As respostas dadas no passado já geraram muitas inimizades porque é muito difícil alguém dizer assim, frente a frente, por que se acha melhor do que o outro. Neste momento, sou finalista de um processo para uma vaga que desejo muito, e faz dias que estou pensando em como falar que sou mais adequado que meus dois concorrentes sem que eles tomem isso como uma crítica ou uma ofensa.

A não ser que o objetivo da empresa seja promover o mais agressivo e desbocado dos três finalistas, no que eu não acredito, uma opção é começar dizendo politicamente que qualquer um dos três seria uma boa escolha. Em seguida, destaque seus dois ou três pontos mais fortes. Por exemplo, liderança, organização e relacionamento. Aí, esclareça que você está consciente de que seus colegas também possuem pontos fortes e que você respeitará a decisão que for tomada, porque sabe que ela será a melhor para a empresa. Essa pergunta saia-justa aparece em muitas dinâmicas de grupo, e o objetivo dela nunca foi provocar conflitos, e sim descobrir qual dos candidatos consegue se destacar *evitando* conflitos.

Palavras-chave: processo seletivo, relacionamento com colegas, críticas, concorrência, marketing pessoal, meritocracia, o que falar.

96

Recebi uma proposta para mudar de emprego, pedi a conta, cumpri o aviso prévio, mas no último momento fui informada de que a vaga na nova empresa havia sido cancelada. Tenho algum direito?

Moralmente, tem todos. Em termos práticos, porém, um processo movido contra a empresa desistente levaria tempo e requereria provas e testemunhas do ocorrido. O mais comum no mercado de trabalho é fazer o que você fez, pedir a conta para mudar de empresa, sem nenhuma garantia formal de que o emprego prometido vai se materializar. E como as coisas deveriam ser feitas? As empresas realmente sérias entregam uma carta ao candidato no momento em que ele é selecionado. Nessa carta, consta o convite para assumir uma vaga e o salário que será pago. Essa carta tem valor legal e é uma garantia de tranquilidade. Quando essa carta não é dada, poucos se atrevem a pedi-la, por temer que o entrevistador possa ficar irritado com a desconfiança e até cancelar o processo. Nesse caso, sugiro que o candidato anote tudo o que puder. Hora da entrevista, cargo oferecido, salário, benefícios, nome do entrevistador, do porteiro, da recepcionista, e aí escreva uma carta detalhada para si mesmo. Não é uma garantia definitiva, mas é evidência suficiente para um bom advogado trabalhista iniciar um processo.

Palavras-chave: cultura empresarial, mudança de emprego, leis trabalhistas, ética, demissão, riscos, proatividade.

97

Desisti de estudar há dezesseis anos, por achar que a prática compensaria a falta de um diploma. Ao perceber que no atual mercado de trabalho um curso superior tornou-se uma exigência elementar, decidi fazer o curso superior, e estou me formando aos 35 anos. Porém, nas entrevistas que tenho feito, já ouvi três vezes uma pergunta que me incomodou: "Como você se sentiria recebendo ordens de um chefe dez anos mais novo que você?". Sempre respondi que tudo bem, sem problema, mas parece que os entrevistadores não se convenceram. Qual seria a resposta certa?

A resposta certa é: "Tudo bem, sem problema". Mas tudo depende do que é dito em seguida. Aos olhos do entrevistador, um candidato com 35 anos que acabou de se formar pode ter duas atitudes se for contratado. A primeira: tentar conseguir em um ano tudo o que poderia ter conseguido nos últimos dezesseis. Tendo um chefe mais jovem, e portanto com bem menos experiência prática, o contratado pode deduzir que será fácil atropelar a hierarquia, tomar suas próprias decisões e recuperar o tempo perdido. A segunda atitude é: vou começar a trabalhar como se tivesse 18 anos e fazer o que me for pedido. A segunda resposta gera emprego. Já um "tudo bem", dito sem convicção, gera um "muito obrigado por ter participado do processo". O fato de que a pergunta é feita mostra que há cada vez mais chefes jovens no mercado. Chefes assim gostam de ter subordinados como você, maduro e experiente, mas desde que vejam claramente em você uma ajuda, e não uma ameaça.

Palavras-chave: formação acadêmica, processo seletivo, adaptação, chefe, confiança, ambiente de trabalho, transparência, idade.

98

Estou com a pulga atrás da orelha. Aliás, não é bem uma pulga, é uma aranha caranguejeira. Sou coordenadora de um setor em uma empresa de grande porte. Na semana passada, um colega de outro setor me contou que estava pensando em pedir um aumento e me revelou, sem que eu perguntasse, seu salário. Eu caí das pernas, porque ele ganha bem mais do que eu. No organograma da empresa, meu cargo está duas linhas acima da função dele. A empresa pode fazer isso?

Começando pela parte dolorosa, sim. Embora a lógica diga, por exemplo, que um gerente deva ganhar mais do que um supervisor, isso não está escrito em nenhuma lei. Cada empresa determina qual será a faixa salarial de cada função. É claro que seria um despautério um subordinado ganhar mais do que seu chefe direto, mas, quando as áreas são diferentes, a empresa decide o salário a ser pago com base no conhecimento do ocupante, no resultado que ele pode gerar e na dificuldade para substituí-lo. Por isso, existem empresas em que um vendedor ganha mais do que um supervisor administrativo. Também nada impede que uma empresa dê a um funcionário um título de gerente, quando em outra empresa a mesma função possa ser chamada de assistente. Dito tudo isso, a questão é descobrir se o que o mercado está pagando pela função que você executa é maior do que o salário que você está recebendo. Se for, você é quem deve pedir um aumento. Se o seu salário estiver na faixa do mercado, o que você pode fazer é pedir uma transferência para o setor do seu colega. Parece-me claro que lá, qualquer que seja o motivo, os salários são mais altos.

Palavras-chave: cultura empresarial, salário, transferência, depreciação, hierarquia, métodos peculiares, situações inéditas.

99

Tenho uma dúvida que vai ficando maior na medida em que o tempo passa. Estou com 36 anos e tem dias em que acho que ganho bem, e tem outros em que acho que não. Minha pergunta é: existe uma relação entre idade e salário? Se existe, quanto eu deveria estar ganhando?

Sim, existe, mas ela não depende apenas da idade. Depende também da escolaridade e do mercado de trabalho na cidade em que você mora. Digamos então que um trabalhador de 36 anos concluiu somente o Ensino Médio e mora numa cidade em que existem apenas empresas familiares de pequeno porte. É muito provável que ele ganhe um salário mínimo. Digamos que esse mesmo trabalhador de 36 anos more numa cidade grande, com muitas indústrias, e tenha concluído um curso técnico. Então, além da teoria, ele terá acumulado pelo menos vinte anos de experiência prática. É bem possível que ele ganhe entre três e quatro salários mínimos. Se ele tivesse feito um curso superior, ganharia entre 30% e 50% a mais. Tudo isso, supondo que ele não é chefe, o que é o caso da maioria dos profissionais com 36 anos de idade.

Então, voltando ao seu caso, se você tem um curso superior, mora numa cidade grande, trabalha numa empresa de médio porte e não é chefe, deveria estar ganhando cinco ou seis salários mínimos por mês. Se for chefe, na linha mais baixa de chefia, entre seis e nove salários mínimos numa empresa de porte médio, e entre oito e doze numa de grande porte. Se for gerente de primeira linha numa grande empresa, e além do diploma possuir uma pós-graduação e falar outro idioma, entre dez e quinze salários-mínimos. É por isso que você está em dúvida. Os fatores são muitos. Mas espero que você tenha obtido uma noção geral das remunerações e que neste momento esteja festejando porque ganha muito bem.

> **Palavras-chave:** salário, estagnação, idade, formação acadêmica, experiência prática, cursos.

100

Trabalho no setor de Tecnologia da Informação, que está muito aquecido. Participei de um processo e consegui a vaga. O gerente me disse que bateria o martelo em sete dias porque a contratação precisava do aval da matriz nos Estados Unidos, mas isso seria mera formalidade burocrática. Nessa entrevista, o gerente me perguntou se eu realmente queria aquela vaga e não iria desistir dela no último momento. Eu respondi para ele ficar tranquilo quanto a isso. Bom. Ontem recebi outro convite, de um diretor com quem trabalhei no passado. Ele me fez uma proposta por telefone, e, se eu aceitar, posso começar já. Essa segunda proposta é melhor em termos salariais, só que não sei como dizer ao gerente da primeira empresa que empenhei minha palavra e agora estou pulando fora. O que você me diz?

Temos que considerar que a primeira empresa teve um custo com o processo e, além disso, que o gerente vai sofrer um desgaste, já que a matriz pode aprovar uma contratação que ele recomendou. Foi pensando nessa hipótese que o gerente perguntou antes se você não iria desistir. Mas vamos considerar a questão pelo outro lado. Se um amigo lhe fizesse a mesma pergunta que você me fez, o que iria sugerir a ele? Pegar a melhor proposta ou manter a palavra empenhada? Agora, tome a mesma decisão que você recomendaria ao seu amigo, porque ela seria o retrato perfeito de seu caráter profissional. Mas vamos dizer que a sua opção seja a de manter a palavra dada. Nesse caso, explique ao diretor da segunda empresa que você já havia assumido um compromisso e se sentiria mal roendo a corda. Como você mesmo afirmou que o pula-pula é normal no setor, é muito provável que o diretor entenda e até deixe o convite em pé. Ao manter sua palavra, você perderia um pouco em salário, mas ganharia muito em imagem profissional, tanto com o gerente quanto com o diretor.

Palavras-chave: ética, marketing pessoal, o que falar, contratação, *networking*, obrigações, arrependimento, amizade, mudança de emprego.

101

Tenho 34 anos, sou casado e tenho dois filhos pequenos. Sou ajudante de produção e parei de estudar após concluir o Ensino Médio. Estudei pouco e ganho pouco, e sei que corro o risco de ganhar cada vez menos se não fizer nada. Então, pensei assim: se eu fizer uma faculdade, vou me formar com 38 ou 39 anos. E aí eu poderia prestar um concurso para algum órgão público e garantir minha estabilidade profissional pelo resto da vida, com um salário que eu nunca conseguiria se continuasse no rumo em que estou. Muita gente que eu conheço me diz que eu fiquei louco. Um pouco porque vou ter que trabalhar de dia e estudar de noite, algo a que não estou acostumado. E tem também quem me fala que depois de ter passado dezoito anos longe da escola eu não vou conseguir aprender nada. Pergunto se o que estou pensando é mesmo loucura.

Se for, é uma loucura muito saudável. O curso superior permitirá que você tenha mais oportunidades do que tem atualmente, mesmo na sua própria empresa, ou em alguma outra. E o projeto do concurso público faz sentido porque você não precisará participar de entrevistas, não necessitará de experiência anterior e, principalmente, não terá que ficar dando explicações sobre sua decisão tardia. Finalmente, aconteça o que acontecer, você será um exemplo para seus filhos e para muita gente que o conhece e fica dizendo que o tempo passou e que agora é muito tarde. Vá em frente porque loucura sadia não tem idade.

> **Palavras-chave:** formação acadêmica, concurso público, estabilidade, cursos, experiência prática, motivação, estagnação, crescimento pessoal, idade, salário, família.

102

Tenho 27 anos de idade e já fui promovido quatro vezes. Nesse ritmo, vou ter mais de vinte promoções na carreira. Uma vez, li um artigo em que você afirmava que um profissional de sucesso é promovido somente sete vezes na carreira. Gostaria de entender melhor a sua análise.

Como você me mandou seu histórico completo, fica mais fácil esclarecer. Você começou como estagiário e foi efetivado como auxiliar de analista financeiro. Em seguida, passou por três funções: analista júnior, analista e analista pleno. A avaliação que fiz sobre a carreira leva em conta as mudanças de patamar, e até agora você caminhou bem, mas continua no mesmo patamar, o de analista. Sua primeira promoção irá ocorrer quando você tiver subordinados diretos. A segunda, quando seus subordinados tiverem subordinados diretos, e assim por diante. Quando chegar à presidência de uma empresa, haverá seis patamares entre você e o nível hierárquico mais baixo, e cada um desses patamares estará subdividido em vários níveis. Esses níveis foram criados por dois motivos. O primeiro é poder diferenciar salários sem correr riscos trabalhistas. E o segundo é sinalizar para o funcionário que ele está no bom caminho. Isso é o que está acontecendo com você. Até agora, você não teve nenhuma promoção de fato, mas recebeu quatro claras sinalizações de que seu trabalho está sendo reconhecido. Você deve celebrar cada um desses incentivos; por mais que representem passos à frente em vez de saltos para cima, eles mostram uma clara progressão na carreira. E isso é o que interessa. O resto é só nomenclatura.

Palavras-chave: idade, salário, avaliação, crescimento pessoal, expectativa, hierarquia, liderança.

103

Dei um passo maior que a perna num investimento que fiz e fiquei numa situação financeira periclitante. Como resultado, a preocupação começou a influir em meu rendimento no trabalho. Meu superior já me alertou sobre minha perda de concentração, e ele tem razão. Só que ninguém sabe que tenho essa dívida, e temo que minha queda de rendimento possa ser atribuída a outros fatores, como desinteresse pelo trabalho. Pergunto se seria viável abrir o jogo e pedir um empréstimo para a empresa em que trabalho.

Sim, seria viável. As próprias empresas sempre afirmam que nada têm a ver com a vida pessoal de seus empregados, a não ser quando algo começa a interferir no trabalho deles, porque isso transforma o problema da pessoa num problema para a empresa. Explique a situação para seu superior, deixe claro que os lapsos de concentração se devem a esse fator externo, e pleiteie um empréstimo a ser descontado em seu pagamento. Você precisará levar para essa conversa um cálculo preciso sobre a quantia de que necessita e o número de meses que levará para amortizá-la. Pode ser que você ouça uma boa notícia, ou pode ser que não. Depende da sensibilidade de seu superior e da existência ou não de normas da empresa para empréstimos pessoais. Tente, e espero que você consiga.

Imagino que sua empresa não tenha uma cooperativa de crédito, ou, se ela for pequena, é uma pena que não seja associada a uma cooperativa setorial. Existem milhares de cooperativas desse gênero no Brasil, e elas foram criadas para casos como o seu. Informações sobre como elas funcionam podem ser encontradas facilmente na internet. Essa é uma sugestão que você poderia fazer à sua empresa, e ser o primeiro a receber um empréstimo a juros bem camaradas.

Palavras-chave: ambiente de trabalho, arrependimento, motivação, reações emotivas, sinceridade, o que falar, situações inéditas, etiqueta.

104

Trabalhei durante oito anos no planejamento financeiro de uma empresa grande e famosa. Há quatro meses, fui dispensado. Enquanto procurava um novo emprego, concordei em ajudar um amigo que tem uma indústria de pequeno porte. O setor financeiro estava meio bagunçado e dei uma organizada nele, implantando planilhas de controle e alguns relatórios bem básicos. Meu amigo gostou, me indicou para outra empresa, que me indicou para outra, e o resultado é que neste momento estou dando assistência a três empresas diferentes. Duas coisas me chamam a atenção. A primeira é que nesses quatro meses que passei desempregado ganhei mais do que ganhava no meu antigo emprego. E a segunda é que eu não era gerente nem nada, era apenas um funcionário normal numa empresa bem organizada. Minha pergunta é: o que eu faço? Continuo procurando um emprego fixo ou me arrisco como consultor para ver no que vai dar?

Sugiro que você por enquanto faça as duas coisas, porque uma não interfere na outra. Sua história de consultor extemporâneo pode até ajudá-lo a conseguir um novo emprego, mas, se isso não acontecer nos próximos três meses, minha sugestão é que você embarque na consultoria. Empresas pequenas precisam de ajuda, mas não podem contratar muitos profissionais com salário fixo, nem pagar consultorias de porte. O pequeno consultor resolve esse problema, principalmente quando o resultado vem em curto prazo e pode ser medido. A dica vale também para profissionais aposentados ou perto da aposentadoria, que acumularam conhecimentos técnicos suficientes para criar sua própria consultoria individual.

Palavras-chave: amizade, *networking*, experiência prática, adaptação, desemprego, salário, mudança de emprego, situações inéditas, consultoria, recomeçar a carreira.

105

Depois de passar por duas empresas em cinco anos, cheguei a uma conclusão definitiva. Não quero mais ter chefe. Tenho um dinheiro separado para abrir um negócio próprio e várias pessoas me aconselharam a pensar numa franquia. Estou em dúvida porque me parece que vou continuar tendo um chefe, que é o franqueador. É isso mesmo?

Não exatamente. A franqueadora não é a dona de seu negócio, é a dona da marca que você vai vender. Existem regras que você deverá cumprir, mas elas serão colocadas num contrato e você poderá avaliar previamente onde termina o controle da franqueadora e onde começa a sua liberdade de ação. Mas permita-me um par de observações. A franquia é a modalidade de empreendedorismo que mais cresceu no Brasil nas últimas décadas. Ela é o caminho mais seguro para um novo empreendedor corajoso e destemido, mas que não vê problemas em ter o respaldo de uma instituição com experiência. E o que uma franquia lhe proporciona em relação a um negócio não franqueado? Cinco coisas. Primeira: você sabe quanto vai investir para começar. Segunda: você tem uma ideia de quanto irá faturar, com base no resultado real de outras franquias semelhantes. Terceira: todo o layout já vem pronto. Quem viu uma franquia em outra cidade reconhecerá imediatamente a sua. Quarta: a franqueadora oferece treinamento e apoio para você aprender a conduzir o negócio. Quinta: a franqueadora investe em propaganda. Você paga uma parte, que é menor do que pagaria para divulgar um negócio independente. Procure na internet e você descobrirá pelo menos uma centena de franquias, de todos os ramos e com investimentos iniciais entre R$ 5 mil e R$ 5 milhões. Se uma lhe agradar, não custa nada fazer o contato e entender melhor as condições oferecidas.

Palavras-chave: empreendedorismo, chefe, contrato, treinamento, motivação, riscos, expectativa.

106

Fui promovida a chefe faz cinco meses. Esta é a primeira vez em minha carreira que tenho subordinados. Assim que assumi o cargo, coloquei em prática um conceito em que sempre acreditei, o de que um chefe precisa saber ouvir. Por isso, antes de tomar uma decisão, converso com meus subordinados, ouço e pondero as opiniões de todos eles. Mas parece que minha maneira de chefiar não vem tendo o resultado que eu esperava. Alguns de meus subordinados imaginam que sou insegura e por isso preciso do suporte da maioria antes de decidir. E meu superior imediato foi ainda mais enfático. Ele me disse que um chefe, quando está em dúvida, faz a consulta para cima, não para baixo. E ainda

reclamou que algumas de minhas decisões poderiam ser mais rápidas; segundo ele, eu perco tempo perguntando o que já sei. Será que estou errada adotando essa postura mais aberta?

Você está certa quando diz que um chefe precisa saber ouvir. E seu chefe está certo quando lhe pede mais agilidade nas decisões. O que provavelmente está acontecendo é que você está ouvindo mais do que deveria. Se já dispõe de informações suficientes para decidir, e está segura quanto à decisão, sair pedindo opiniões realmente pode passar a impressão errada.

Outra coisa importante: o fato de decidir com base num consenso geral não a isenta, como chefe, de ser a única responsável caso a decisão tenha sido equivocada. Porque você é quem está sendo paga para decidir, não seus subordinados. Finalmente, uma dica. Quando você pede opiniões, é natural que todo mundo opine e que existam sugestões contraditórias e até disparatadas. Ouvir seus subordinados ajudará você a descobrir quais deles realmente merecem a sua atenção. Opinar é fácil para quem não terá que arcar com o peso da decisão.

> **Palavras-chave:** chefe, ambiente de trabalho, confiança, marketing pessoal, traços de personalidade, proatividade, prioridade, relacionamento com colegas, trabalho em equipe, produtividade.

107

Quero abrir uma consultoria para prestar serviços a pequenas empresas. Quanto posso cobrar? Como conseguir os primeiros clientes?

Um consultor iniciante pode cobrar de R$ 30 a R$ 50 por hora, o que daria uns R$ 5 mil por mês. Certamente ele vale mais do que isso, mas esse é um valor que não assusta as pequenas empresas, que são o grande foco para quem está iniciando. Depois, assim que o novo consultor tiver uma lista de cinco empresas bem atendidas e que possam recomendá-lo a outras, esse valor vai aumentando. Quanto à segunda pergunta (por onde começar?), a resposta é: por meio de indicações diretas. Sempre tem alguém – amigo, vizinho ou parente – que conhece o dono de uma pequena empresa e pode fazer essa indicação. Gastar dinheiro imprimindo folhetos ou disparando e-mails não vai funcionar.

Palavras-chave: empreendedorismo, salário, situações inéditas, *networking*, marketing pessoal, reputação, consultoria, amizade, família.

108

Consegui uma vaga de estágio numa empresa de grande porte que possui um nome forte no mercado. Nada tenho a reclamar do tratamento que recebi até agora, muito pelo contrário. O pessoal tem sido muito simpático e agradável. O que me preocupa é que não tenho muita coisa para fazer, e as poucas que tenho são de nível bem elementar. Quando o estágio terminar, vou sair com o nome de uma boa empresa em meu currículo mas sem ter aprendido praticamente nada de útil. Existe algo que eu possa fazer?

Imagino que você tenha se colocado à disposição para ajudar quem estiver precisando. Imagino também que tenha feito perguntas para entender o trabalho de seus colegas. Por último, imagino que em algum momento você tenha solicitado tarefas mais complexas ao chefe de seu setor. Se fez tudo isso e não teve retorno, isso significa que você está em uma empresa rica que possui um programa de estágio, mas não sabe bem como extrair proveito dele. Isso não é tão anormal quanto possa parecer. Empresas de grande porte têm um orçamento anual e nele constam os estagiários. Em algumas delas, como a despesa já está prevista, o estagiário acaba sendo contratado para dar conta daquele tipo de tarefa que os funcionários efetivos não apreciam fazer. Por exemplo, preparar planilhas de dados, organizar arquivos, procurar algum documento perdido. Como essas tarefas não costumam ser contínuas nem longas, sobra muito tempo ocioso. Para a empresa, não faz muita diferença. Para o estagiário certamente faz, porque ele está deixando de aprender. Se é isso que está acontecendo, tente deixar uma imagem de simpatia e de colaboração. Ela poderá lhe render uma efetivação ou um futuro convite. Na pior das hipóteses, você sairá com uma empresa de nome em seu currículo, e isso é bem mais do que a maioria dos estagiários consegue.

Palavras-chave: estágio, experiência prática, proatividade, cultura empresarial, crescimento pessoal, expectativa, estagnação, produtividade.

109

Há um campo no currículo chamado "experiência profissional". Minha experiência é bem variada, já fiz de tudo um pouco. Isso me ajuda ou me prejudica?

A recomendação para o preenchimento desse campo (possivelmente, o mais importante do currículo) sempre obedeceu a uma ordem ortodoxa. Os empregos devem ser listados na ordem cronológica inversa, começando pelo último e terminando pelo primeiro. Para cada emprego, quatro tópicos. O nome da empresa, as datas de admissão e de saída, a função exercida e uma breve descrição das tarefas realizadas. Esse formato facilita a leitura do avaliador e geralmente funciona muito bem quando o candidato teve poucos empregos e as funções exercidas em todas as empresas foram semelhantes.

Acontece que nos últimos anos surgiu um fato novo. Não é mais incomum que um profissional, como é o seu caso, tenha tido vários empregos em pouco tempo e que alguns desses empregos nada tenham a ver com os anteriores e posteriores. Imagine o caso de alguém que, em cinco anos, teve quatro empregos: primeiro, foi balconista; depois, vendedor; em seguida, operador de telemarketing e, finalmente, auxiliar administrativo. Se agora ele se candidatar a uma vaga de vendedor e listar os empregos na ordem cronológica inversa, irá confundir quem for avaliar o currículo. Ao ler que o último emprego de um candidato a vendedor foi de auxiliar administrativo, o avaliador pode rejeitar o currículo antes de chegar ao ponto que realmente interessa. Portanto, a dica é: colocar primeiro a experiência diretamente relacionada à função pleiteada e gastar mais linhas para descrever as tarefas executadas. Em seguida, colocar um subtítulo – "Outras Experiências Profissionais" – e listar as demais, sem perder tempo com muitos detalhes. Como o pula-pula está ficando comum no mercado de trabalho, cada currículo precisa ser diferente, destacando e enfatizando o que de fato interessa para cada caso.

Palavras-chave: currículo, experiência prática, processo seletivo, transparência, estabilidade.

110

Trabalho em um setor que tem treze funcionários. De todos, sou o que tem apresentado melhores resultados, numericamente comprovados, nos últimos doze meses. Meu superior imediato está em vias de ser promovido, e o cargo dele provavelmente será ocupado por um de seus subordinados porque essa tem sido a política da empresa. Eu me julgo capacitado para a posição, porém tenho um concorrente e não sei como enfrentá-lo. Os resultados desse colega são inferiores aos meus, mas ele compensa isso com uma habilidade para falar que eu não tenho. Sou uma pessoa quieta e reservada, não gosto muito de conversa fiada, e nem me passaria pela cabeça elogiar meu chefe ou ficar falando bem da empresa pelos corredores. Acontece que meu colega faz tudo isso, na maior cara de pau. E esse comportamento está fazendo com que ele consiga mais destaque do que eu aos olhos das chefias. Pergunto: o que é mais importante para uma empresa na hora de decidir uma promoção?

Sem dúvida, os resultados. Porém, há outros fatores que são levados em conta, cada qual com seu peso específico. O marketing pessoal e liderança percebida são dois deles. No final, há um resultado ponderado. Se você ganha de seu colega no quesito de maior valor, que são os resultados, mas perde em todos os outros, pode terminar com uma média final menor do que a dele. O resultado é que nem sempre os técnicos mais eficientes são promovidos, mas a maioria dos que não são prefere criticar o sistema em vez de tentar entendê-lo e se adaptar a ele. Eu lhe sugiro começar com um curso de expressão verbal, que fará você se soltar mais e ser menos reservado. Acredito que isso será bom não apenas para sua carreira, mas também para sua vida pessoal.

> **Palavras-chave:** salário, concorrência, traços de personalidade, marketing pessoal, liderança, o que falar, crescimento pessoal, cursos, adaptação, avaliação, meritocracia, processo seletivo.

111

Gostaria de saber como responder à pergunta "Quanto você ganha?", sem parecer indelicado.

Como você não mencionou especificamente quem seria o autor de tal pergunta, vamos separar em duas partes. Em contatos estritamente profissionais, como entrevistas ou abordagens sérias de profissionais de outras empresas, deve-se ter um valor pronto para fornecer. Esse valor se compõe de três fatores. O primeiro é o salário fixo mensal. O segundo são os prêmios variáveis por desempenho, se houver. E o terceiro é a lista de benefícios. Quanto mais alto for o cargo, menos o salário em si representará na composição da remuneração. No caso de altos executivos, o salário está por volta de 40% do total recebido anualmente.

Agora, vamos aos perguntadores meramente curiosos, aqueles que querem saber quanto o outro ganha apenas para comparar com o próprio salário. Lascar a sangue-frio uma pergunta do tipo "Quanto você está ganhando?" já é uma indelicadeza de quem pergunta, e portanto quem responde não precisa se preocupar em também ser indelicado. Pode dizer sem constrangimento "Me desculpe, mas salário é uma questão pessoal". Para quem acha essa resposta agressiva, o negócio é partir para a piada: "Por quê? Você está pensando em me oferecer um emprego?". Normalmente, quem pergunta espera ouvir um número e ao ouvir uma risada se desarma de imediato. Mas há quem prefira optar por uma terceira via, a de mentir. Certa vez, ao ser perguntado sobre seu salário, um colega meu resolveu impressionar e mandou um valor que era quase o dobro do que ele realmente ganhava. E o interlocutor estranhou: "Puxa, sua empresa está pagando tão pouco assim?". Meu colega passou um mês deprimido. Então, em resumo, salário é uma questão que só compete a quem paga e a quem recebe, e isso não inclui os curiosos.

Palavras-chave: salário, sinceridade, processo seletivo, o que falar, amizade.

112

Tenho trinta e poucos anos e um cargo executivo em uma ótima empresa. Nunca tive nenhum problema em relação à minha carreira. Tudo deu certo. Só tem um pequeno senão: sou solteira e moro sozinha. Tive alguns namorados, nada sério, mas nunca pensei em me casar porque sempre dei prioridade à minha vida profissional. Só que comecei a perceber que ser uma executiva solteira atrai comentários negativos. As pessoas ficam especulando por que não me casei, e minhas colegas casadas e com filhos vivem me perguntando se não tenho planos de constituir uma família. Sempre levei numa boa, mas na semana passada o presidente da empresa me fez a mesma pergunta. Quando respondi que minha prioridade era a carreira, ele me disse: "Será? Você tem certeza de que é isso mesmo que deseja?". Como ele é uma pessoa muito ponderada, pela primeira vez eu titubeei. Até agora, ser solteira me ajudou, mas será que no futuro pode me atrapalhar?

Toda carreira um dia termina. Quando a sua terminar, você certamente terá recursos para se manter e encontrará companhia para se divertir. Mas não terá filhos, nem terá a seu lado uma pessoa que compartilhou de sua intimidade por muitos anos. Foi nisso que seu presidente lhe pediu para pensar. Você tem mesmo certeza de que a sua carreira será sempre mais importante do que uma família? Você tem mais um par de anos para decidir, e três opções entre as quais escolher. Deixar como está, repensar suas prioridades ou casar por conveniência, só para salvar as aparências. A primeira é cômoda, a segunda é emocional e a terceira é racional. Pelo seu histórico, algo me diz que você tenderá a se inclinar para a terceira – casar com alguém que a compreenderá o suficiente para não atrapalhar sua carreira.

Palavras-chave: prioridade, chefe, idade, reações emotivas, riscos, arrependimento, críticas, estabilidade, família.

113

Faz quatro meses, comecei a trabalhar em uma empresa de grande porte. Tanto a vaga como o salário que me foram oferecidos eram inferiores aos de meus dois últimos empregos, mas decidi aceitar a oferta por acreditar que essa empresa me daria mais oportunidades de carreira. Não demorou muito para eu perceber que minha experiência poderia ser muito útil porque eu já havia executado algumas tarefas que meus colegas atuais acham complicadas. Por isso, ofereci ajuda a quem quisesse e me coloquei à disposição de meu chefe, caso ele necessitasse. Fiz isso sem arrogância, apenas pontuando que eu já havia passado pelo estágio em que meus colegas se encontravam e que meu auxílio poderia facilitar a vida de todos. O resultado foi catastrófico. Alguns colegas reagiram com ironia, outros, com indiferença e uns poucos assumiram uma atitude hostil. Pergunto onde foi que eu errei.

Você errou na velocidade. Suponho que, ao ser contratado, você tenha ouvido a pergunta "Você tem certeza?", em relação a aceitar rebaixar seu salário e sua função. Deve ter respondido, corretamente, que valia a pena pela empresa e pela oportunidade. Concordo que ao abordar seu chefe e seus colegas você teve as melhores intenções, mas a realidade é que você foi contratado para fazer um trabalho específico. Se ele estava abaixo de suas qualificações, a melhor estratégia seria executá-lo e esperar que seu conhecimento e sua experiência fossem notados, o que certamente aconteceria. Ao se antecipar, você criou o desconforto que gerou as reações de seus colegas. O que fazer? Comece de novo. Faça de conta que amanhã é o seu primeiro dia na empresa e se concentre apenas no seu trabalho, sem deixar de ser atencioso e, se possível, bem-humorado. Seus colegas e seu chefe notarão a diferença e a oportunidade que você espera virá no devido tempo.

Palavras-chave: relacionamento com colegas, críticas, experiência prática, marketing pessoal, reputação, perseguição, adaptação, expectativa, etiqueta.

114

Comecei dois cursos superiores, em momentos diferentes, e desisti de ambos no segundo ano. Não consigo decidir o que eu quero.

Você não está sozinho. De cada dez jovens que ingressam num curso superior no Brasil, quatro o abandonam antes de se formar. A maior parte desiste porque se desencanta com o curso ou com a faculdade, como deve ter sido o seu caso. Quem se matricula em um curso precisa ter a certeza de que possui informações suficientes sobre o mercado de trabalho para a profissão que escolheu, para não ficar decepcionado na hora de procurar um emprego na área. Embora existam mais de 150 tipos de cursos superiores autorizados pelo MEC, apenas dois deles, Administração e Direito, respondem por 20% dos formandos. Administração, por permitir um leque bastante amplo de opções de emprego, já que qualquer empresa, de qualquer setor, oferece vagas administrativas. E Direito, por força das circunstâncias. Como apenas 10% dos formandos conseguem passar no Exame da OAB, os 90% restantes irão competir por vagas administrativas. Esses dois cursos são os mais recomendáveis para quem não quer correr riscos, e é por isso que continuam atraindo tantos candidatos a cada ano.

Palavras-chave: formação acadêmica, expectativa, riscos, arrependimento.

115

Em minha empresa, somos avaliados anualmente por nosso superior direto, que faz uma descrição bem detalhada de nossos pontos fortes e fracos e dos resultados numéricos que obtivemos. Nos últimos dois anos, minhas avaliações foram muito boas e acredito que não exista uma maneira melhor de eu demonstrar minha capacidade a um entrevistador. Como estou pensando em mudar de emprego, pergunto se seria ético, ou prudente, mostrar essas avaliações em entrevistas.

Várias vezes durante minha carreira, entrevistei profissionais que me mostraram não apenas as avaliações de desempenho. Eles tinham pastas, nas quais colecionavam documentos com realizações e elogios. Muitos desses documentos traziam o logotipo da empresa em que trabalhavam e escancaravam números e cifras. Sem dúvida, tudo isso me impressionava. Mas, por outro lado, eu ficava pensando. Se eu contratar essa pessoa e um dia ela mostrar números de nossa empresa para outras empresas, eu não iria gostar nem um pouco. Principalmente se algumas dessas empresas fossem concorrentes diretos. Por outro lado, alguns desses profissionais eram realmente muito bons e eu tinha interesse em contratá-los. Então, o que eu fazia? Apenas uma pergunta. Eu perguntava se o candidato poderia me fornecer uma cópia daquela pasta. Se ele respondesse que sim, eu não o contratava. Se ele respondesse que eram documentos confidenciais e que ele preferia não ceder cópias, eu o contratava. Creio que a diferença está nessa sutileza que revela o caráter do entrevistado. Mas eu lhe diria que, na maioria dos casos, pastas organizadas são bem aceitas por entrevistadores. Elas mostram, de imediato e sem discussão, fatos que provocariam desconfiança se o candidato apenas se autoelogiasse sem apresentar provas convincentes.

Palavras-chave: avaliação, ética, mudança de emprego, processo seletivo, traços de personalidade, experiência prática, currículo, transparência, elogios.

116

Eu me formei em Ciência da Computação e sou analista de sistemas. Esse é um setor em que só fica desempregado quem quer. Existem vagas suficientes e sempre aparecem propostas para mudança de emprego. Apesar de eu estar satisfeito com meu

salário, tenho uma preocupação: o futuro. **Sempre imaginei que poderia assumir novas funções na empresa a partir da área de sistemas, mas o que tenho visto até agora é que os profissionais de sistemas são confinados em seus cantos, como se não tivessem base para contribuir com ideias e sugestões para outros departamentos. Pergunto se você já viu algum profissional de Sistemas se tornar presidente de uma empresa.**

Sim, vi, e você também viu: em empresas de tecnologia que desenvolvem sistemas para outras empresas. Mas imagino que você queira saber se um profissional de sistemas teria chance de ser presidente de uma empresa de alimentos, ou de vestuário, ou de automóveis. A resposta seca é não. Os presidentes dessas empresas saem de áreas mais afinadas com o negócio em si. Por isso, presidentes de bancos tendem a ser economistas. Presidentes de montadoras são engenheiros. E presidentes de empresas de consumo vêm de Marketing ou de Vendas. O que você pode fazer, se deseja expandir seus horizontes, é cursar uma pós-graduação em outra área e pedir uma transferência interna, mas tenho dúvidas se isso seria bom para a sua carreira. Você é um profissional especializado em um setor do mercado de trabalho que está em expansão. Ganha bem e recebe convites para mudar. Sair dessa situação para enfrentar a concorrência em outras áreas seria, em minha opinião, um investimento muito alto para um retorno bastante duvidoso.

Palavras-chave: estagnação, cursos, concorrência, cultura empresarial, salário, adaptação.

117

Sei que muitas empresas pesquisam na internet para descobrir mais coisas sobre os candidatos a emprego. Em vista disso, pergunto se já não seria conveniente adicionar no currículo os links de nossas redes sociais e profissionais.

Sim, seria. Minha sugestão é que isso seja colocado não no topo do currículo, onde vão os telefones de contato e o e-mail, mas ao final dele. O currículo ficaria então com um cabeçalho de dados pessoais e três blocos. O primeiro bloco é o da experiência profissional. Onde trabalhou, data de entrada e saída, funções ocupadas e uma breve descrição das atividades exercidas em cada função. O segundo bloco é o da escolaridade. Onde estudou, que cursos concluiu. Tanto no caso das empresas como dos cursos, começa-se na ordem inversa, pelo último deles. Quanto aos cursos de curta duração, aqueles com menos de vinte horas, o melhor é resumi-los em uma linha. Por exemplo, "16 cursos de especialização, no total de 240 horas". Se um desses cursos tiver tudo a ver com a vaga pretendida, ele pode ser destacado numa linha à parte. E o último bloco teria um título simpático, como "Onde encontrar mais informações sobre mim". E aí seriam colocados os links de redes sociais e profissionais. Se o candidato escreveu um TCC ou algum artigo que esteja disponível na internet, vale a pena incluir também esse link.

Palavras-chave: currículo, redes sociais.

118

Tenho 21 anos. Estou concluindo meu estágio e a empresa já acenou que irá me efetivar. Pelo que vi e aprendi durante este ano, acredito que posso ter grandes ambições de carreira. Digo isso porque os chefes com os quais venho convivendo não têm nada de especial, são apenas pessoas normais que ocupam cargos de chefia. Eu não teria dificuldades em assumir uma posição de liderança, mas não quero que essa pretensão seja vista como prepotência. Que dicas você me daria?

Vou começar concordando com você. Qualquer pessoa normal pode chegar à presidência de uma empresa. Mas, como você já deve ter notado, de cada mil jovens normais, que ingressam no mercado de trabalho com o mesmo nível de escolaridade e de ambição, só um chegará a presidente de empresa. A pergunta é: por quê? Vou lhe contar uma história parecida com a sua. Conheci um jovem estagiário que tinha um grande potencial e eu disse isso para ele quando foi efetivado. A resposta dele me surpreendeu. Ele me falou que tinha planos para chegar a uma gerência em curto prazo, e me pediu dicas de como chegar a diretor e presidente. Eu respondi que, se ele não se concentrasse na primeira função que teria após a efetivação, a de auxiliar administrativo, dificilmente daria sequer o passo seguinte. Percebi que ele não gostou do que ouviu. Ele permaneceu alguns anos na empresa e nunca foi promovido porque a cabeça dele sempre estava no que ele ambicionava ser, e não no que era pago para fazer. A dica que eu lhe daria é a mesma

SUA CARREIRA DIRETO AO PONTO **161**

que dei a ele. Para chegar ao futuro que ambiciona, você antes terá que demonstrar no presente que é o melhor entre os normais que executam tarefas normais.

Palavras-chave: estágio, salário, concorrência, marketing pessoal, experiência prática.

119

Gostaria que você me ajudasse a entender a cabeça da minha empresa. É um negócio familiar de porte médio para grande, bastante sólido, com bom ambiente, mas os aumentos somente são concedidos quando o funcionário recebe uma proposta melhor e pede a conta. Aí, é feita uma negociação. A empresa oferece a mesma coisa que a outra ofereceu e, quase sempre, o funcionário decide permanecer. Eu sei de tudo isso porque trabalho na área de Recursos Humanos e tive que criar dentro de cada função uma classificação para poder enquadrar os aumentos. Por exemplo, temos auxiliares de nível A, B e C, com diferenças salariais entre 5% e 10%, mas no dia a dia todos eles fazem a mesma coisa. Os que pularam para as faixas superiores são os que conseguiram propostas para sair e resolveram ficar. Minha pergunta é: não seria mais fácil a empresa adotar um sistema de avaliação, com salários compatíveis com o mercado, e evitar esse faz de conta de funções iguais com salários diferentes?

Sim. Seria mais fácil, mais adequado e mais caro. Imagino que os donos de sua empresa saibam muito bem o que estão fazendo, embora pareça que não. Eles estão segurando a folha de pagamento num patamar mais baixo. E a avaliação a que você se refere existe. Ela é feita pelos convites para mudar de emprego. Sua empresa está assumindo que, se alguém consegue uma proposta melhor, merece ganhar mais. E os que não conseguem propostas melhores continuam no nível C. Concordo que, do ponto de vista de recursos humanos, isso é uma salada mista. Mas, como você me pediu para explicar como a sua empresa pensa, essa é a explicação. Ela está transferindo para outras empresas um papel que deveria ser dela, ou seja, o de criar um método para diferenciar os funcionários.

Palavras-chave: salário, negociação, métodos peculiares, meritocracia, mudança de emprego.

120

Quais as vantagens de fazer um intercâmbio no exterior?

Eu diria que passar um tempo em outro país é uma ambição da maioria dos jovens. Porém, quando um jovem me consulta, ele sempre se refere às oportunidades de bons empregos que terá na volta, como se isso fosse um fato insofismável e definitivo. Quando são os pais que escrevem, eles questionam se isso realmente irá acontecer, principalmente nos casos em que os filhos estão empregados e terão que pedir a conta para poder viajar. Nesse caso, e somente nesse, os pais estão certos. Um jovem que se demite, passa alguns meses no exterior e retorna ao Brasil, não irá encontrar um emprego no dia seguinte. E, quando um emprego aparecer, será muito parecido com aquele que o jovem tinha antes de viajar. Tirando isso, as vantagens do intercâmbio são inúmeras. Passar um tempo sozinho longe do Brasil vai aumentar a autoconfiança do jovem. Ele terá que resolver seus próprios problemas, fazendo coisas que os pais faziam por ele. Ao voltar, se sentirá mais seguro, menos introvertido, e terá travado contato com uma cultura diferente da nossa. Tudo isso terá uma influência duradoura, e é por essas experiências que a viagem vale a pena. Além disso, um dia o jovem precisará do inglês, e o terá. Não no mesmo dia em que pisar de volta no solo da pátria amada, mas algum dia. Portanto, o intercâmbio é um investimento de médio e longo prazo. Se pais e filhos concordarem nesse ponto, a viagem terá os efeitos positivos que dela se espera.

Palavras-chave: cursos, crescimento pessoal, desemprego, contratação, família.

121

Uma empresa pode se negar a fornecer uma carta de referência a um empregado demitido?

Na maioria dos acordos coletivos de trabalho, assinados entre sindicatos patronais e de empregados, existe uma cláusula que obriga a empresa a fornecer essa carta de referência. Quando não existe o acordo, a decisão sobre fornecer ou não a carta é da empresa. Vou aproveitar para lhe explicar uma diferença entre uma carta de referência e uma carta de recomendação. A carta de referência é curta, seca e formal. Nela consta o nome do empregado, o número de sua Carteira Profissional, a função exercida, as datas de entrada e de saída, e o parágrafo é encerrado com uma frase neutra: "Nada consta em nossos arquivos que desabone sua conduta profissional". Para acentuar o tom burocrático, a carta vem assinada não pelo superior imediato, mas por alguém da área de Recursos Humanos. Já uma carta de recomendação normalmente é escrita por alguém que trabalhou com o recomendado e se dispõe a dar um depoimento pessoal positivo sobre ele. Por isso, a carta de recomendação contém algo que a carta de referência prefere evitar: adjetivos. Em vez de "Nada que o desabone", o profissional é qualificado como esforçado, dedicado, comprometido, eficiente, pontual, e por aí vai. Ao final, o autor da carta deixa um telefone ou e-mail, caso algum futuro empregador necessite de uma confirmação verbal sobre as qualidades do recomendado. Dessa forma, um mesmo empregado pode sair da empresa com uma carta de referência e com uma ou mais cartas de recomendação. A diferença entre as duas cartas é óbvia. A carta de referência diz que o empregado não fez nada de ruim. A carta de recomendação enfatiza como ele é bom.

Palavras-chave: contrato, leis trabalhistas, elogios, obrigações, reputação.

122

Faz três anos, decidi deixar meu emprego e me dedicar somente a estudar para concursos públicos. Não foi uma decisão errada, foi uma decisão certa que não deu o resultado esperado, porque

não consegui passar em nenhum dos concursos que prestei. Agora, aos 27 anos, a situação mudou. Meus pais, que vinham me dando apoio moral e financeiro, começaram a insistir para que eu volte a procurar um emprego e desista dos concursos. Concordo que essa seria a melhor solução no momento, mas as entrevistas que fiz até agora (todas elas conseguidas por indicação de amigos) deram em nada. Parece-me que os entrevistadores conduzem a entrevista sem o menor interesse, como se a decisão de não me contratar já estivesse tomada antecipadamente. E agora, que rumo devo tomar?

Vou tentar lhe explicar o que se passa na cabeça do entrevistador. Há três anos, você decidiu que não queria mais continuar trabalhando em empresas. Agora, está tentando retornar, não porque se arrependeu da decisão tomada, mas porque não conseguiu atingir o objetivo. Como você mesmo disse, trocar o emprego pelos concursos foi uma decisão certa. Talvez até tenha sido. Mas, para o entrevistador, é como se você estivesse dizendo: "Bom, já que não consegui o que queria, aceito o que não gostaria". Minha sugestão é que você mude seu discurso e confesse ao entrevistador que perdeu três anos na vida profissional e está disposto a começar tudo de novo, mesmo que seja numa função e com um salário inferiores ao que tinha antes. Se isso for dito com sinceridade, o entrevistador se convencerá. Mas, para conseguir convencer o entrevistador, você precisa, primeiro, convencer a si mesmo.

Palavras-chave: concurso público, processo seletivo, o que falar, adaptação, contratação, desemprego, marketing pessoal, motivação, prioridade, perseguição, sinceridade, mudança de emprego, amizade.

123

Estou com a impressão de que minha carreira estacionou. Como posso saber se o problema sou eu ou se a empresa é que não dá oportunidades?

Estes são os sete sinais de que uma carreira empacou. (1) O último aumento por mérito que você recebeu foi há mais de três anos. (2) Seus colegas de trabalho ganham elogios por coisas pelas quais você também poderia ser elogiado, mas não é. (3) Muito raramente seu chefe solicita a sua opinião, e quando você resolve dá-la por conta própria recebe uma resposta evasiva, do tipo "Depois a gente conversa". (4) Alguém de fora foi contratado para um cargo em outro setor, que você teria condições para ocupar. (5) Se você pleiteia que a empresa lhe pague parcialmente um curso que tem a ver com sua atividade, a decisão demora tanto que o curso termina antes que a resposta chegue. (6) Quando você tenta entrar no assunto de desenvolvimento de carreira, ouve um conselho vago, como "Tenha paciência e continue se esforçando porque seu dia chegará". (7) Amigos de sua idade e com formação semelhante à sua, que trabalham em outras empresas, deram passos na carreira que você também poderia ter dado, mas não deu.

Cinco desses sinais já são suficientes para que um profissional comece a se preocupar. Não com os dois ou três anos passados, mas com os muitos que vêm pela frente. Perceber os sinais da estagnação e continuar esperando para ver o que vai acontecer só é uma boa opção para quem é muito otimista, ou pouco ambicioso, ou excessivamente cuidadoso antes de arriscar uma mudança. Aliás, esses são os três elogiáveis atributos das pessoas cuja prioridade é uma existência tranquila, e não uma carreira veloz.

Palavras-chave: estagnação, salário, elogios, chefe, idade, estabilidade, cursos, contratação, concorrência, expectativa.

124

Tenho 24 anos. Concluí a faculdade e um mestrado, e comecei um doutorado. Tive um emprego fixo como recepcionista, mas não dei importância a isso porque minha prioridade era o estudo. Nos últimos meses, enviei currículos, me cadastrei em sites, e com a ajuda de amigos consegui quatro entrevistas que resultaram em nada. Será que minha formação está me prejudicando em vez de me ajudar?

Recentemente, conversei com o diretor de Recursos Humanos de uma grande empresa, que recruta centenas de jovens anualmente. Na visão dele, não é o currículo que prejudica pessoas com formação como a sua. É o comportamento. Como uma empresa não vai contratar para um cargo de chefia um jovem com muitos cursos e nenhuma experiência prática, as funções oferecidas são aquelas de entrada no mercado de trabalho, como assistente, auxiliar ou recepcionista. Essas funções exigem, quando muito, um curso superior. Os contratados que possuem essa formação mínima não demonstram desejo imediato de mudar de função, mas aqueles que têm muito mais cursos não mostram paciência para esperar. Ao se comparar com os colegas, imaginam que terão oportunidades imediatas e se frustram quando elas não vêm. Por isso, muitas empresas, como a do diretor com quem conversei, passaram a dar preferência a quem tinha somente a formação exigida, ou talvez um pouquinho mais, mas não muito mais. Tenho certeza de que você conseguirá um emprego. Ao consegui-lo, é indispensável que você se comporte como se fosse mais uma na turma, e não a cereja do bolo. Espero que consiga se dar bem e ajude a mudar essa perigosa percepção de muitas empresas de que o candidato superqualificado é mais um problema do que uma solução.

> **Palavras-chave:** formação acadêmica, processo seletivo, experiência prática, contratação, adaptação, cultura empresarial, desvalorização, prioridade, relacionamento com colegas, riscos, amizade, currículo.

125

Quando leio suas respostas a dúvidas de jovens que estão iniciando a carreira, penso: "Mas isso é óbvio. Qualquer pessoa que tenha um mínimo de bom senso pode chegar a essa mesma conclusão em cinco minutos". Acontece que estou chegando aos 40 anos e continuo com muitas dúvidas sobre minha carreira. Os dias passam e cada solução que eu encontro nunca é perfeita, porque sempre apresenta algum inconveniente, ou algum risco que não me é possível ponderar. Minha pergunta é: será que quando eu tiver 50 anos vou concluir que as dúvidas que tenho hoje também são simples, e que eu as teria resolvido em cinco minutos com um mínimo de bom senso?

A resposta é sim, sem dúvida nenhuma. E lhe digo mais: quando tiver 50 anos, ainda estará cheio de dúvidas em relação à continuidade de sua vida profissional. Mesmo que tenha acumulado recursos financeiros suficientes para não precisar mais continuar trabalhando em empresas, você terá que decidir o que fazer nos vinte anos seguintes. Montar uma empresa? Tornar-se consultor? Tentar ser escritor? Não fazer nada e curtir a vida? Para um jovem, o primeiro dia no primeiro emprego é uma odisseia. Para quem tem 40 anos, as decisões envolvem a estabilidade da família, num momento em que um erro dificilmente terá tempo para ser reparado. Para quem tem 50, a decisão tem a ver com o temor de se declarar idoso. Quem chega aos 60, quer contrariar a cronologia da idade porque se render ao tempo será uma declaração de inutilidade profissional. Por tudo isso, somente quando chegar aos 80 anos você poderá olhar para trás e ponderar todas as decisões que tomou. Nesse momento, imagino, você finalmente irá compreender que as dúvidas, e não as certezas, são a verdadeira adrenalina da vida profissional.

Palavras-chave: idade, estabilidade, empreendedorismo, crescimento pessoal, experiência prática, prioridade, família.

126

Tenho 22 anos. Desde os 17, namoro uma pessoa de quem eu gosto de paixão. Este ano, ele me falou em casamento e, pela primeira vez, nós dois conversamos seriamente sobre nossas carreiras profissionais. Terminei minha faculdade no ano passado e trabalho

desde os 18 anos numa ótima empresa. Já fui promovida duas vezes e sei que tenho possibilidades de continuar progredindo profissionalmente. Meu namorado, porém, tem outras ideias. Ele também tem uma carreira que vai indo muito bem e a empresa tem planos para que ele seja transferido para uma filial em algum país da América do Sul por um período de dois anos. Quando isso acontecer, ele quer que já estejamos casados e que eu vá com ele. Aí está o problema. Eu teria que abandonar minha carreira e me tornar dona de casa num país estranho, a não ser que consiga um emprego por lá. Como a empresa em que trabalho é brasileira, não há possibilidade de uma transferência. A grande dúvida é: não sei o que é mais importante para mim neste momento, um casamento ou a continuidade de minha vida profissional.

Toda decisão que mistura razão e emoção é complicada. Mas, para não ficar em cima do muro, eu lhe diria que, se você tem certeza de que ser dona de casa não é o seu destino, não case já. Vi muitos casos iguais ao seu, e, na maioria deles, o casamento não se segura quando a mulher está em dúvida. O resultado é que a união vai para o ralo e fica difícil para a mulher recomeçar a carreira depois de alguns anos fora do mercado. Entre a carreira e o casamento, se uma coisa pode ser adiada, é o casamento. Dois anos passam rápido e vocês poderão se casar quando ele regressar. Se o seu namorado também ama você com paixão, ele entenderá que o casamento só vai funcionar se houver um equilíbrio entre as aspirações dos dois.

> **Palavras-chave:** reações emotivas, adaptação, crescimento pessoal, prioridade, transferência, família, mudança de emprego.

127

Qual a chance de uma pessoa ética conseguir sucesso na vida profissional?

A chance é de 90%. Eu convivi bem de perto com cerca de duzentos gestores de alto nível nas seis empresas em que trabalhei. Posso afirmar que 90% deles eram éticos e impunham a ética no trabalho, tanto nos negócios como no relacionamento com os empregados. Gestores assim formam uma categoria que poderia ser chamada de Éticos Anônimos. Evidentemente, nenhum órgão de imprensa publica diariamente os nomes dos profissionais que agem de acordo com a ética porque isso nada mais é do que a obrigação pura e simples. Mas os que não agem, e são apanhados, viram notícia de primeira página. O mesmo tipo de generalização acontece com jogadores de futebol. Nunca ouvi alguém dizer que jogador de futebol é mal pago no Brasil. Pelo contrário, sempre se afirma que ganham exageradamente. Será? No Brasil, existem cerca de 15 mil jogadores profissionais, sendo que 90% deles ganham entre dois e três salários mínimos por mês. Apenas 3% ganham mais do que cem salários mínimos, mas essa minoria é sempre tomada como regra, quando na realidade é a exceção. O mesmo fenômeno persegue a categoria dos funcionários públicos, que desde sempre têm sido rotulados como indolentes, quando a grande maioria não é. Pode ser que você esteja trabalhando em uma empresa em que a ética é atropelada e os antiéticos são promovidos. Se esse for o caso, saia daí. Ficar vendo coisas erradas e sofrendo todos os dias por não concordar com o que vê é uma atitude que prejudica não apenas a sua carreira, mas também a sua saúde física e mental.

Palavras-chave: ética, relacionamento com colegas, ambiente de trabalho, crescimento pessoal, obrigações, reputação.

128

Não fiz um curso superior porque achei que não precisava e agora estou ficando cada vez mais preocupado.

Então vou preocupá-lo ainda mais. O mercado de trabalho sofreu uma mudança significativa nas últimas duas décadas. Com o barateamento das mensalidades de faculdades, e sua consequente expansão, um diploma de curso superior tornou-se largamente acessível. Mesmo correndo o risco de carregar um pouco na afirmação, eu diria que até 1995 só tinha diploma de curso superior quem podia, e hoje só não tem quem não quer. Essa mudança pegou toda uma geração de calças curtas. É a geração dos profissionais com idade superior a 35 anos, que não fizeram um curso superior, conseguiram empregos razoáveis, mantiveram-se neles e agora sentem o vento soprando contra. As empresas em que trabalham preferem contratar ou promover profissionais com curso superior, limitando a possibilidade de ascensão interna de quem não tem. E se o profissional decide mandar um currículo para outra empresa, é eliminado do processo porque o pré-requisito é um curso superior.

Então, o remédio é correr atrás do tempo perdido e entrar numa faculdade. E aí vem a outra grande pergunta: qual curso? Alguns profissionais que trabalham há muitos anos em determinado setor optam por fazer um curso que possa mudar radicalmente o rumo de suas carreiras. A possibilidade de isso dar certo é remota, porque o profissional conseguirá um diploma, mas perderá em experiência anterior para outros candidatos. O que dá mais resultado é um curso na própria área de especialização. Ou seja, agregar um diploma ao que já sabe fazer. Isso daria peso ao currículo e geraria mais oportunidades futuras. Se você ainda está em dúvida se um diploma aos 40 anos fará alguma diferença, posso lhe afirmar que fará, e muita, principalmente considerando-se que daqui a dez ou vinte anos você ainda estará no mercado de trabalho, e um curso superior será o mínimo que qualquer empresa irá exigir em um processo seletivo.

> **Palavras-chave:** formação acadêmica, arrependimento, idade, cursos, marketing pessoal, concorrência, contratação, riscos, currículo.

129

Trabalhei durante catorze anos em uma empresa. Comecei a carreira nela e me tornei gerente doze anos depois, aos 33 anos de idade. Como essa empresa era familiar e não podia me oferecer um cargo de diretoria, decidi que estava na hora de arriscar uma mudança e, no ano passado, consegui uma vaga como gerente em uma empresa maior. Depois de apenas cinco meses ali fui

dispensado. A explicação foi que eu não tinha me encaixado na cultura da empresa. Talvez eu não seja a pessoa mais simpática do mundo, mas sou competente naquilo que faço e não engoli a explicação. Você já viu algum caso assim?

Vi. Muitos. A primeira reação é atribuir a dispensa a fatores como inveja ou perseguição. Essa teoria raramente se sustenta, porque outros gerentes devem ter sido contratados pela mesma empresa nos últimos anos e continuam nela. Logo, não existe um movimento organizado contra quem vem de fora. O que normalmente acontece é que um profissional que começa a carreira em uma empresa vai, com o passar do tempo, sendo aceito do jeito que é. Se for competente, como é o seu caso, mas não for a pessoa mais simpática do mundo, como você concorda que também deve ser o seu caso, essa dificuldade para lidar com pessoas vai se diluindo. Os anos vão passando e todo mundo aceita que o profissional é daquele jeito mesmo e não vai mudar. Quando troca de emprego, o profissional continua a agir na nova empresa da mesma maneira que agia na antiga, imaginando que sua dificuldade de relacionamento pessoal não terá importância. Mas tem. O que se perdoa nos funcionários antigos não é perdoado nos novos. Atitudes que eram digeridas na empresa anterior causam indigestão na nova. Isso é o que se chama de choque cultural. Ao contrário da empresa anterior, na nova o relacionamento pessoal tem o mesmo peso da competência técnica. Ou até mais, nos primeiros meses.

Palavras-chave: cultura empresarial, mudança de emprego, salário, perseguição, relacionamento com colegas, situações inéditas, reputação, adaptação.

130
Gostaria de saber para que serve um estagiário.

Estagiário é aquele jovem que passa por uma infinidade de testes orais e escritos cuja finalidade é descobrir quem consegue se sair bem numa infinidade de testes orais e escritos. Ao ser admitido, o estagiário descobre que esses testes terão tanto a ver com suas atividades quanto um pijama tem a ver com uma festa de formatura. Espera-se do estagiário, acima de tudo, entusiasmo. Quando alguém pede para ele requisitar uma caixinha de clipes, o estagiário deve reagir como se a NASA tivesse lhe pedido para fazer os cálculos de deslocamento da primeira nave tripulada para Marte. Mas o que mais tira o estagiário do sério é o que chamamos de "síndrome da adolescência". Quando o adolescente faz uma coisa adulta, sempre aparece alguém para dizer que ele ainda é muito criança para fazer aquilo. E quando ele se comporta como criança sempre aparece alguém para dizer que ele já está crescido e precisa aprender a agir como adulto. O estagiário passa pelo mesmo processo. Se tenta falar sério e apresentar sugestões criativas, alguém lhe dirá que estágio não é emprego. Se ele se acomoda e só faz o que lhe pedem, alguém lhe dirá que ele é um potencial diretor da empresa e precisa se esforçar mais. Se o estagiário trabalha apenas as horas previstas em contrato, vão dizer que ele não é comprometido. Se decide esticar o horário, vão dizer que a lei não permite. Em resumo, estagiário é alguém que um dia será gerente e aí poderá fazer o que se espera de um verdadeiro gerente:

contratar um estagiário. Para poder dizer a ele que também começou como estagiário e que a experiência lhe ensinou uma lição muito valiosa. Que estagiário nunca tem razão, principalmente quando está certo.

Palavras-chave: estágio, adaptação, crescimento pessoal, experiência prática, desvalorização, idade, relacionamento com colegas, críticas, hierarquia, proatividade, acomodação.

131

Estou aborrecido e irritado. Fui encarregado por meu gerente de treinar um funcionário recém-contratado. Durante o treinamento, conversa vai, conversa vem, fiquei sabendo que esse funcionário irá ocupar um cargo superior ao meu, com um salário maior do que o meu. Tenho cinco anos de empresa e pergunto: se a empresa decidiu que tenho condições para ensinar alguém a fazer um trabalho bem-feito, por que a vaga não me foi oferecida? Não tem alguma coisa muito errada nisso?

Sim, tem, mas não creio que seja o que você está pensando. A coisa errada, no caso, foi o seu gerente não lhe ter informado claramente os motivos pelos quais a vaga não lhe foi oferecida. O que está claro é que você é bem capacitado tecnicamente, tanto que recebeu a incumbência de preparar o recém-chegado. Porém, ao tomar a decisão de trazer alguém de fora, a empresa deve ter avaliado outros fatores além do aspecto técnico. Por exemplo, espírito de liderança e relacionamento pessoal. Se o novo funcionário tem mesmo essas e outras qualidades, só se saberá depois de um par de meses. O que se sabe é que a empresa decidiu que você não tem. Seria impossível lhe pedirem para treinar alguém sem que fosse levantada a hipótese de você mesmo ocupar a vaga. Isso certamente foi discutido e a decisão é que lhe falta algo. O erro, como eu disse, foi ninguém ter dito o que está faltando, ou o que você ainda precisa mostrar ou aperfeiçoar. Essa conversa você pode e deve ter com seu gerente. A iniciativa deveria ter partido dele, mas, como não partiu, precisa partir de você. Eu lhe sugiro conduzir essa conversa num tom profissional, sem cobranças nem queixas, pelo menos até que você descubra se realmente tem motivos para ficar aborrecido e irritado.

> **Palavras-chave:** treinamento, relacionamento com colegas, salário, desvalorização, liderança, proatividade, o que falar, chefe, concorrência, contratação, meritocracia, situações inéditas, transparência.

132

Minha gerente é instável. Um dia, ela me delega todo o trabalho, elogia minha iniciativa e diz que tenho muito futuro na empresa. No outro dia, perde tempo procurando picuinhas em meu trabalho até encontrar uma para poder me criticar de modo azedo e injusto. O humor dela também é muito volátil. Ela tanto pode chegar distribuindo cumprimentos e abraços quanto pode chegar de cara amarrada e ficar a manhã inteira trancada na sala. Gosto muito da empresa e não quero pedir a conta, mas tenho receio de responder alguma coisa que não devo num momento de tensão e prejudicar minha carreira. Como devo proceder?

A única maneira de lidar com uma pessoa instável é sendo estável. Quando tanto o chefe como o subordinado são temperamentais, cedo ou tarde a corda arrebenta, e sempre será do lado hierárquico mais fraco. A solução é a famosa cara de pôquer. Se você ouve um elogio rasgado ou uma crítica ácida, sua expressão deve ser exatamente a mesma. Olho de peixe morto e boca de siri. Porque, intimamente, você sabe que as reações de sua gerente pouco têm a ver com a qualidade do seu trabalho. Tem mais a ver com qual pé ela levantou da cama naquela manhã. Mantendo uma postura de estabilidade, você não se deixará levar pelos elogios, que na maioria dos casos não devem ser sinceros, nem pelas críticas ásperas, que na maioria dos casos não devem ser merecidas. É fácil ser estável? Não, não é. Seria fácil se nós, brasileiros, não fôssemos um povo emocional. Mas somos. É a nossa natureza. Por isso, manter a mesma expressão e o mesmo tom de voz o dia inteiro requer um autocontrole que só se consegue com muita concentração, muito treino e muita paciência. Isso pode até não ser bom para o fígado, mas é ótimo para a carreira.

Palavras-chave: críticas, reações emotivas, chefe, adaptação, etiqueta, traços de personalidade.

133

Fui contratado por uma empresa para ser o elo entre a área comercial e a área técnica. Meu trabalho consistia em fazer uma ponte entre esses dois setores, aparando as arestas que surgiam

e que poderiam causar alguma descontinuidade operacional. Infelizmente, meu cargo foi extinto e não está sendo fácil me reempregar porque os entrevistadores têm dificuldade para entender o que eu fazia.

Uma vez, lá no comecinho da minha carreira, tive um chefe que dizia: "Se você precisa de mais de um minuto para explicar o que faz, sua função é dispensável". Traduzindo, se alguém perguntar a uma pessoa o que ela faz e a resposta for "Sou vendedor", a explicação já está dada. Porém, se a resposta exigir uma segunda pergunta, que somente poderá ser respondida com uma longa explanação, das duas uma: ou quem ouve está desatualizado em relação aos organogramas modernos, ou meu antigo chefe tinha razão. Quando estamos iniciando a carreira, tendemos a desconfiar um pouco dos conselhos dos mais antigos, principalmente de conselhos que não pedimos e achamos que não precisamos. Mas eu ouvi o que meu chefe falou e apliquei em minha carreira. Por isso, ou quem sabe por sorte, nunca fui colocado na marca do pênalti. É bem verdade que vendedores, mecânicos, e outras funções cujos títulos já são uma explicação, também são dispensados quando uma empresa se vê obrigada a fazer cortes de pessoal. Mesmo assim, esses profissionais terão poucas dificuldades em entrevistas para futuros empregos porque sua função é óbvia. Já em casos como o seu, eu diria que o entrevistador só tem dificuldade para entender quando o entrevistado tem dificuldade para explicar.

Palavras-chave: processo seletivo, o que falar, marketing pessoal, desemprego.

134

Qual é a idade certa para começar a conversar com os filhos sobre a carreira profissional deles?

Apesar de eu gostar de dar respostas específicas, não creio que essa pergunta possa ser respondida com um número, ou mesmo com uma faixa etária. Essa conversa sobre o futuro profissional dos filhos faz parte do processo de educação que os pais decidiram adotar. Alguns pais conversam sobre todos os assuntos, mesmo os mais difíceis de abordar, desde o dia em que os filhos deixam de usar fraldas. Outros preferem dar tempo ao tempo e responder às dúvidas dos filhos no instante em que elas aparecem. Mas, no tocante à carreira, há algo que vale a pena mencionar. Crianças tendem a aprender muito por observação e imitação. Se um pai, ou uma mãe, ou ambos, chegam do trabalho e começam a fazer críticas pesadas à empresa e aos colegas, pode até parecer que o filho pequeno não está nem aí com a conversa, mas certamente alguma coisa ficará gravada naquela cabecinha. Se essas críticas forem contínuas e constantes, pode acontecer de o filho crescer com receio de enfrentar o mercado de trabalho, e aí ele tentará adiar, o máximo possível, a hora de procurar o primeiro emprego. Nesse caso, uma tática muito usada é continuar apenas estudando. Pode ser que o filho deseje estar extremamente bem preparado antes de começar a trabalhar, mas também pode ser que esteja apenas evitando esse começo. Já os pais que diariamente transmitem experiências positivas sobre o dia de trabalho provavelmente encontrarão menos resistência da parte dos filhos. E quase certamente os filhos terão como primeira escolha a carreira dos próprios pais. Em resumo, a conversa influi, mas o exemplo desde cedo influi muito mais.

Palavras-chave: idade, críticas, o que falar, sinceridade, experiência prática, família.

135

Tenho 24 anos e trabalho desde os 18 em uma empresa altamente conceituada no mercado. Quando digo onde trabalho e qual é meu cargo, as pessoas me falam que tive sorte em conseguir este emprego, mas a verdade é que meu salário mal cobre minhas necessidades. Recentemente, comecei a prestar mais atenção aos editais de concursos públicos, e notei que cargos parecidos com o meu têm salários bem maiores. Qual é a explicação para isso?

Ao contrário do que a maioria das pessoas acredita (e eventualmente critica), o serviço público não oferece salários exagerados. Quando uma função inicial é equivalente nos dois setores, por exemplo, a de auxiliar administrativo, alguém com curso superior vai receber R$ 2 mil reais por mês numa boa empresa privada, e o dobro disso no serviço público. Creio que ninguém discorda que o valor pago pelo serviço público é mais razoável, mais próximo da realidade – embora haja algumas exceções: pensando na importância do trabalho que executam, militares são mal pagos e professores, nem se fala. Acontece que cada boa vaga no setor privado é disputada por muitos candidatos com boa formação. E aí a velha lei do mercado estabelece que, quando a oferta é maior do que a procura, o preço cai. Por isso, os candidatos se dispõem a ganhar bem menos do que realmente valem para conseguir o emprego. Esse provavelmente foi o seu caso. Mas há compensações. Embora no serviço público não vigore a lei da oferta e da procura, e por isso o salário inicial seja mais decente, aumentos e promoções são mais demorados. Em uma empresa privada, é possível construir uma carreira mais rapidamente e tirar a diferença salarial. Mesmo assim, o setor privado não é sempre um mar de rosas.

Palavras-chave: salário, concurso público, concorrência, riscos.

136

Trabalho em uma empresa há quatro anos e não tenho queixas, mas surgiu uma oportunidade de participar de um processo de seleção em uma empresa maior e – acredito eu – melhor para a minha carreira. O problema é que vou ter que perder quatro dias de trabalho, um por semana, até o final desse processo. O que faço? Abro o jogo e informo meu chefe? Ou não digo nada; mas, nesse caso, como posso explicar quatro faltas seguidas?

Realmente, essa é uma situação bem complicada. Informar seu chefe com antecedência não é uma boa ideia, porque isso seria o mesmo que dizer que o emprego atual já não atende mais às suas expectativas. Nenhuma empresa gosta de ouvir isso.

Ficar na moita e não dizer nada não seria antiético, da mesma maneira que uma empresa não avisa com antecedência que está cogitando dispensar um empregado. Porém, também não seria ético um empregado descumprir o contrato de trabalho que ele assinou e pelo qual se comprometeu a vir trabalhar todos os dias, a não ser que exista um motivo aceitável para faltar, como uma doença. Bom, e aí? Aí, a maioria dos funcionários que precisa perder um dia para ir a uma entrevista simplesmente inventa uma história ou consegue um atestado médico. O seu caso é diferente porque você precisa perder quatro dias, e seu chefe vai desconfiar já na segunda falta. A decisão que você precisa tomar, caso resolva esconder a verdade, é em que momento você quer ser apanhada no pulo, porque certamente será. E, quando for, considerando-se que não há uma solução perfeita, a menos imperfeita é tentar explicar ao chefe: "Sabe, chefe, adoro esta empresa, não tenho intenção de sair e só estou participando desse processo para não perder contato com o mercado". É uma explicação pífia, mas qualquer outra também seria. Tudo acabará bem se você conseguir o novo emprego. Se não conseguir, não dá para prever o desfecho da situação. Mas, se a oportunidade é realmente tão boa, vale a pena correr o risco.

Palavras-chave: processo seletivo, sinceridade, ética, riscos, mudança de emprego, chefe.

137

Tive que dar uma pausa em minha carreira para ajudar meu pai em um pequeno negócio familiar. Imaginei que voltaria ao mercado de trabalho em menos de seis meses, mas acabei ficando três anos longe dele. Agora, por mais que eu venha tentando de todas as maneiras possíveis conseguir uma vaga em uma empresa, não estou tendo sucesso. Será que o mercado castiga quem se afasta dele?

Eu não diria que é um castigo. Uma carreira se desenvolve de forma contínua, e pausas longas quebram essa continuidade. Os selecionadores de empresas, com muitos candidatos para escolher quando uma vaga é oferecida, acabam optando por aqueles que possuem uma trajetória sem interrupções, tanto em estudo como em experiência prática. Como sempre surgem candidatos que preenchem satisfatoriamente essas duas exigências, quem fica fora da curva acaba sendo preterido. De todas as opções que você provavelmente utilizou para tentar voltar, a que dá mais resultado ainda é o contato pessoal direto com profissionais com os quais você trabalhou, por telefone ou por e-mail. De cada dez contatados, talvez só um responda, mas isso já é positivo. E talvez seja preciso aceitar uma função e um salário inferiores à sua competência, para poder recomeçar. Seu caso serve como um alerta para quem pensa em dar um tempo na carreira. Sair do mercado é fácil e rápido. Voltar não é.

Palavras-chave: processo seletivo, riscos, *networking*, recomeçar a carreira.

138

Não tenho dado sorte em entrevistas. Possuo todos os pré-requisitos que as vagas exigem, tenho diplomas que encheriam uma Kombi, mas na hora de encarar os entrevistadores me dá um branco.

Esse é o mais comum dentre todos os empecilhos que eliminam candidatos com boa formação acadêmica. Não sei qual é o seu caso específico, mas aqui vai uma lista para que você possa se autoavaliar. Primeiro ponto: timidez. O candidato fala pouco, deixa frases incompletas, seus olhos passeiam pela mesa e pela sala, mas raramente encaram o entrevistador. Segundo: ansiedade. O candidato fala num tom mais acelerado e mais alto do que o normal e sua linguagem corporal mostra que nenhuma posição lhe parece confortável. Terceiro: insegurança. O candidato parece não acreditar em seus atributos e, por isso, enfeita demais as respostas, adicionando dados e fatos desnecessários para tentar impressionar o entrevistador. Quarto: confusão. O candidato tem dificuldade para articular seu pensamento e estica demais uma resposta que poderia ser breve; não raramente, muda de assunto no meio da resposta. Em todos os casos, o candidato sai da entrevista com a impressão, correta, de que falou o que não deveria e não falou o que poderia. Essa carência de expressão verbal pode ser resolvida com aulas de oratória, ou, nos casos mais agudos, com terapia ou fonoaudiologia. O mais importante, porém, é reconhecer a existência dessa deficiência de comunicação, em vez de acreditar que ela poderá desaparecer com mais um diploma.

Palavras-chave: processo seletivo, o que falar, cursos, avaliação, confiança, formação acadêmica.

139

Trabalho numa empresa que tem doze funcionários. Apesar do tamanho dela, somos doze técnicos especializados, temos informações sobre o mercado e sabemos que nossos salários estão bem defasados. Por isso, queremos solicitar um aumento coletivo. Qual seria a melhor maneira de conversar com o patrão: indo todo mundo junto ou nomeando um para falar em nome do grupo?

Se vocês têm um patrão compreensivo, que ouvirá os argumentos de vocês e exporá os motivos dele, tudo numa boa e em alto nível, tanto faz se vai um ou se vão todos. Mas vamos considerar a hipótese de que o patrão não seja nem compreensivo, nem muito paciente. Há meia dúzia de patrões assim no Brasil e talvez vocês tenham dado o azar de ter um deles. Nesse caso, ir todo mundo junto vai parecer mais um motim do que uma reivindicação. Já escolher um representante é colocar muito peso nos ombros de um só. O ideal seria nomear uma comissão. Quatro seria um bom número. É importante que os quatro escolhidos não falem ao mesmo tempo, mas que cada um fale alguma coisa, sem se exaltar e usando argumentos sólidos, como a comparação salarial com outras empresas, que você afirma possuir. Bom, e se o patrão simplesmente ouvir e responder que não concederá o aumento? Os doze vão pedir a conta? Como essa é uma hipótese altamente improvável, já que cada um tem suas próprias necessidades, sobra a resposta negativa. Mas eu diria que ela não deixa de ser positiva, porque o patrão ficará ciente de que poderá perder um par de bons técnicos e não conseguirá contratar outros do mesmo nível, já que oferece salários abaixo do mercado. Ou seja, o patrão ganhará um tempo para refletir, e cada um dos doze poderá decidir, individualmente, se é melhor esperar ou procurar outro patrão.

> **Palavras-chave:** salário, o que falar, chefe, etiqueta, riscos, relacionamento com colegas, mudança de emprego.

140

Tenho uma dúvida que me acompanha há algum tempo. Com que idade a gente percebe que a carreira não está no ritmo certo? Tenho 31 anos e ainda não cheguei a uma posição de liderança, mas, como todo brasileiro, fico repetindo para mim mesmo que ainda dá tempo, que tenho condições de conseguir, que é só uma questão de a oportunidade certa aparecer, e assim por diante.

Alguns profissionais começam a carreira com pequenas vantagens. Por exemplo, um curso superior numa escola de renome, que normalmente garante um bom estágio, ou contatos familiares que possam assegurar uma colocação inicial numa empresa de porte. Porém, nem sempre quem sai na frente tem fôlego para sustentar a dianteira, porque, para começar, dependeu de fatores externos, e para prosseguir irá depender apenas de si mesmo. Há ainda um terceiro fator, o da aposta. Conheço vários profissionais que chegaram a posições gerenciais antes dos 25 anos, e aí estacionaram. Na maioria dos casos, promoções desse tipo acontecem porque a empresa decide testar o profissional para ver se ele conseguirá mostrar como chefe o mesmo desempenho que mostrava como subordinado, e muitos não conseguem. Eu lhe diria que 30 anos é a idade para um profissional avaliar com uma razoável dose de precisão se ficou para trás em relação não às suas ambições, mas aos colegas da mesma idade, com formação e experiência semelhantes. Portanto, aos 31 anos, você passou um pouco do ponto de otimismo. Não é motivo para achar que nada mais vai acontecer, muito pelo contrário, mas já é o momento para deixar de acreditar que o tempo ou o acaso irão proporcionar um salto repentino na carreira.

Palavras-chave: idade, acomodação, cultura empresarial, salário.

141

Fui dispensado de três empregos nos últimos dois anos pelo mesmo motivo: dificuldade de relacionamento com os colegas. Na primeira demissão, eu tinha a certeza de que os colegas eram o problema, e não eu. Na segunda, fiquei em dúvida. Na terceira, que aconteceu este mês, me convenci de que o problema sou eu. Não sei por quê, mas quando um colega vem falar comigo eu reajo como se ele estivesse me incomodando ou tentando me ofender. E aí eu respondo rispidamente e, quando percebo, o mal já está feito. Socialmente, entre amigos, nunca fui uma pessoa de pavio curto. Isso só me acontece no trabalho. Você teria uma explicação?

Eu tenho uma teoria. Você se sente pressionado no trabalho e abre a válvula para liberar a pressão a qualquer contato de um colega. Suponho que você possui três características típicas de pessoas que reagem como você costuma reagir. A primeira é um receio até meio irracional de cometer erros. A segunda é uma baixa resistência a críticas. E a terceira é uma alta dose de impaciência. Você muito provavelmente demonstra essas duas últimas características também no contato com os amigos, embora em grau menor, já que entre eles você não se sente pressionado. Você poderia marcar uma consulta com um psicólogo, que o avaliaria e ajudaria a controlar seus impulsos. Mas, se quiser tentar por conta própria, também é possível. Você já se convenceu de que tem um problema, e a maneira de resolvê-lo é sendo cordial com quem vem conversar com você. Não é algo assim tão difícil de conseguir. Mas faça todo o esforço que tiver que fazer para se ajustar, porque a cada emprego que você perde fica mais difícil conseguir outro. Se você não está seguro de que saberá se controlar no próximo emprego, então a solução é consultar um psicólogo enquanto ainda é tempo.

> **Palavras-chave:** relacionamento com colegas, demissão, críticas, reações emotivas, amizade, vários empregos em pouco tempo.

142

Tenho 32 anos e ganho o equivalente a três salários mínimos por mês. Na minha cabeça, era só uma questão de tempo para eu dar um salto salarial expressivo, porque estou numa boa empresa, fiz

os cursos que devia ter feito, e meu trabalho é elogiado por meus superiores. Mas este ano a ficha começou a cair e já percebi que perdi o passo. O que eu esperava que pudesse me acontecer já devia ter acontecido há uns cinco anos. O que faço agora?

Quando um profissional se vê diante de uma situação como a sua, na faixa de idade em que você está, e com uma irritação positiva, há quatro reações possíveis. A primeira é a pior. É se convencer de que já chegou no patamar a que poderia chegar, e que os futuros reajustes somente acompanharão a inflação. A segunda é considerar uma mudança de rumo. Os que pensam em estabilidade tentam concursos públicos, os mais dispostos a correr riscos cogitam abrir um negócio próprio. A terceira é procurar outro emprego, partindo do princípio de que você pode estar numa empresa que remunera abaixo do mercado. Vale a tentativa, pelo menos para descobrir se isso é mesmo verdade. E a quarta é entender quais são suas reais possibilidades na empresa atual. Conversar com o chefe e perguntar o que será necessário demonstrar para conseguir uma promoção em curto prazo. Uma das quatro opções vai funcionar, e o mais recomendável é seguir a ordem inversa. Começar pelo chefe, depois pensar em mudar de emprego, em seguida avaliar a mudança de rumo e por último, bem por último, deixar tudo como está. O mais importante, porém, é você ter acordado para a realidade de que no mercado de trabalho o tempo não espera ninguém.

Palavras-chave: idade, salário, acomodação, transferência, o que falar, avaliação, proatividade, mudança de emprego, empreendedorismo.

143

Fui chamada ao Setor de Pessoal da empresa e recebi a notícia de que estava sendo dispensada. Perguntei ao funcionário que me deu a notícia se ele sabia o motivo, e ele respondeu que não. Perguntei se meu chefe iria conversar comigo para me dar alguma explicação. Novamente, a resposta foi não. É legal uma empresa proceder dessa maneira?

Sim e não. A palavra "legal" tem dois sentidos. O primeiro é o coloquial, que significa "excelente, acima da média, além da expectativa". E o segundo é o sentido jurídico, de algo previsto em lei. No primeiro sentido, sua empresa não foi nem um pouco legal. Seu chefe poderia ter chamado você, explicado os motivos que levaram à sua demissão e respondido às perguntas que você eventualmente faria. Se o chefe fosse muito legal, ele ainda se colocaria à disposição para lhe dar uma futura referência. Porém, no segundo sentido, o da legalidade fria e sem emoção, a empresa agiu de acordo com a burocracia. Uma demissão pode ser comunicada por um representante da empresa, no caso o funcionário do Setor de Pessoal, que somente precisa informar que a empresa decidiu terminar o contrato de trabalho, pedir para o demitido assinar a carta de ciência e informar quando irá ocorrer o pagamento final. Antes que isso lhe pareça abusivo, o funcionário tem exatamente as mesmas prerrogativas. Quem pede demissão só precisa entregar ao Setor de Pessoal uma carta de duas linhas comunicando que está se desligando e informando se irá cumprir o aviso prévio ou se irá pagá-lo para sair imediatamente. Não é obrigatório falar com o chefe, nem é preciso explicar para ninguém por que está saindo, para onde vai ou quanto irá ganhar. A maioria dos demissionários explica tudo, muitas vezes por não saber que não é preciso explicar nada, e por isso espera a mesma atitude por parte da empresa.

Palavras-chave: demissão, ética, leis trabalhistas, obrigatoriedade, obrigações.

144

Numa conversa que tive com meu gerente, falei que eu estava com sobrecarga de trabalho em relação a meus colegas. Ele me respondeu que eu deveria ver isso como algo positivo, porque um dia eu seria chefe de meus colegas. Na hora, fiquei contente, mas depois me pus a pensar. Devo entender o que ele falou como uma promessa ou como uma frase de efeito para que eu continue sobrecarregado sem reclamar?

É difícil dizer. Definitivamente, não foi uma promessa. Mas pode ter sido uma frase sincera de alguém que reconhece o seu esforço e sinalizou que ele não está sendo em vão. É provável que você esteja se remoendo por receio de que seu gerente esqueça o que falou e por isso você gostaria de ter alguma prova mais concreta dessa afirmação passageira. Se sua empresa tivesse um processo formal de avaliação de desempenho, a frase falada até poderia se transformar numa frase escrita, do tipo "o funcionário demonstra ter potencial para assumir uma função de liderança em médio prazo". Isso também não seria uma promessa, mas já seria uma possibilidade mais sólida. Mas imagino que esse processo de avaliação não exista em sua empresa. Nesse caso, a frase do gerente fica aberta e aí tudo depende do passado dele. Ele costuma fazer esse tipo de afirmação? Ele tem um histórico de cumprir o que falou? Já houve algum caso semelhante ao seu anteriormente? Se todas as respostas forem "não" ou "não sei", tome a frase como um incentivo, mas não como uma promessa que você poderá cobrar. Minha sugestão é que daqui a seis meses você volte ao assunto, perguntando a seu gerente se aquele "um dia" a que ele se referiu está mais próximo. A resposta que ele lhe der revelará quanto a frase original tinha de substância.

Palavras-chave: avaliação, salário, o que falar, chefe, transparência, trabalho em equipe, meritocracia, liderança, expectativa.

145

Fui chamada para uma entrevista e fiz previamente meu dever de casa. Li tudo o que encontrei sobre a empresa e também memorizei as respostas que devem ser dadas às perguntas mais comuns. Há algo mais que você possa me sugerir para eu não ter surpresas de última hora?

Sim. Um detalhe importante. Nas famosas perguntas mais frequentes em entrevistas, amplamente disponíveis na internet, a maioria dos candidatos acredita que a resposta que for dada não irá gerar outra pergunta, mas é isso que acontece. Vou lhe dar um exemplo. A pergunta é: "Como você se sente trabalhando em equipe?" Sua resposta seria: "Muito à vontade. Sou colaborativo e ouço as opiniões alheias". Uma ótima resposta, como está na cartilha, mas aí vem o repique do entrevistador. E ele lhe diz: "Quando o grupo chega a um impasse, você acredita que uma votação é a melhor maneira de decidir, ou é melhor continuar argumentando até que todos estejam de acordo?". Essa é uma pergunta simples e não há uma resposta definitiva para ela. Qualquer das duas opções pode ser correta, dependendo de como você irá defender seu ponto de vista. Porém, se você não responder com a mesma firmeza que mostrou na primeira pergunta, o entrevistador saberá que suas respostas foram decoradas. A sugestão é esta: tenha sempre um exemplo prático para dar sustentação a cada uma de suas respostas. Pode ser sobre uma situação de trabalho ou de escola. Mas é importante que seja alguma coisa que você viveu e aprendeu. É isso. Mais do que ouvir respostas óbvias, o entrevistador descobrirá que está diante de uma candidata autêntica.

> **Palavras-chave:** processo seletivo, o que falar, proatividade, experiência prática, adaptação, marketing pessoal.

146

Na empresa em que trabalho, é comum sermos convidados a esticar o expediente. Na maioria das vezes, não recebemos horas extras e não temos como comprovar que elas foram feitas porque não existem registros. Pelo que os mais antigos falam, isso

sempre foi assim e a prática acabou se transformando em parte da cultura da empresa. Por isso, pouca gente reclama, embora muita gente não goste. Na única vez que toquei no assunto com meu superior, ouvi dele um sermão sobre comprometimento. Pergunto se isso está certo.

Não, claro que não. Horas adicionais são previstas na legislação trabalhista e devem ser remuneradas. Dito isso, no início de minha carreira eu eventualmente esticava meu expediente, sem ninguém me pedir. Isso de fato passou uma imagem positiva a meus superiores e me ajudou na carreira. Porém, há uma diferença entre ficar por vontade própria, como era o meu caso, e ser coagido a ficar, como é o seu caso. Sei que em muitas empresas ainda há funcionários que fazem o que eu fiz e sei que essa dedicação não passa despercebida, mas as próprias empresas deveriam coibir essa prática porque não existe diferença entre hora extra solicitada e hora extra espontânea. Tudo é hora extra, e a empresa que permite ao funcionário esticar o expediente está criando um perigoso passivo trabalhista que, um dia, poderá ser cobrado na Justiça do Trabalho. Hoje, ao reavaliar o que fiz, percebo que até podia ter as melhores intenções ao usar as horas extras para demonstrar que a empresa podia contar comigo a qualquer hora. Mas, do ponto de vista legal, a empresa estava errada ao permitir que eu fizesse isso. Havia, e há, muitas outras maneiras de mostrar comprometimento sem ferir a legislação.

Palavras-chave: hora extra, cultura empresarial, leis trabalhistas, marketing pessoal, obrigatoriedade, críticas, reputação.

147

A direção da empresa na qual trabalhei nos últimos cinco anos vivia repetindo que precisávamos ter substitutos bem preparados se quiséssemos almejar uma promoção. Pois bem. Eu almejava e preparei meu substituto. Ensinei a ele tudo o que sabia. Não escondi nada. Faz duas semanas, fui chamado pelo meu gerente e ele comunicou minha demissão. O motivo alegado foi redução de custos, e aí eu entendi a situação. O substituto que eu treinei ganhava metade do meu salário. A empresa deu a ele um aumento de 20% e me cortou. Foi uma bela redução de custos sem dúvida, mas nunca me senti tão enganado na minha vida. Será que perdi um bom emprego por ingenuidade? O mercado de trabalho é mentiroso?

Não. Pelo menos, não generalizadamente. Existem empresas mentirosas, mas também existem empresas sinceras, que cumprem o que prometem. A questão, para o funcionário, é saber em que tipo de empresa está trabalhando. A melhor maneira de entender isso é, simplesmente, observar o que a empresa faz, além de ouvir o que ela fala. Você passou cinco anos ouvindo e observando. Durante esse período, alguém que criou um bom substituto foi dispensado? Se foi, já é um sinal de alerta. Pode ser também que a explicação do seu gerente tenha sido sincera. A empresa de fato tinha planos futuros para você, mas um mau momento forçou uma decisão indesejada. De qualquer forma, em caso de dúvida, vale mais a precaução do que o otimismo. Quem cria um bom substituto pode ser substituído.

Palavras-chave: salário, sabotagem, demissão, cultura empresarial, transparência.

148

Gostaria de saber as vantagens e as desvantagens de fazer um curso superior a distância.

O ensino a distância, ou EAD, requer uma dedicação muito maior do estudante, em comparação aos cursos presenciais. No EAD, não existe a pressão do professor, nem a comparação com os colegas, nem atividades em grupo. Solitário, o aluno do EAD só compete com ele mesmo. Já do ponto de vista das empresas, num processo seletivo, a preferência é pelos cursos presenciais. Quem se candidata a uma vaga somente com um diploma de EAD terá que explicar essa opção ao entrevistador. E a explicação precisará ser muito boa para o candidato continuar no processo. E quais são as boas explicações? Aqui vão duas: um profissional que precisa viajar constantemente e perderia o ano por excesso de faltas num curso presencial. O exemplo mais óbvio é o dos vendedores. Outro caso é o de um profissional que foi temporariamente transferido para alguma região distante, onde não há faculdades próximas. Por exemplo, um técnico que vai passar dois ou três anos numa obra na Amazônia. Esses dois exemplos mostram que havia motivos para dar um tempo nos estudos, mas mesmo assim o profissional não desistiu de aprender. Existe ainda uma terceira possibilidade de aproveitar bem um EAD. É usá-lo para fazer um curso complementar, não como o primeiro curso superior. Nesse caso, o EAD funcionaria mais como uma pós-graduação. Por exemplo, um engenheiro que queira aprender Economia. Apesar de esta resposta parecer relegar o EAD a um plano inferior, acredito que o EAD virá a ser a principal opção do ensino num futuro não muito distante, quando a tecnologia ficar mais avançada e as grandes cidades, mais intransitáveis e menos seguras.

Palavras-chave: cursos, formação acadêmica, motivação, processo seletivo.

149

Tenho 41 anos e estou completando dezenove na mesma empresa. O que eu tinha para contribuir por aqui já contribuí, e não há mais nada que a empresa possa me oferecer em termos de carreira. Então, decidi enviar currículos para ver o que aconteceria. Por um lado, fiquei satisfeito porque fui chamado para cinco entrevistas em menos de dois meses. Por outro lado, fiquei frustrado porque não recebi uma única proposta concreta. Os selecionadores gastaram boa parte do tempo da entrevista me perguntando duas coisas. Por que não saí antes e por que quero sair agora. Tenho mencionado que estou em busca de novos desafios, o que é a pura verdade. Será que o problema é a minha idade, ou é o fato de eu ter ficado muito tempo na mesma empresa?

Bom, a idade certamente não é, porque você deve tê-la colocado no currículo. Se as empresas tivessem restrições quanto a isso, você nem teria sido chamado para as entrevistas. E também não são os dezenove anos. Na verdade, esse é o fator que mais está atraindo a atenção para o seu currículo. É raro encontrar alguém estável como você, e essa fidelidade agrada à maioria das empresas. Eu diria que, muito provavelmente, o problema não está no que você diz na entrevista, mas na maneira como está dizendo. Os entrevistadores devem ter duas suspeitas. A primeira é que você possa se acomodar. E a segunda é o receio de que você se arrependa rapidamente da mudança e decida retornar à empresa anterior. Você precisa afirmar, com postura de veterano e olho brilhando de adolescente, que se sente como se tivesse 20 anos de idade, com fôlego e entusiasmo de iniciante. É só isso que o entrevistador deseja ver e ouvir para poder acreditar. "Estou em busca de novos desafios" parece mais uma frase decorada do que uma sincera declaração de propósitos pessoais.

> **Palavras-chave:** idade, processo seletivo, experiência prática, acomodação, arrependimento, motivação, o que falar, marketing pessoal, currículo.

150

Sou uma pessoa ética trabalhando numa empresa não ética, e deveria sair daqui. A questão é que meu salário é bom, os benefícios são bons, tenho família para sustentar e filhos cursando faculdade. Não posso ficar sem emprego, nem por um dia. Já tentei sair, enviando currículos para outras empresas, mas não tive nenhum retorno. Talvez minha idade e minha pouca escolaridade sejam o motivo. Já pensei em fazer uma denúncia anônima a algum órgão de fiscalização, mas tenho dúvidas sobre as consequências. Não que eu desconfie da seriedade desses órgãos, mas temo que uma multa pesada possa até quebrar a empresa, cuja margem de lucro é muito pequena. Minha conclusão é que estou amarrado. Não posso simplesmente pedir demissão e ficar desempregado, nem tenho condições de mudar a maneira como a empresa opera. Sofro

todos os dias, mas tento me consolar pensando que o dissabor pelo qual estou passando está me ajudando a dar a meus filhos condições para que eles sejam pessoas de bem, éticas, honestas e decentes. Gostaria de saber sua opinião sobre minha situação.

Reconheço que tirar os filhos da escola e deixar a família em dificuldades financeiras em nome da ética seria um gesto heroico, mas não sei quantos chefes de família seriam realmente capazes de tomar uma decisão dessas. Só posso lhe dizer que você não deve desistir de sair daí. Mesmo se for para ganhar um pouco menos. Por um motivo: na educação, o exemplo vale muito mais do que as palavras. Você é uma pessoa ética, mas seus filhos não entenderão quando você explicar para eles que fez a coisa errada para que eles pudessem fazer a certa.

Palavras-chave: ética, estabilidade, salário, idade, mudança de emprego, sinceridade, prioridade, família.

151

Eu e um colega de trabalho preparamos uma sugestão de aumento de quadro para apresentar a nosso gerente. Nosso departamento está sobrecarregado e isso tem causado atraso na entrega dos serviços, além de erros elementares cometidos por falta de tempo. Eu e meu colega sabíamos que a contratação de mais um colaborador não seria um peixe fácil de vender, mas levantamos todos os dados e preparamos direitinho nosso discurso. Combinamos que eu começaria a falar e assim foi feito. Mas o gerente me interrompeu antes mesmo que eu pudesse apresentar os números e nos disse num tom irritado que não precisávamos de mais gente. Para minha total surpresa, meu colega, que nesse momento deveria me apoiar, concordou com o gerente. Conclusão. Fiquei sozinho na parada e o gerente ainda usou o exemplo de dedicação de meu colega para me criticar. Há uma explicação para essa atitude de meu colega?

Sim. Ele percebeu rapidamente que o gerente não mudaria de ideia. Aí, entre o coleguismo e a subserviência, ele preferiu se garantir. E por que o gerente ficou tão irritado? Porque você e seu colega assumiram o papel dele. Cabe ao gerente decidir qual deve ser a estrutura do departamento. Não é improvável que o gerente até já tenha solicitado um aumento de quadro ao superior dele e não tenha sido atendido. Quanto a seu colega, você não avaliou qual seria a reação dele caso o gerente reagisse como reagiu. Você não perguntou a seu colega se ele estava mesmo disposto a ir até o fim do jogo, e por isso ele sucumbiu já no minuto de silêncio. Certamente você teve a melhor das intenções, mas há dois lembretes úteis neste caso. O primeiro é entender o risco de querer ensinar o chefe a chefiar. E o segundo é saber escolher com quem se aliar.

Palavras-chave: ambiente de trabalho, críticas, chefe, relacionamento com colegas, riscos, adaptação.

152

Por que os salários são tão baixos no Brasil?

Porque o piso legal é o salário mínimo, instituído em 1940. Na época, 70% da população brasileira vivia na roça, o analfabetismo era a regra e apenas um em cada cinco mil brasileiros adultos tinha curso superior. Numa situação assim, o salário mínimo representou uma grande conquista para a classe trabalhadora. O problema é que, passadas sete décadas, o poder aquisitivo do salário mínimo não mudou. Continua sendo suficiente apenas para os mesmos gastos básicos com alimentação e vestuário. Acontece que nessas sete décadas a população se deslocou para as cidades, os cursos superiores estão ao alcance dos jovens urbanos, e uma infinidade de bens que não existiam em 1940, ou eram privilégio de uma ínfima minoria, passaram a ser vistos como indispensáveis. Televisão, geladeira, automóvel, celular, computador, cosméticos, viagens de férias, casa própria, nada disso estava na conta do salário mínimo de 1940, e continua não estando na conta do salário mínimo atual. Como é preciso ter muito mais dinheiro para comprar o que passamos a considerar essencial, a solução óbvia seria triplicar de imediato o valor do salário mínimo, mas isso causaria um caos instantâneo na economia. Para que não houvesse o desequilíbrio que existe hoje, o salário mínimo deveria ter crescido um pouco além da inflação a cada ano desde 1940. Como não cresceu, os salários iniciais vão continuar baixos porque há candidatos suficientes para as vagas que são abertas. Já na parte de cima do organograma, a remuneração é compatível com a de países mais adiantados. Um diretor de empresa no Brasil ganha o mesmo que seu equivalente nos Estados Unidos. Portanto, o começo pode não ser muito animador, mas não é definitivo.

Palavras-chave: salário, hierarquia, concorrência.

153

Qual é a diferença entre supervisor, coordenador e encarregado, e qual das três funções é mais valorizada no mercado?

A resposta pode ser surpreendente para muita gente. A diferença é nenhuma. Todas as três são funções de chefia, com mais de dois subordinados diretos. Como não existe nenhuma determinação legal que estabeleça uma ordem de hierarquia, a decisão fica a critério de cada empresa. Em uma, a função de supervisor pode estar acima das outras duas, e em outra o supervisor pode ser a de menor grau entre as três. É possível também adicionar uma quarta função, a de gestor, que pode estar situada em qualquer estágio do organograma, dos mais baixos aos mais altos. Além disso, "chefe" tanto pode ser um apelido dado ao superior hierárquico, qualquer que seja o título da função dele, como o nome de uma função. Meio confuso, né? É por isso que, nos currículos, é importante informar em que degrau o ocupante está. Por exemplo, "coordenador de Logística, respondendo ao diretor Industrial". Isso evita que a pessoa que for avaliar o currículo tenha que ficar adivinhando qual seria a estrutura da empresa. De modo geral, se separarmos um organograma em duas partes, coordenadores, supervisores e encarregados estão na parte de baixo. Na parte de cima, estão presidente, diretores, gerentes e chefes. Mas nem isso é uma regra definitiva. Há empresas em que o presidente é chamado de gerente-geral e há gerentes de menor hierarquia abaixo dos diretores. Para encerrar, por que eu escrevi lá no começo que "são funções de chefia com mais de dois subordinados"? Porque uma regra elementar diz que quando um superior tem um único subordinado, um dos dois está sobrando. Num eventual programa de redução de custos ou enxugamento de quadro, um dos dois sempre acaba sendo cortado, e normalmente é aquele que tem o salário mais alto.

Palavras-chave: hierarquia, cultura empresarial, currículo, demissão, transparência.

154

Estou me formando este ano em Fisioterapia e vários colegas já me falaram que vai ser mais fácil eu arrumar um emprego se optar por ser PJ em vez de empregado efetivo. Isso procede?

Sim. A modalidade PJ, ou Pessoa Jurídica, em que um profissional abre sua própria empresa e recebe o pagamento através de uma nota fiscal de prestação de serviços, diminui os custos da folha de pagamento das empresas contratantes. Por isso, quando uma empresa pode contratar alguém como PJ, ela não pensa duas vezes. No setor de Informática esse procedimento já está virando rotina, e vale também para fisioterapeutas e outros profissionais que podem prestar serviços a duas ou mais empresas ao mesmo tempo. Mas gostaria de alertá-lo para isto: ter uma PJ significa assumir todos os encargos que seriam da empresa, logo o salário precisa compensar. Um PJ não tem férias, nem décimo terceiro, nem Fundo de Garantia, nem plano de assistência médica, nem vale-transporte e vale-refeição. Então, como exemplo, um profissional que ganha R$ 1 mil por mês como empregado efetivo recebe benefícios de aproximadamente 50% de seu salário nominal. No caso de ter PJ, isso teria que sair do bolso dele. A conta fecha porque a empresa paga para um PJ entre 20% e 30% mais do que pagaria a um efetivo, e isso dá a impressão de que ter PJ compensa, quando quem de fato está no lucro é a empresa. Além disso, quem é jovem dificilmente se preocupa em começar a contribuir já para o INSS e assegurar o tempo para a aposentadoria, porque ser aposentado parecer estar anos-luz além da imaginação de quem tem 20 anos. Então, sim, ser PJ dá uma vantagem na hora de procurar emprego, mas no médio prazo é preciso saber balancear bem o orçamento para não ser apanhado sem recursos numa situação de emergência.

Palavras-chave: empreendedorismo, salário, transparência, estabilidade, obrigações.

155

Gostaria de saber por que na maioria das grandes organizações os profissionais da área de Vendas não são aproveitados para cargos de liderança. Essas organizações preferem buscar profissionais

no mercado, abrindo mão de seus próprios talentos, o que na maioria das vezes acaba por tirar a motivação de um profissional que teria todas as condições para ser um líder muito melhor do que aquele que vem de fora.

Eu poderia fazer uma bela lista de empresas, de todos os tamanhos, cujos diretores e gerentes de Vendas começaram como vendedores na própria empresa. Então, o que teria levado você a afirmar que isso não acontece? Provavelmente, o fato de que, na sua empresa, você já viu ótimos vendedores serem preteridos quando surgiu uma oportunidade de promoção. Isso de fato ocorre. E por que ocorre? Porque ótimos vendedores não se tornam necessariamente bons líderes. Em caso de dúvida quanto à capacidade de organização, planejamento e liderança de um vendedor, a empresa prefere mantê-lo na função que ele desempenha muito bem, em vez de arriscar uma promoção e acabar ficando sem um líder e sem um vendedor. Os vendedores que chegam a cargos de liderança são aqueles cujas qualidades vão além de saber vender. Eles se atualizam com a tecnologia, fazem cursos, são capazes de preparar um plano e escrever um relatório. E também, e principalmente, não vivem reclamando e mostram ter iniciativa para motivar os colegas. As empresas estão atentas a tudo isso, mas muitos profissionais baseiam suas conclusões mais no que esperam da empresa, e menos no que a empresa espera deles.

> **Palavras-chave:** salário, motivação, liderança, cursos, proatividade, adaptação, contratação, expectativa, meritocracia.

156

Inseri meu currículo num site pago de empregos, apenas para testar a eficiência desse tipo de serviço. Na manhã do dia seguinte já obtive um retorno, mas não o que eu esperava. Fui chamado por meu chefe para explicar a razão de eu ter feito o que fiz. Ele me perguntou se eu estava descontente com alguma coisa e eu disse que não, muito pelo contrário, mas fiquei tão nervoso por ter sido apanhado nessa situação inesperada que meu chefe não deve ter acreditado em nada do que eu disse. Agora estou muito preocupado. Como foi que a empresa descobriu meu currículo tão rapidamente num site com dezenas de milhares de currículos, e o que pode acontecer comigo?

A primeira resposta é fácil. Alguns sites oferecem um serviço de informação que já manda automaticamente uma mensagem para as empresas cadastradas quando uma palavra-chave previamente escolhida aparece. No seu caso, a palavra-chave pode ter sido o nome da própria empresa. Permita-me dizer que você deveria ter previsto essa possibilidade antes de inserir o currículo, porque, se o site pode ser acessado por qualquer empresa, logicamente pode ser acessado pela sua. Quanto ao que vai acontecer, não dá para afirmar com certeza. Mas seria conveniente você dizer ao seu chefe, agora com mais calma, que já retirou o currículo do site e que deseja permanecer na empresa até o dia do Juízo Final. Fica a dica de que não só os sites de emprego, como também as redes sociais, podem ser monitorados por empresas. E, muitas vezes, um post inocente e brincalhão pode revelar o que um currículo esconde.

Então, viva a liberdade cibernética de expressão, mas sempre lembrando que quem escreve o que quer pode ser lido por quem não quer.

Palavras-chave: currículo, chefe, o que falar, redes sociais, arrependimento.

157

Trabalho numa empresa que vai ser vendida. O dono foi muito transparente ao explicar aos funcionários que ele tem outros negócios e que o dinheiro da venda será aplicado neles. O dono acredita que não será difícil encontrar um comprador porque a empresa é lucrativa e tem um bom nome no mercado. Bem, aí acabam os problemas do dono e começam os nossos. O dono nos disse que não pode garantir que o comprador – seja ele quem for – irá manter todos os funcionários, mas tudo indica que isso deverá acontecer, porque nossa equipe é composta em sua maioria de técnicos especializados. Só que, assim que o dono nos disse tudo isso, faz um mês, todos nós colocamos nosso currículo no mercado por via das dúvidas, e as propostas começaram a aparecer. Agora, o dono está preocupado. Dois colegas já pediram a conta, e, se continuar assim, a empresa pode até parar antes de ser vendida. E o dono sabe que não dá para contratar novos funcionários numa situação dessas. Se você estivesse em meu lugar, o que faria?

Eu também colocaria meu currículo no mercado. Além disso, iria sugerir ao dono que oferecesse algum tipo de incentivo para quem ficasse. Talvez ele já esteja pensando nisso, não porque é bonzinho, mas porque, se não fizer nada, ele poderá vir a ser obrigado a vender a empresa por um valor bem menor. A atitude do dono em abrir o jogo foi elogiável, mas ele deveria esperar que cada funcionário fosse pensar primeiro em si mesmo. Tirando isso, eu se fosse você ficaria no emprego até que a venda fosse concretizada, a não ser que surgisse uma excelente proposta para mudar. Ficar é uma aposta que pode dar errado, mas que costuma dar certo. Ótimas oportunidades de crescimento costumam surgir em momentos assim, quando um novo proprietário precisa do apoio e do conhecimento de quem poderia ter saído, mas teve coragem para ficar.

Palavras-chave: transparência, demissão, currículo, chefe, mudança de emprego, marketing pessoal, situações inéditas, riscos, reputação, salário.

158

Sou contratado por uma empresa como PJ, mas tenho dúvida quanto a meus reais direitos, porque faço as mesmas coisas que os empregados efetivos.

De fato, existe essa anomalia no mercado de trabalho. Existe o PJ real e o PJ postiço. Essa segunda modalidade é uma maneira de a empresa contratar um funcionário efetivo como PJ, "economizando" dessa forma encargos e benefícios previstos por lei. O que é um PJ postiço? É aquele que dá expediente integral na empresa, cumpre os mesmos horários dos empregados efetivos, sofre descontos por faltas e atrasos e tem um chefe direto que é funcionário da empresa. Se um dia o PJ postiço entrar com uma reclamação trabalhista pedindo férias, décimo terceiro, Fundo de Garantia e outros benefícios que a empresa concede aos efetivos, ele ganha a causa. As empresas sabem disso? Sem dúvida. Todas sabem. Mas elas correm o risco imaginando que apenas uma minoria de PJs irá entrar na Justiça e que, mesmo perdendo essas causas, no fim haverá uma razoável vantagem financeira para a empresa. Quero esclarecer também que nem todo PJ postiço é um coitadinho que foi iludido em sua boa-fé. Muitos entendem que a remuneração oferecida como PJ é conveniente e preferem fazer esse tipo de acordo. Porém, a Justiça do Trabalho não leva em conta o acerto mútuo entre a empresa e o PJ, mesmo que o acordo seja bom para ambas as partes. Em resumo, há empresas que correm riscos e há PJs postiços satisfeitos com a relação de trabalho que escolheram. Porém, do ponto de vista legal, ambos estão na contramão.

Palavras-chave: leis trabalhistas, cultura empresarial, salário, riscos.

159

Sou proprietário de uma pequena empresa e tenho um funcionário que está completando 70 anos. Ele já se tornou parte da paisagem porque começou na empresa quando tinha trinta e poucos anos, ainda nos tempos de meu pai. Embora já seja aposentado, ele insiste em continuar trabalhando. O problema é que ele não tem mais condições para executar seu trabalho, por questões de

saúde, e estou sem coragem para dispensá-lo, embora racionalmente essa fosse a decisão que eu deveria tomar. Já ofereci a ele uma gratificação para sair e a extensão do plano de assistência médica, mas ele não aceitou. O que mais você me sugere fazer?

Uma vez, ouvi de um sábio chefe uma frase exemplar: "Não dispense os antigos só porque são antigos, mas não mantenha os antigos só porque são antigos". O que eu tentei fazer foi sempre demonstrar aos mais antigos de casa que eles não seriam dispensados em função da idade, desde que se atualizassem e se mantivessem produtivos. Quando o trabalho exigia um esforço físico e mental acima da capacidade deles, eu propunha uma transferência para um serviço menos exigente. O que nunca fiz, mas teria feito, seria pagar o salário de um funcionário antigo para que ele ficasse em casa. Isso poderia ser oferecido ao seu funcionário. Caso ele não aceite, minha sugestão seria esta: transfira-o para uma função decorativa e deixe que o tempo se encarregue da situação. Não é a solução ideal, mas é a única que não lhe causará num futuro próximo um remorso que você já decidiu que não deseja ter.

Palavras-chave: idade, demissão, produtividade, acomodação, transferência.

160

Qual é a melhor atitude a tomar quando recebemos um convite de uma empresa concorrente?

Você pode aceitar o convite para uma conversa inicial, na qual irá saber o que lhe está sendo oferecido em termos de função, salário e oportunidades futuras de crescimento. É importante que, nesse primeiro contato, você faça as perguntas que precisa fazer. Muitos candidatos somente respondem às perguntas feitas, e o resultado acaba sendo apenas a marcação de uma nova entrevista. Por isso, ao final da primeira, não tenha receio de dizer ao entrevistador que você gostaria de ter mais informações antes de continuar no processo. Se o que você ouvir não lhe agradar, agradeça e esqueça o assunto. Mas digamos que você gostou do que ouviu e sentiu que há boas possibilidades de dar um salto na carreira. Durante as negociações seguintes, é importante que você não revele nenhum dado sobre sua empresa atual, porque perguntas nesse sentido inevitavelmente surgirão. Mudar de emprego não é traição, mas compartilhar informações confidenciais sem dúvida seria. Também é vital que você não conte a nenhum colega de trabalho – nem mesmo àquele mais chegado e mais confiável – que está em negociação com a concorrência. Essas notícias se espalham rapidamente e a pior das situações seria você ser chamado por seu chefe para confirmar se o boato é verdadeiro. Aí, em vez de um emprego na mão e um voando, você poderá acabar com as duas mãos abanando.

Palavras-chave: contratação, o que falar, negociação, mudança de emprego, amizade.

161

Estou numa situação confortável. Tenho dezoito anos de empresa e nunca tomei nenhum susto. Ocupo um cargo de supervisão, nada assim que vá me fazer ser entrevistado por alguma revista de negócios, mas meus superiores sempre me dão carinhosos tapinhas nas costas e me dizem que está tudo bem, é isso aí, continue assim. Sei que não vou sair da função em que estou porque não tenho estudo suficiente para subir mais um degrau, mas isso nunca me preocupou. Preciso que alguém me diga que estou correndo o risco de ficar embolorado, e tenho a impressão de que você irá me dizer isso.

Mais ou menos. Se você tem em mente uma mudança de emprego, eu diria que essa não seria uma boa ideia. Muitos profissionais gostariam de poder escrever exatamente o que você escreveu – que têm um emprego estável numa empresa atenciosa e sem maiores problemas de pressão ou de relacionamento. Mas eu lhe diria que a falta de estudo pode vir a ser um sério inconveniente. Talvez não de imediato, mas daqui a alguns poucos anos. O mercado de trabalho é dinâmico e meio imprevisível. Se algo acontecer com sua empresa e você eventualmente ficar sem emprego, encontrará muitas dificuldades para conseguir outro emprego semelhante ao atual. Os jovens que ingressam em empresas estão cada vez mais bem preparados e são mais ambiciosos, e apenas a sua experiência prática talvez não seja suficiente para você competir com eles por uma vaga. Então, sugiro que você faça um curso de especialização na sua área, ou um curso de informática, ou aprenda um idioma. Mais do que se preparar para conseguir outro emprego no futuro, você estará bem mais preparado para segurar aquele que já tem.

Palavras-chave: estagnação, elogios, estabilidade, formação acadêmica, desemprego, cursos, riscos.

162

Fui demitido de uma empresa na qual trabalhei durante quatro anos. Minha saída foi complicada porque tive uma séria discussão com meu chefe, e, agora, pensando com mais calma, sei que falei para ele algumas coisas que não devia ter falado. De qualquer forma, a corda arrebentou do lado mais fraco e eu perdi o emprego. Isso vai fazer três meses e já tentei todas as opções para me reempregar, mas até agora não tive sucesso. Tenho quase certeza de que meu ex-chefe está dando informações ruins a meu respeito, evitando que eu consiga um novo emprego. Estou certo em pensar que esse é o motivo?

Não, não está. A percepção de que empresas ficam ligando umas para as outras em processos seletivos está arraigada na mente de profissionais que foram demitidos e tinham problemas de relacionamento com o chefe. Mas essa é uma percepção falsa. Nos últimos vinte anos, meu nome figurou como superior imediato ou como referência em pelo menos uma centena de currículos de pessoas que trabalharam comigo. Apenas um par de vezes recebi ligações de *headhunters* para conversar sobre ex-subordinados, e sempre para cargos de

SUA CARREIRA DIRETO AO PONTO **215**

nível gerencial ou de diretoria. Então, você não precisa se preocupar com a opinião do seu ex-chefe. Ela até pode vir a ser solicitada por alguma empresa, mas será uma exceção. A grande maioria não vai ligar, porque boas empresas sabem que nem sempre a opinião de um ex-chefe é confiável, e por isso não a solicitam. Elas preferem decidir por conta própria, por meio de bons entrevistadores, se um candidato serve ou não.

Palavras-chave: demissão, reações emotivas, sabotagem, processo seletivo, chefe, currículo.

163

Sou gerente de uma empresa do setor de transportes e tenho dezoito subordinados. Como erros diários eram cometidos na preparação das cargas, propus ao meu diretor um programa chamado "erro zero". Por um lado, haveria uma premiação para quem não cometesse nenhum erro no mês, e, por outro, haveria uma punição severa: quem cometesse um erro que poderia ter sido evitado seria dispensado. Meu diretor aprovou o programa e começamos bem, sem nenhum erro nos primeiros cinco dias. Mas no sexto aconteceu um erro, perfeitamente evitável, cometido por meu melhor funcionário. Agora, se eu não dispensá-lo, o programa "erro zero" estará morto e ainda vou ter que me explicar com meu diretor, que pode achar que não tenho pulso para tomar decisões drásticas. O que você sugere que eu faça?

Em seu lugar, eu não dispensaria o melhor funcionário do setor somente porque um programa cruel e insensato foi colocado em prática. A situação teria sido contornada com antecedência com a mais elementar das medidas: quem erra não recebe o prêmio do mês. Além disso, a punição poderia ser escalonada: erros poderiam gerar advertências verbais, três advertências verbais resultariam em uma advertência escrita, e três advertências escritas em demissão. A dispensa por um único erro é uma medida tão desvairada que a empresa pode até ter problemas sindicais e trabalhistas. Sugiro que você mostre ao diretor que o programa de fato funciona bem, mas que algumas mudanças na base são necessárias. Para que o programa ganhe ainda mais adesão, proponha um prêmio adicional para quem completar um trimestre sem nenhum erro. Finalmente, na minha opinião, qualquer programa que parta do princípio de que seres humanos não vão errar já está morto antes mesmo de nascer.

Palavras-chave: demissão, arrependimento, métodos peculiares, salário, ambiente de trabalho, chefe, avaliação, cultura empresarial.

164

Recebi uma proposta de uma empresa concorrente. Eu pretendia aceitar, mas meu empregador ficou sabendo, ligou para o concorrente e barrou minha contratação. Gostaria de saber se isso pode ser feito.

Não, não pode. Consultei um ilustre magistrado, juiz do Trabalho em Brasília, que esclareceu o seguinte: "Acordos entre empresas para uma não contratar funcionários da outra são ilegais porque ferem o artigo 5, inciso 13, da Constituição, que garante o livre exercício de qualquer trabalho, atendidas as qualificações profissionais que a lei estabelecer. Portanto, duas ou mais empresas não podem decidir, entre si, quais trabalhadores podem ser admitidos em seus quadros". Apesar da clareza da lei, esse problema é muito antigo e nunca será satisfatoriamente resolvido, devido ao fato de que é quase impossível para o prejudicado, no caso você, produzir provas concretas (como um vídeo, uma gravação de áudio, um e-mail ou um memorando) sobre um acordo feito verbalmente entre dirigentes de duas empresas. Agora, olhando pelo lado positivo, eu diria que sua empresa já está ciente de que poderá perdê-lo por uma oferta melhor, e talvez se disponha a lhe conceder um reajuste. Além disso, você também já sabe que poderá conseguir uma oferta razoável se decidir procurar. E eu acredito que é exatamente isso que você irá fazer, se a empresa atual decidir ficar na moita.

> **Palavras-chave:** leis trabalhistas, contratação, chefe, métodos arcaicos, salário, mudança de emprego, cultura empresarial, ética.

165

Fui contratado faz um ano por uma empresa para reestruturar uma área que tinha custos altos. Posso afirmar que fui muito bem- -sucedido nesse processo, além até de minhas próprias expectativas. Como mantenho registros detalhados, sei exatamente quanto a empresa está economizando graças ao meu trabalho. O valor da economia anual corresponde a mais de duzentas vezes o meu

salário mensal. É claro que os patrões ficaram contentes, mas eu não recebi nada além do meu salário. Não seria justo que eu recebesse uma percentagem desse dinheiro economizado?

Sim, seria. Mas, legalmente, você não tem como pleitear essa participação. Funcionários são contratados para desempenhar tarefas específicas em troca de um salário previamente combinado, e o resultado desse trabalho se torna propriedade da empresa. Vamos imaginar que um gerente de pesquisa e desenvolvimento crie um novo produto que se transforme num enorme sucesso de vendas. Quanto ele ganha por isso? Ganha o salário registrado em carteira. Criar produtos de sucesso é o trabalho dele, e para isso ele foi contratado e é pago. Naturalmente, existem formas para as empresas premiarem os funcionários que contribuem com grandes ideias, como no caso desse gerente, ou com grandes economias, como é o seu caso. O prêmio pode vir como um bônus anual, por exemplo. Ou um aumento de salário. Seria mais do que justo, e as boas empresas adotam essa prática. Portanto, você pode e deve propor um reconhecimento financeiro adicional, mas não tem amparo legal para exigi-lo.

> **Palavras-chave:** expectativa, leis trabalhistas, o que falar, situações inéditas, cultura empresarial, meritocracia, obrigações, salário, situações inéditas, produtividade.

166

Passei um tempo bastante longo desempregada, cheguei a entrar em depressão e já estava à beira do desespero financeiro e emocional quando finalmente fui contratada por uma empresa. Estou

nela há três anos e durante esse tempo repeti inúmeras vezes que seria eternamente grata à empresa que me permitiu restaurar meu equilíbrio. Agora, porém, surgiu uma bela oportunidade para eu mudar de emprego, com todas as vantagens possíveis. Quando insinuei ao meu chefe que havia recebido esse convite, ele reagiu como eu temia, me cobrando por tudo o que eu mesma tinha dito. "Que fim levou toda a sua gratidão?", ele me perguntou. Agora, não sei o que fazer.

Empresas não fazem favores na hora da contratação. Elas admitem os candidatos mais adequados para as vagas que aparecem e não hesitam em substituir aqueles cujo desempenho fica aquém do que a empresa deseja. Portanto, você não foi contratada por piedade ou compaixão. Você preencheu uma vaga que estava aberta porque não havia outra candidata melhor do que você. Ou talvez houvesse, mas não quis aceitar o salário que você aceitou. Embora seu estado emocional naquele momento possa tê-la levado a crer que se tornou devedora de um enorme favor, sua contratação não foi um ato de caridade. Foi uma transação que atendia aos interesses da empresa. Durante três anos, você retribuiu mostrando um bom trabalho. Se não tivesse mostrado, não teria sido mantida. Então, tudo já está pago de ambos os lados e você pode tomar, sem nenhum remorso ou constrangimento, a decisão que considere a mais adequada para o seu futuro profissional.

Palavras-chave: desemprego, críticas, chefe, mudança de emprego, ética, obrigações.

167

Trabalho no setor contábil de uma empresa e não concluí um curso superior quando deveria ter concluído. Agora, aos 29 anos, **decidi voltar a estudar e optei pelo curso que sempre quis fazer, Psicologia. Imaginei que o curso me ajudaria a entender as reações das pessoas, e que esse conhecimento adicional seria valioso para minha carreira. Acontece que meu chefe me chamou e me perguntou se não estou satisfeito na área contábil. Respondi que estou e que não pretendo mudar de área, mas ele não se convenceu. O resultado é que já ouvi um boato sobre minha possível demissão. O que eu faço? Paro o curso?**

Da mesma forma que o seu chefe, eu também tenho a impressão de que você deseja, sim, mudar de área. No íntimo você sabe disso, e possivelmente esperava que seu chefe incentivasse sua escolha e até se propusesse a facilitar sua futura ida para uma área afim, como Recursos Humanos. Mas, como isso não aconteceu, você deve considerar a pior hipótese. Se você realmente for dispensado, terá que procurar outro emprego na área que conhece, a contábil. E aí será ainda mais difícil explicar para um entrevistador sua opção pela Psicologia. Minha sugestão é: decida o que você realmente quer da vida. Se for Psicologia, vá em frente, mesmo correndo o risco de perder o emprego. Caso contrário, o mais recomendável é voltar a conversar com o chefe e dizer que você decidiu trocar de curso e fazer Ciências Contábeis, um curso que lhe dará muito mais base para a continuidade da carreira. Mas vale o aprendizado que essa situação lhe trouxe. Sempre que um funcionário tem a intenção de fazer um curso muito diferente da área em que atua, fica a dica de conversar antes com o chefe. Assim, a opinião dele será levada em conta antes que a decisão seja tomada.

Palavras-chave: formação acadêmica, transferência, chefe, o que falar, recomeçar a carreira, sinceridade, prioridade, riscos, mudança de emprego.

168

Sou vendedor. Sempre prometi ao meu gerente aquilo que posso cumprir, e sinto que essa atitude, que deveria funcionar a meu favor, está me prejudicando. Vejo meus colegas prometendo que vão conseguir vender mundos e fundos e sendo elogiados pelo gerente, enquanto eu sou taxado como pouco arrojado, pessimista e outras coisas. No final do mês, meus resultados são os mesmos de meus colegas. Ou seja, eles vendem menos do que prometeram e eu vendo mais do que prometi, mas isso não parece ter importância para o gerente, que, no mês seguinte, volta a me cobrar mais atitude. Como conviver com uma situação dessas?

Vou tentar lhe explicar por que o seu gerente age desse modo. Pela maneira como você o descreveu, ele parece um obtuso que não é capaz de comparar dois números e dizer qual é o maior, e um profissional cuja memória se apaga no início de cada mês. Não é isso. Seu gerente sabe muito bem que, para conseguir os resultados esperados, precisa saber como tratar cada um dos vendedores. Seu gerente está ciente de que as promessas de seus colegas não serão cumpridas, mas ele também sabe que seus colegas irão se esforçar para chegar perto do que prometeram, e por isso acabarão por vender mais do que o projetado. Se fossem constantemente criticados, seus colegas certamente baixariam as promessas e venderiam menos do que vendem. Seu caso é diferente. Seu gerente sabe que você irá ultrapassar seu objetivo, mas faz as críticas para que você continue se superando. Talvez você se ressinta disso hoje, mas entenderá melhor no dia em que for gerente. E pode ter certeza de que, apesar de não gostar do tratamento, suas chances de um dia assumir uma gerência são bem maiores do que as de seus colegas.

> **Palavras-chave:** chefe, críticas, avaliação, concorrência, expectativa, meritocracia, produtividade, perseguição, sinceridade.

169

No ano passado, eu e um colega vimos uma oportunidade para darmos uma guinada em nossa vida profissional. Procuramos uma empresa em que havíamos trabalhado e conhecíamos bem e fizemos a ela uma proposta para assumirmos como terceirizados o serviço de manutenção da rede de computadores. A empresa aceitou, nós dois pedimos demissão de nossos empregos, montamos nosso próprio negócio e assinamos um contrato válido por um ano. Durante dez meses, acreditamos que tínhamos tomado a melhor decisão de nossas vidas, porque passamos a ganhar muito mais do que ganhávamos como empregados. Porém, o contrato tinha uma cláusula que dava às duas partes o direito de renová-lo por mais doze meses, bastando para isso uma notificação que deveria ser enviada com 60 dias de antecedência. Pois bem. Recebemos dentro desse prazo uma carta da empresa avisando que o contrato seria encerrado e que haveria uma concorrência para a escolha do novo prestador de serviço. Participamos da concorrência, fizemos nossa proposta, e perdemos. De repente, ficamos com um negócio sem nenhum cliente e com contas para pagar. Gostaria de saber se temos algum direito a pleitear.

A resposta é não, porque a empresa cumpriu tudo o que estava estipulado no contrato. Lamento. Mas há duas lições que podem servir para vocês e para outros empresários. A primeira é não assinar um contrato com prazo muito curto. E a segunda é evitar a dependência total de um único cliente. O ideal é que o maior cliente represente, no máximo, 20% do faturamento. Minha sugestão a vocês dois: não desistam de continuar com o negócio, buscando outros clientes. Vocês fizeram tudo certo e mostraram competência; só se esqueceram de fazer algo que é óbvio em qualquer empresa de qualquer tamanho: traçar um plano de contingência para o caso de algo sair errado.

Palavras-chave: empreendedorismo, contrato, concorrência, situações inéditas.

170

Meu gerente era obeso, mas aderiu a corridas e exercícios e emagreceu um bocado. Agora, orgulhoso de sua nova silhueta, resolveu pegar no pé de seu subordinado mais gordinho, que infelizmente sou eu. A crescente quantidade de piadas dele em relação a mim durante o expediente, algumas de mau gosto e outras ofensivas, estão me incomodando demais. Como devo proceder?

O que está acontecendo com você é uma mistura de duas atitudes igualmente ruins: assédio moral e *bullying*. Você está sendo vítima de uma perseguição contínua e constante. É o caso clássico de um superior atazanando a vida de um subordinado, usando o poder de seu crachá para que o funcionário não responda o que teria vontade de responder. *Bullying* e assédio moral normalmente são constituídos por ofensas sérias, mas podem também ser o resultado de brincadeiras indigestas. O gerente pode até argumentar que está preocupado com a saúde e a vitalidade de um subordinado, mas isso não atenua a situação, porque há maneiras mais convenientes de demonstrar essa preocupação. Muitas empresas já implantaram programas de incentivo a uma vida mais saudável, que incluem exercícios físicos e palestras sobre nutrição e outros cuidados. Tais programas são extensivos a todos os funcionários e a participação é voluntária. Quem não quiser aderir não é discriminado. Você poderia começar por aí, sugerindo ao gerente que proponha à direção da empresa um amplo programa de saúde e bem-estar. Se a resposta do gerente for uma piada de mau gosto, você deve levar o caso ao setor de Recursos Humanos. De preferência, ao funcionário mais bem nutrido do RH, que entenderá imediatamente e melhor do que ninguém o constrangimento a que você está sendo submetido.

Palavras-chave: perseguição, chefe, o que falar.

171

Em uma entrevista, o que é levado mais em conta: o perfil pessoal ou o perfil profissional?

Não é bem o que é levado mais, e sim o que é levado antes. É o perfil profissional. Se um candidato não reúne as condições técnicas mínimas para desempenhar uma função, ele pode ser a pessoa mais simpática do mundo que mesmo assim não será contratado. O que ocorre é que normalmente aparecem vários candidatos cujos históricos atendem às exigências do perfil profissional. Aí, a escolha final será orientada pelo perfil pessoal. E o que é o perfil pessoal? É o conjunto das atitudes e comportamentos que aquela empresa específica aprecia em seus empregados. Isso significa que uma pessoa que se vista de modo totalmente informal tanto pode ser contratada quanto rejeitada por ser assim . Depende de como a empresa é. Pode parecer que as empresas estão procurando pessoas diferentes, únicas, com características especiais. É o contrário: as entrevistas pessoais servem para identificar pessoas que se sentirão à vontade e farão quem estiver à sua volta se sentir à vontade.

Palavras-chave: processo seletivo, contratação, reputação.

172

Fiz uma entrevista de emprego e saí achando que tinha ido bem, mas vinte dias depois recebi um e-mail de uma linha agradecendo minha participação no processo. Como fazer para não me enganar na próxima?

Há quatro sinais de que a entrevista foi boa: (1) ela foi mais longa do que o esperado. Um dos indícios mais claros de que o candidato não caiu nas graças do entrevistador é o tempo de duração da entrevista. Mesmo que o entrevistador se mostre simpático e atencioso, uma entrevista que não dura nem 30 minutos dificilmente resultará em uma proposta formal de emprego. (2) O entrevistador ouviu atentamente o que o candidato tinha a dizer. A entrevista derrapa quando o entrevistador começa a mostrar sinais de impaciência. Por exemplo, olhando seguidamente para o relógio, para o celular ou para a tela do computador. Ou, o que é pior, interrompendo o candidato no meio de uma resposta e passando para a próxima pergunta. (3) Depois de fazer algumas perguntas surradas, como a da maior virtude e do maior defeito, o entrevistador passa a relatar situações reais da empresa e pergunta como o candidato agiria. (4) No final, o entrevistador se dispõe a responder a todas as perguntas que o candidato queira fazer sobre a função e a empresa, em vez de encerrar a entrevista dizendo que alguém entrará em contato com o entrevistado.

Por fim, vale lembrar que ir bem não significa necessariamente ser o escolhido, porque outro candidato pode ter sido melhor. Mas ir bem é um indicativo de que o medo da entrevista já foi superado e, portanto, o candidato não deve mudar seu comportamento nas próximas entrevistas.

Palavra-chave: processo seletivo.

173

Sofro ao ver colegas conseguirem o que eu também poderia ter conseguido e não consegui. Isso me faz sofrer tanto que chego a ponto de torcer para que coisas ruins aconteçam com esses colegas. A pergunta é: será que preciso fazer terapia?

Isso atende pelo nome de inveja, um sentimento que, cedo ou tarde, em menor ou maior grau, afeta todos os seres humanos normais. Em algum momento, todos nós sentimos uma pontinha de inveja de alguém no trabalho. Esse não é um sentimento vergonhoso, nem transforma pessoas em monstros. A questão é como usar esse sentimento. A maneira que não leva a nada é desejar que pessoas que tiveram mais oportunidades, ou melhores condições, simplesmente quebrem a cara para nosso gáudio e deleite. A maneira que pode transformar um sentimento mesquinho em uma ação positiva é tentar compreender por que alguém igual a nós conseguiu se diferenciar. Muito raramente a sorte pura e simples é a única explicação. Portanto, a inveja tanto pode funcionar como um combustível para a carreira quanto como um veneno para o coração. Você só precisa se convencer de que não conseguirá o que quer desperdiçando seu tempo invejando quem poderia lhe servir de parâmetro. Caso você conclua que não há nada que possa fazer para melhorar, aí sim, concordo que você precisa de terapia.

Palavras-chave: relacionamento com colegas, reações emotivas, traços de personalidade.

174

Estou para ser promovido para um cargo de liderança pela primeira vez, e não sei se estou preparado para assumir essa responsabilidade. Acredito que ainda me falta alguma coisa na parte de gestão de pessoas e sinto que não sou firme em situações de confronto. Tenho receio de aceitar o cargo e sofrer uma decepção, além de decepcionar meu gerente, que foi quem propôs minha promoção. Pegaria mal eu solicitar a meu gerente que a empresa me pague cursos de liderança e tomada de decisões antes de assumir um posto de chefia?

Sim, pegaria mal. Você estaria dizendo a seu gerente que a indicação feita por ele foi, no mínimo, prematura. Acredito que seu gerente não esteja apoiando sua promoção por parentesco, amizade ou qualquer outro motivo não profissional. Acredito também que ele tem condições para avaliar pessoas, porque, se não tivesse, não teria chegado a um cargo gerencial. O problema parece estar mais na avaliação que você faz de seus próprios méritos e predicados. Isso tanto pode ser um indício de perfeccionismo, típico de alguém que nunca está satisfeito com o que faz, por melhor que tenha feito, quanto um indício de baixa autoestima, e nesse caso você se vê de um modo pior do que realmente é. Qualquer que seja a situação, sugiro que você aceite a promoção. Se não aceitar, em pouco tempo irá se arrepender, além de não saber se surgirá outra oportunidade, caso recuse esta. Procure apenas ser um líder compreensivo, mas firme, e no começo consulte seu gerente antes de tomar as decisões que você considera mais complicadas. Toda promoção carrega uma dose de incerteza, mas no seu caso as chances de dar certo me parecem ser bem maiores do que você imagina.

Palavras-chave: liderança, salário, avaliação, cursos, arrependimento, situações inéditas, meritocracia, confiança, expectativa.

175

Fui contratado para uma função de supervisor. Só que meu gerente continua dando ordens diretas para meus subordinados, como dava antes de minha contratação, e por isso me sinto uma figura mais decorativa do que decisiva. Pergunto: por que fui contratado, se sou ignorado?

Pode ser que seu gerente não tenha noção de hierarquia e enxergue todo mundo abaixo do quadrinho dele como uma massa homogênea. Donos de empresa costumam fazer isso com frequência, o que é compreensível, porque a empresa pertence ao dono. No caso do seu gerente, talvez ele pense que o departamento é propriedade dele, não da empresa. Mas a questão é: o que você pode fazer a respeito? A primeira providência é expor sua preocupação ao gerente e entender a verdadeira razão desse atropelamento hierárquico. Se continuar sofrendo calado e se curvar ao fato de que será ignorado, aí você será cada vez mais ignorado. É claro que você não poderá impor regras ao gerente, mas poderá, numa primeira conversa, chegar a um acordo sobre quais decisões serão de sua competência. Bom, e se o gerente concordar com tudo e continuar agindo como age? Aí, resta a você aceitar ou reagir, e a única reação possível será começar a procurar outra empresa que esteja precisando de um líder que saiba e possa liderar. Existem muitas no mercado que são assim; não vale a pena ficar sofrendo em uma das poucas que não é.

Palavras-chave: métodos arcaicos, desvalorização, hierarquia, o que falar, adaptação, mudança de emprego, ambiente de trabalho, chefe, situações inéditas.

176

Minha primeira experiência em uma empresa foi decepcionante. Encontrei pessoas mais preocupadas com elas mesmas do que com os colegas. Conheci chefes cujo único interesse era se manter no cargo, sem dar a mínima atenção para o desenvolvimento dos subordinados. E descobri que o único objetivo da empresa é o lucro, mesmo que seja conseguido à custa da sanidade mental dos empregados. Com tanta hipocrisia junta, decidi pedir a conta depois de três meses. Pergunto se uma empresa assim representa a regra ou a exceção no mercado de trabalho.

Cada um de nós tem uma visão de como o mercado de trabalho deveria ser, e não creio que exista uma só empresa capaz de preencher todas as nossas aspirações pessoais. Porém, quando se espera muito, a decepção também é grande. Sua descrição daquilo que você encontrou em sua primeira empresa pode ser uma expressão da realidade, mas também pode ser uma avaliação concentrada apenas nos aspectos ruins. Então, tente novamente. Caso você observe na próxima empresa os mesmos problemas que observou na anterior, a possibilidade de você ter dado azar duas vezes seguidas já se torna mais remota. Nesse caso, talvez seja melhor você procurar outras opções profissionais. Por exemplo, investir num negócio próprio (para desenvolver os subordinados como você acha correto), prestar concurso público (onde não há uma corrida desenfreada pelo lucro) ou trabalhar em uma ONG (onde existe uma preocupação maior pelo próximo). Qualquer que seja a sua decisão, entretanto, posso lhe assegurar de antemão que a vida profissional será sempre bem menos perfeita do que todos nós gostaríamos que fosse.

Palavras-chave: relacionamento com colegas, chefe, cultura empresarial, expectativa, empreendedorismo, concurso público, sinceridade, recomeçar a carreira, ambiente de trabalho, experiência prática.

177

Na tentativa de ajudar meu irmão, que estava desempregado, eu o indiquei para uma vaga na empresa em que trabalho. Foi um erro. Além de não mostrar um desempenho satisfatório, meu irmão também teve problemas financeiros que pioraram ainda mais não apenas seu rendimento como também o relacionamento dele com os colegas. Já conversei com ele, mas não adiantou. Como sempre fui respeitado na empresa, acredito que meu irmão já teria sido dispensado se não fosse por minha causa. Sei também que, se ele for dispensado, algumas pessoas da minha família poderão me acusar de não ter defendido meu irmão no momento em que ele mais precisava de ajuda. O que você sugere que eu faça?

Você provavelmente indicou seu irmão não porque acreditava que ele poderia vir a ser um funcionário útil para a empresa, mas porque ele é seu irmão. Como você mencionou sua família, suponho que vários parentes tenham lhe buzinado que você precisava ajudar seu irmão, que estava desempregado. Você fez isso, mas, a partir do momento em que ele foi contratado, o problema passou a ser dele, e não mais seu. Você até pode aconselhar seu irmão, como aconselhou, mas não pode ser o chefe dele ou dar ordens a ele. É para isso que ele tem um superior imediato. Caso seu irmão seja realmente dispensado, você deve procurar a pessoa que o dispensou e deixar claro que você não vai ficar ressentido por causa disso. Você não irá deixar de amar seu irmão, mas prejudicar sua imagem e sua carreira por causa dele é algo que ele mesmo não iria querer.

Palavras-chave: família, arrependimento, relacionamento com colegas, o que falar, sinceridade, reputação.

178

Meu chefe gosta muito de mim e elogia constantemente o meu trabalho perante o resto da equipe. Acredito que a intenção dele seja motivar meus colegas a trabalhar melhor, mas, na prática, meus colegas me detestam porque sou sempre elogiado e isso soa como uma crítica a eles. Devo assumir que isso não é problema meu?

Eu sei que você gostaria de ouvir um sim, mas a resposta é não. Quando as forças recônditas e malignas que regem o universo resolvem se concentrar num objetivo, elas normalmente conseguem o que querem. Se a situação chegar a um ponto em que o objetivo de seus colegas for desestabilizar você, mesmo que seja por meio de recursos pouco elogiáveis, como ampliar ao máximo qualquer erro mínimo que você cometa, a união de todos contra um acabará funcionando. Eu já vi inúmeros casos de funcionários producentes que foram dispensados com a justificativa de que não tinham um bom relacionamento, ou que tinham dificuldade para trabalhar em equipe. Pode ser que seu chefe permaneça um longo tempo na empresa. Pode até ser que você venha a ser promovido antes que a bomba estoure. Mas também pode ser que você, que está apenas fazendo seu trabalho com competência, seja vítima de uma conspiração coletiva. Isso não é justo, e não deveria ser assim, mas às vezes é. Minha sugestão, que você não pediu, é que você se aproxime de seus colegas e tente fazê-los entender que os elogios do chefe deixam você constrangido por ser usado dessa forma, quando há tantas outras maneiras melhores de um chefe motivar uma equipe.

Palavras-chave: elogios, motivação, relacionamento com colegas, chefe, sabotagem, trabalho em equipe, o que falar, ambiente de trabalho.

179

Quando me formei, fui contratado por uma empresa como *trainee*. Isso está fazendo quase três anos, durante os quais passei por quatro áreas diferentes, mas continuo na função de *trainee* em

minha carteira profissional. Gostaria de saber qual é o período máximo que uma empresa pode manter um empregado nessa situação antes de promovê-lo.

Embora isso pareça um contrassenso, já que *trainee* significa "em treinamento", a resposta é: indefinidamente. Do ponto de vista legal, nada impede que a empresa faça isso, porque o *trainee* é um empregado efetivo. Fica mais fácil entender se pensarmos em qualquer outra função inicial, por exemplo, auxiliar administrativo. Uma empresa pode contratar um profissional nessa função e mantê-lo nela, sem alteração, até a aposentadoria. O contrato de trabalho que o auxiliar administrativo assina é o mesmo que o *trainee* assina. Como nenhum contrato de trabalho prevê a obrigatoriedade de uma promoção dentro de um período predeterminado, tanto o auxiliar como o *trainee* podem ser mantidos com funções inalteradas por anos a fio, desde que a empresa cumpra com todas as obrigações previstas no contrato. Isso faz sentido no caso do *trainee*? Claro que não. Por isso, na prática, o período real de treinamento costuma variar de um a dois anos. Portanto, já passou da hora de você tomar uma decisão, porque vai ficar cada vez mais complicado para você explicar numa futura entrevista de emprego por que passou tanto tempo correndo sem receber a bola.

Palavras-chave: leis trabalhistas, contrato, obrigatoriedade, salário, estagnação, estágio, expectativa, mudança de emprego, começar a carreira, treinamento.

180

Tenho um filho e uma filha que recentemente entraram no mercado de trabalho. Desde que os dois eram ainda crianças eu dizia que, se fossem dedicados e respeitosos, conseguiriam ter uma carreira bem-sucedida. O melhor exemplo que eu tinha para oferecer era o meu próprio caso. Passei 24 anos na mesma empresa, e nunca, em momento algum, imaginei que poderia trabalhar em qualquer outro lugar. De repente, numa sexta-feira, ao final do expediente, fui chamado pelo meu chefe e demitido. Meu chefe explicou que a empresa estava entrando num processo de reestruturação, mas dias depois descobri o verdadeiro motivo. Foi ganância. A empresa me substituiu por um funcionário com um salário bem mais baixo. Tudo o que passei anos dizendo a meus filhos desmoronou em um minuto. Não sei como explicar a eles o que aconteceu, e de certa forma me sinto envergonhado por ter deixado de ser um modelo para eles. Estou procurando outro emprego, mas essa não é a minha maior preocupação. Estou mais preocupado em não permitir que o que aconteceu comigo possa influir no modo de pensar de meus filhos.

Lamento que sua empresa tenha sido insensível, mas isso tem uma explicação. O mercado de trabalho mudou. Quando você começou a trabalhar, a estabilidade era vista como essencial para uma boa carreira e o profissional raramente mudava de emprego. Hoje, quem está começando irá mudar entre cinco e dez vezes de emprego. Vai passar entre dois e quatro anos em cada um, e mesmo assim será considerado estável. Seus filhos iriam perceber isso rapidamente, e só lamento que eles tenham tido que tomar conhecimento dessa nova realidade por meio de um choque familiar. Como você aprendeu da pior maneira, dedicação e respeito continuam a ser ótimas qualidades, mas não são mais suficientes para manter alguém numa única empresa por toda a vida. Como muitas pessoas de sua geração, você delegou a uma empresa o rumo de sua carreira. Seus filhos aprenderão que a carreira é uma propriedade deles e, por isso, deve ser administrada por eles. O seu exemplo será muito útil para seus filhos. Eles aprenderam que, no século 21, o empregado precisa ser sólido, mas o emprego pode ser volátil.

Palavras-chave: família, demissão, situações inéditas, estabilidade, reputação.

181

Tenho 18 anos e comecei a trabalhar em uma empresa famosa. No site dela, há um longo parágrafo sobre "relacionamento positivo entre os colaboradores, o que torna o ambiente de trabalho agradável e justo". Na prática, descobri que não é bem assim. Aqui tem gente de todo tipo, e nem todo mundo é tão agradável assim. Na verdade, há colegas que dão a impressão de estarem trabalhando na pior empresa do mundo, de tanto que reclamam.

Você acaba de descobrir que nenhuma empresa consegue pasteurizar seus funcionários e transformá-los numa massa homogênea. Não que o site da empresa seja enganoso; é que gente é gente. Permita-me, então, oferecer-lhe algumas sugestões. A primeira: mantenha distância dos colegas amargos. São aqueles que sempre têm um problema pessoal e acreditam que tudo vai dar errado na vida deles. Eles tentam conseguir

SUA CARREIRA DIRETO AO PONTO **237**

compaixão, mas no fundo só tomam o tempo dos outros sem nenhuma finalidade prática. Segunda sugestão: mantenha distância dos colegas azedos. São aqueles que não conseguem ver qualidades em ninguém e vivem apontando e enfatizando os defeitos alheios. São pessoas com baixa estima que só se sentem bem quando tentam mostrar que os outros também não são tão bons. Terceira sugestão: mantenha distância dos reis da informação de bastidores. São aqueles colegas que parecem saber detalhes e segredos sobre a empresa que ninguém mais sabe, mas que ocupam uma função que não lhes permite ter acesso a esse nível de conhecimento. Conversar com gente assim acaba dando a impressão de que a empresa está à beira do colapso. Quarta, e mais importante: aproxime-se dos colegas que mostram disposição e bom humor. É convivendo com eles que você descobrirá que nenhum ambiente de trabalho é perfeito, mas também não é um enorme fardo que precisa ser carregado e suportado durante oito horas por dia. Em resumo, seus dias poderão ser curtos ou arrastados, e isso dependerá dos colegas que você escolher para se relacionar.

Palavras-chave: relacionamento com colegas, traços de personalidade, expectativa, ambiente de trabalho.

182

Fui contratado por uma empresa e pedi demissão na primeira semana. O ambiente de trabalho era horroroso, com sujeira acumulada pelos cantos, banheiros imundos e pessoas falando mais

palavrões do que palavras. Não me arrependo, mas minha carteira profissional ficou com dois registros, um de entrada e outra de saída, em apenas cinco dias. Que efeito isso poderá ter em meu futuro?

Considerando-se que o seu futuro será bem longo, o efeito irá se diluir com o tempo. Mas, no curto prazo, você precisa encontrar uma boa explicação para oferecer aos entrevistadores. Não que pedir demissão logo na primeira semana seja algo usual, mas há muitos casos de profissionais que não chegam a completar dois meses em um emprego. Como você irá chegar a qualquer entrevista já antecipando o trágico momento em que a inevitável pergunta sobre sua saída-relâmpago lhe será feita pelo entrevistador, você corre o risco de se concentrar apenas nisso, ficar nervoso e se complicar. Sugiro que você não espere pela pergunta. Comece a entrevista pedindo licença para explicar o que aconteceu, sem exagerar muito nos detalhes escabrosos, mas engate algo que evitará que o entrevistador fique com um pé atrás. Por exemplo, que você já se informou sobre a empresa que o está entrevistando e que só recebeu feedbacks positivos sobre ela. Você pode até assumir a culpa por não ter sido cuidadosa ao aceitar o emprego anterior. Dito isso, coloque-se à disposição para responder às perguntas do entrevistador e não mencione mais a empresa sujinha, nem tente fazer piadas sobre ela. Concentre-se no que você tem a oferecer à nova empresa e se sairá bem. Só por via das dúvidas, antes de a entrevista começar, seria conveniente você dar uma passadinha no banheiro da empresa, apenas para se certificar de que não estará cometendo o mesmo erro pela segunda vez. A ânsia de conseguir um emprego acaba fazendo com que muitos candidatos deixem de prestar atenção a coisas óbvias, como aconteceu com você.

Palavras-chave: demissão, ambiente de trabalho, processo seletivo, o que falar, expectativa, sinceridade.

183

Tenho dois chefes. Um que fica ao meu lado, e outro a 600 quilômetros de distância. O chefe distante me passa as coordenadas do trabalho que devo fazer. O chefe próximo me cobra os resultados do trabalho feito. Até aí, tudo bem, mas meu chefe próximo me dá ordens que contrariam as que recebo do meu chefe distante. E eu fico em dúvida a quem obedecer. Já conversei com meu chefe distante sobre essa situação, e ele me disse para ter um pouco de paciência, mas prometeu que iria resolver. Como ele está mais perto do centro do poder, acredito que tenha mais força do que meu chefe próximo. Mas já se passou um mês e eu continuo recebendo ordens do meu chefe próximo para ignorar o que meu chefe distante me diz. O que eu faço?

O sistema que você descreveu tem o nome de estrutura matricial, e é adotado por diversas empresas de grande porte, principalmente as multinacionais. Evidentemente, esse sistema só funciona bem quando os chefes se entendem. Você está correto ao supor que quem está mais perto do centro do poder tem mais força. De fato, quase sempre é isso o que acontece. Porém, enquanto espera para ver qual dos dois chefes acabará prevalecendo nessa queda de braço, sua vida continua. E a sugestão que lhe dou é a mais pragmática: obedeça a quem está mais perto. Pelo mais simples dos motivos. Enquanto seu chefe distante está ocupado com um monte de coisas, seu chefe próximo está o tempo todo buzinando na sua orelha. Ao mesmo tempo, mantenha seu chefe distante informado de que você não tem condições de cumprir as ordens dele. Se seu chefe distante eventualmente ganhar a disputa, ele saberá que você tentou obedecer-lhe. Se seu chefe mais próximo prevalecer, saberá que você obedeceu a ele. Apenas tome o cuidado de não tomar partido nessa briga. Se escolher um lado, você se tornará parte atuante da encrenca e deixará de ser a vítima inocente de um bom sistema que não funciona devido ao choque de vaidades.

> **Palavras-chave:** chefe, hierarquia, métodos peculiares, obrigações, prioridade, reputação, transparência.

184

Num período de doze anos, passei por quatro empresas e atuei em três áreas diferentes. Todas as mudanças de emprego foram ocasionadas pelo fato de que, sempre que entrava numa empresa nova, eu chegava à conclusão de que a empresa anterior era melhor. Aí, eu mudava outra vez, em busca do ambiente que tinha anteriormente, mas sem encontrá-lo. O melhor emprego que tive foi exatamente o primeiro, quando tinha 17 anos. Porém, por ter sido o primeiro, eu não tinha referências e imaginava que haveria coisa muito melhor no mercado.

Resumindo, você vive constantemente buscando o que já tinha, e que não soube apreciar ou valorizar. Acredito que esteja ocorrendo com você, no campo profissional, algo que ocorre com a maioria de nós, no campo pessoal. Quando nos recordamos de nossos tempos de criança, tendemos gradativamente a ir isolando apenas a parte boa. Muitos anos depois, estamos discorrendo com nostalgia sobre aqueles bons tempos que não voltam mais, como se tivessem sido um encadeamento de momentos felizes, sem preocupações nem chateações. Com um pequeno esforço de memória e uma dose de sinceridade, vamos acabar nos lembrando de que não foi bem assim. Nós achávamos que a escola era um martírio. Nossos pais não nos deixavam fazer o que queríamos. Tínhamos coleguinhas chatos e irritantes. Da mesma forma, você não vai encontrar na vida profissional o que procura enquanto estiver focado em algo que não existe mais, e que talvez nem tenha existido na prática. O primeiro emprego sempre deixa saudade, por ser uma experiência nova. Os primeiros chefes pareciam ter uma dimensão humana e profissional muito maior do que realmente tinham. Aos poucos, à medida que o tempo passa e a carreira avança, vamos descobrindo que não existe o emprego perfeito, nem a empresa perfeita. Mas também aprendemos que não existem empresas que só têm defeitos e que só contratam pessoas ruins. O que nos faz continuar progredindo é a nossa capacidade de nos adaptar ao momento em que vivemos, e não a busca pelo momento que imaginamos ter vivido.

Palavras-chave: expectativa, arrependimento, sinceridade, vários empregos em pouco tempo, reações emotivas, crescimento pessoal.

185

Faz quatro meses, meu gerente recebeu uma proposta melhor e mudou de emprego. Informalmente, até que a empresa contratasse um novo gerente, recebi a incumbência de tocar o setor. Nunca imaginei que pudesse vir a ser promovida, porque estava certa de que ainda não tinha condições para isso. O processo demorou mais do que a empresa imaginava, mas finalmente um novo gerente foi contratado há três semanas. E aí começaram as minhas dificuldades. Esse novo gerente, além de ser apenas dois anos mais velho que eu, entende muito menos do que eu o trabalho que fazemos. E o bom ambiente que tínhamos está se esfacelando, porque o novo gerente se isolou na sala dele e pouco conversa conosco. Neste momento, tenho certeza de que poderia ocupar o cargo dele com vantagens. Estou desmotivada e meio deprimida. Não sei se converso direto com o diretor, se procuro outro emprego ou se não faço nada e finjo que não estou nem aí.

Das três opções, a primeira, que é pular o gerente e ir falar com o diretor, é a menos recomendável. Se o diretor, que deve ter sido o responsável direto pela contratação do novo gerente, não estiver satisfeito, ele descobrirá isso sozinho, e rapidamente. Ir conversar com ele apenas soaria como uma crítica à capacidade dele de avaliar candidatos. A segunda opção, procurar outro emprego, é válida. Mesmo que você não esteja segura de que realmente deseja sair, sondar o que o mercado oferece é sempre um exercício saudável para a carreira. A terceira opção é a pior de todas. Se o novo gerente não é o bom profissional que você esperava, isso não lhe dá o direito de se tornar uma profissional pior do que era antes. A quarta opção, que você não mencionou, é continuar demonstrando suas qualidades. Se você foi informalmente nomeada uma vez, isso significa que é a primeira da fila quando uma nova oportunidade surgir e o diretor decidir dar a oportunidade para alguém de dentro da empresa. Você está vivendo uma situação passageira. Se seu gerente for mesmo ruim como você está dizendo, ele não irá durar muito. Porém, se durar, sua avaliação inicial da situação é que talvez esteja errada. O melhor que você pode fazer agora é dar um tempo a ele. E a você mesma.

> **Palavras-chave:** ambiente de trabalho, chefe, motivação, mudança de emprego, situações inéditas, adaptação, marketing pessoal.

186

Tenho experiência considerável em minha área de atuação e estou pensando em me tornar consultor. Gostaria de saber as dificuldades que vou encontrar, e quanto posso ganhar.

Vamos começar pelo que provavelmente mais lhe interessa: quanto você poderá ganhar. Nos dois anos iniciais, cerca de R$ 5 mil por mês, em média, porque consultor não tem rendimento fixo. "Só isso?", você perguntará, porque provavelmente já ouviu falar de consultores que faturam os tubos. É verdade, mas eles começaram faturando tubinhos. O tempo e os resultados concretos são fatores importantes para um consultor se firmar na carreira. Mas, dinheiro à parte, sua decisão não é tão rara no atual mercado de trabalho. Muitos profissionais estão partindo para a consultoria. Ou porque perderam o emprego e não encontram outro similar, ou porque já perceberam que uma carreira de consultor poderá gerar uma sobrevida profissional de algumas décadas. No quesito dificuldades, a maior será encontrar o primeiro cliente. Pense, por um momento, que você é um empresário ou o diretor de uma empresa. Se estivesse cogitando contratar uma consultoria, daria preferência a quem já é conhecido no mercado, ou que foi recomendado por um colega que utilizou os serviços de um consultor, ou se arriscaria contratar alguém que nunca prestou consultoria antes? É por isso que a maioria dos consultores iniciantes começa prestando serviços a empresas em que já trabalharam. Outro ponto importante é que você precisará se tornar conhecido, e poderá fazer isso de várias maneiras não excludentes. Enviando e-mails a empresas, escrevendo um livro, oferecendo palestras gratuitas a associações de classe. Finalmente, precisará ter paciência para lidar com rejeições. Primeiro, porque não será fácil conseguir entrevistas com profissionais com poder de decisão que poderão vir a contratá-lo. E segundo porque, de cada dez apresentações que você fizer, nove resultarão em respostas negativas. Dito tudo isso, e antes que você possa pensar que eu o esteja desestimulando, permita-me dizer que apoio inteiramente a sua decisão. Em minha opinião, a consultoria autônoma será uma das melhores profissões do século 21 porque, cada vez mais, as empresas estão preferindo pagar a terceiros por um trabalho pontual do que manter empregados efetivos.

Palavras-chave: empreendedorismo, recomeçar a carreira, salário, proatividade, marketing pessoal, riscos, *networking*, consultoria, experiência prática.

187

Por duas vezes, fui passado para trás em promoções porque não tenho diploma de curso superior. No ano passado, meu gerente me prometeu que, se eu entrasse numa faculdade, a próxima vaga seria minha. Pois bem. Comecei a cursar Administração no começo deste ano e, na semana passada, tive a surpresa de ser preterido pela terceira vez. Um colega com menos tempo de empresa, mas com curso superior completo, foi o escolhido. Meu gerente me explicou que eu ainda estou no começo do curso e que preciso ter um pouco de paciência porque minha hora vai chegar. Lembrei meu gerente da promessa que ele me havia feito, mas ele desconversou e afirmou que de fato tinha me prometido uma promoção, mas não a primeira promoção que surgisse. Estou me sentindo injustiçado e enganado. O que devo fazer?

Bom, não vou afirmar que você talvez não tenha ouvido exatamente o que pensou ter ouvido ("comece uma faculdade e você será promovido"), mas é possível que tenha entendido o que esperava escutar. A segunda possibilidade é que seu colega que foi promovido realmente reúne mais condições do que você para ocupar o cargo neste momento, e por isso foi escolhido.

A terceira possibilidade é que seu gerente de fato lhe fez a promessa que você ouviu, mas a decisão da promoção não dependia só dele, e alguém com mais poder que ele melou o processo. Nesse caso, para não ter que atribuir a culpa a um superior, seu gerente decidiu absorver o golpe, o que foi uma atitude sensata da parte dele. O que eu lhe sugiro é não se precipitar. Se você está numa boa empresa, e tem uma chance concreta de vir a ser promovido em breve, pedir a conta não seria recomendável, até porque a função a que você se candidataria em outra empresa seria a mesma que tem agora. Você estaria trocando seis por meia dúzia, só que o seis tem mais probabilidade de se tornar nove do que a meia dúzia. Porém, sugiro que você atualize seu currículo e também sua lista de contatos. Vá se preparando para trocar de emprego, mas, por enquanto, dê um voto de confiança a seu gerente. Se você vier a ser novamente preterido, aí sim será hora de sair. Mas não saia sem ter outro emprego já arrumado, porque aí você estaria trocando uma situação desconfortável por uma situação imponderável.

Palavras-chave: formação acadêmica, expectativa, chefe, salário, confiança, concorrência, sabotagem.

188

Trabalho dez horas por dia e não ganho o suficiente nem para pagar a conta do supermercado, mesmo sendo um técnico especializado. Meu salário está na média da minha categoria, mas sinto como se estivesse vivendo no século passado. É esse o propósito do mercado de trabalho: sugar os trabalhadores?

A grande diferença entre os tempos idos do mercado de trabalho e o tempo presente está numa palavrinha: oportunidade. Se bem me lembro das histórias que minha avó me contava, todos os nossos parentes haviam terminado a vida profissional mais ou menos na mesma condição em que haviam começado. O grande projeto de um trabalhador era se aposentar. Não era estudar, viajar, mudar de emprego, ser promovido, ganhar mais ou ser dono de uma empresa. Ninguém tinha muita esperança de que alguma mudança significativa pudesse acontecer, e todos se sujeitavam ao que era oferecido. Hoje, um jovem da classe E já pode pensar em fazer um curso superior. Comparativamente, é um tremendo progresso, mas isso não quer dizer que chegamos ao momento em que as coisas estão ótimas. Muito pelo contrário. Estamos evoluindo gradativamente, e não chegamos nem perto do que se poderia chamar de uma vida com qualidade. O trabalho ainda ocupa a maior parte do tempo em que estamos acordados, e continua a ser o centro de nossas preocupações. Temos que repetir sempre isso, como você mesmo fez, para que ninguém pense que estamos satisfeitos. Não estamos. Queremos ganhar dez vezes mais, trabalhando dez vezes menos. Queremos uma sociedade igualitária, que enriqueça os pobres sem empobrecer os ricos. Então, minha sugestão seria esta: reclame, mas não fique só na crítica. Faça algo prático a respeito. Estude, esforce-se, não desista. Você está certo, mas o mundo não está errado. Ele está apenas evoluindo. Mais rapidamente do que nunca, mas ainda mais devagar do que gostaríamos.

Palavras-chave: salário, desvalorização, expectativa, proatividade.

189

Tive uma das maiores decepções de minha vida ao visitar uma empresa na qual trabalhei e da qual saí faz três anos. Em minha despedida, meus colegas promoveram uma festa e meu chefe fez um discurso elogiando meu trabalho e disse que as portas da empresa estariam sempre abertas para mim. Pois bem, descobri que não estavam. Aproveitando um dia livre, decidi dar uma passadinha na ex-empresa para rever os antigos colegas. Minha decepção começou na portaria. Ninguém me reconheceu, porque todos os porteiros haviam mudado. Meu ex-chefe me atendeu apenas pelo telefone e me disse que estava ocupado demais para me receber naquele momento. Quando solicitei que ele autorizasse minha entrada para falar com outras pessoas, ele me respondeu que as normas da empresa não permitiam que ele desse essa autorização. Fui embora arrasado. Nos catorze anos que passei ali, eu era apontado como um exemplo a ser seguido. Agora, nem um cafezinho eu pude tomar. Fiquei sem entender o que fiz de errado.

Você não fez nada errado. Apenas confundiu relação profissional com amizade pessoal. Ao deixar a empresa, seu compromisso com ela cessou, e vice-versa. A festa que lhe deram marcou o final dessa relação. O discurso das portas abertas feito por seu chefe dizia respeito somente ao campo profissional. Se você tivesse algo a oferecer em termos de negócios, seria bem recebido. Casos como o seu são cada vez mais comuns porque a rotatividade está aumentando e a memória das empresas está ficando cada vez mais curta. Espero que você tenha mantido contato frequente com alguns de seus antigos colegas, não porque eram seus amigos, mas porque podem ser uma boa fonte de referência, caso você necessite. Os amigos de verdade eram dois ou três, embora nos anos que passou na empresa você provavelmente tenha convivido com centenas de colegas que o elogiavam e davam a impressão de serem seus amigos do peito. O mais frustrante nessa história é que você só descobre quem são seus verdadeiros amigos depois que sai da empresa. Enquanto você está nela, não há como saber.

Palavras-chave: elogios, expectativa, desvalorização, amizade, *networking*, cultura empresarial.

190

Estou me formando em Pedagogia e pretendo utilizar esses conhecimentos em empresas. Tenho muitas ideias que poderão contribuir para melhorar o clima organizacional, reduzir o estresse e aumentar a motivação geral. Porém, não sei como propor meu trabalho a uma empresa. A questão é: como alguém se candidata a uma vaga que não existe?

Creio que a resposta vale para todos os jovens que terminam uma graduação e se encontram na mesma situação. Todos têm vontade de aplicar imediatamente o que aprenderam e sabem que poderiam contribuir bastante, caso lhes fosse dada uma oportunidade. A questão é que essa oportunidade não existe porque as empresas estão mais ocupadas em contratar funcionários para executar tarefas rotineiras. Isso não afeta apenas a quem se forma em Pedagogia. Alguém que acabou de se formar em Administração, por exemplo, não vai ser contratado para administrar um setor. Durante algum tempo, irá desempenhar uma tarefa burocrática. A mesma coisa ocorre com um recém-formado em Psicologia, em Relações Públicas, em Economia ou numa variedade de outros cursos. Ao entrar numa empresa, esses jovens irão desempenhar tarefas que, eventualmente, pouco terão a ver com o curso que concluíram. E, muitas vezes, serão tarefas ordinárias, que poderiam ser perfeitamente desempenhadas por quem não concluiu curso superior algum. Isso significa que o sistema está falhando? Não. Significa apenas que existe um processo comum à grande maioria das empresas. Um funcionário é admitido e durante algum tempo, que pode chegar a dois ou três anos, irá ganhar a confiança da empresa executando tarefas que podem parecer banais, mas que são vitais para o funcionamento daquela organização. Aqueles que se destacam fazendo o que qualquer um pode fazer, ganham posteriormente oportunidades para desempenhar tarefas mais importantes e mais criativas. Em resumo, é preciso pagar um pedágio antes de dar o primeiro salto profissional. Para quem tem muita pressa, esse período vai parecer uma eternidade. Mas basta perguntar a qualquer gerente ou diretor como ele começou a carreira e a resposta será a mesma: executando tarefas de rotina, abaixo de sua qualificação acadêmica. O início da carreira é sempre uma mistura de muita competência e um pouco de paciência.

Palavras-chave: formação acadêmica, motivação, começar a carreira, estágio, cultura empresarial.

191

Estou numa tremenda saia-justa. Atuo na área de Recursos Humanos e fui solicitada a iniciar um processo confidencial de seleção para substituir um funcionário antigo de casa. Acontece que esse funcionário é meu amigo pessoal. Amizade mesmo, de muitos anos. Agora, se eu contar para meu amigo que ele está na marca do pênalti, pronto para ser chutado, eu estaria desobedecendo a uma determinação superior para manter o processo em absoluto sigilo. Se eu não disser nada, quase certamente perderei o amigo. Já descobri que a solução mais fácil, a de eventualmente transferir meu amigo para outra área, está fora de cogitação. A diretoria decidiu pela demissão e não vai mudar de ideia. Estou dividida entre a amizade e o zelo profissional, e pergunto qual seria o melhor caminho.

O caminho mais profissional é manter o processo em sigilo. Ao ser contratada para exercer sua atual função, você assumiu um compromisso: o de seguir as determinações superiores. A sua amizade com o futuro demitido é um fator casual que não pode se sobrepor à obrigação profissional. Isso posto, se eu estivesse em seu lugar, falaria com o amigo. Diria para ele se preparar para uma possível demissão, sem afirmar que será demitido. Se ele não entender a óbvia mensagem, e perguntar: "Por quê? Vou ser mandado embora?", eu diria que essa possibilidade existe, e que seria conveniente ele estar preparado. Também me colocaria à disposição para orientá-lo, ajudá-lo a preparar um currículo e marcar eventuais entrevistas. Quando finalmente a notícia da demissão for dada, eu deixaria claro que fiz tudo o que estava ao meu alcance para evitar a demissão, mas a intransigência dos superiores estava acima de minhas forças. Este é um caso em que os profissionais racionais fariam uma coisa, e os emocionais fariam outra. Não há uma solução perfeita, e a menos imperfeita seria tentar preservar a amizade, mas sem o risco de comprometer a carreira.

Palavras-chave: amizade, demissão, sinceridade, obrigações, hierarquia, reações emotivas, o que falar, prioridade.

192

Estou há cinco meses nesta empresa. Na entrevista, me foi dito que haveria a possibilidade de a empresa custear uma pós-graduação para mim. Foi essa cenoura que me fez aceitar a proposta, uma vez que o salário seria o mesmo que eu ganhava na empresa anterior. Porém, já estou percebendo que as coisas não serão tão simples como eu pensava. A empresa de fato está pagando cursos para alguns funcionários, mas é preciso cumprir algumas metas para obter a aprovação do custeio. Como essas metas são anuais, eu só vou saber se terei direito ao curso daqui a oito meses. E como as metas são bastante apertadas, talvez eu não consiga atingi-las neste primeiro ano. Pensando com mais cuidado no que ouvi na entrevista, a frase "existe a possibilidade" não implicou uma promessa, embora eu houvesse entendido dessa forma, já que o entrevistador não me falou nada sobre metas. A bem da verdade, hoje a possibilidade de que eu não consiga o pagamento do curso me parece maior. Estou em dúvida se fui enganado, descuidado ou ingênuo.

Eu diria que você foi apressado. Ao ouvir o que lhe pareceu uma promessa, você poderia ter perguntado ao entrevistador se o pagamento do curso teria alguma condição ou prazo de carência. Mas, em entrevistas, muita gente fica naquela dúvida se uma pergunta mais específica pode soar ofensiva. Afinal, a entrevista está indo tão bem e o entrevistador parece tão sincero que, naquele momento, parece mais razoável ao candidato acreditar no que pensou ter ouvido, e não no que realmente ouviu. E esse é o ponto fundamental: candidatos a emprego não podem deixar pontas soltas na entrevista, principalmente quando a ponta solta está no principal motivo para aceitar a proposta. Uma entrevista dura meia hora. Uma pergunta, um minuto. Mas o efeito durará meses, ou anos. É muito tempo para, como ocorreu literalmente com você, deixar o dito pelo não dito.

Palavras-chave: cursos, expectativa, processo seletivo, o que falar, transparência.

193

Pedi demissão e fui chamada ao setor de Recursos Humanos para fazer uma entrevista de saída. Uma funcionária pegou uma folha e começou a me fazer perguntas que fui respondendo sinceramente. Ao final, a funcionária pediu que eu assinasse o documento e respondi que queria ler antes de assinar. Ao ler, notei que minhas respostas poderiam ser interpretadas como críticas, porque o relatório somente tinha perguntas sobre fatos e situações negativas. Ponderei que a empresa tinha muitas

coisas boas que não me foram perguntadas, e me propus a fazer um relatório pessoal. A funcionária disse que não era necessário e encerrou a entrevista. Estou em dúvida se esse documento é obrigatório e se minha recusa em assiná-lo pode vir a me prejudicar.

Não, não é obrigatório. Você poderia simplesmente ter se recusado a responder às perguntas, se quisesse. Mas você fez bem em responder. A entrevista de saída é importante porque revela à empresa os motivos que levam alguém a pedir a conta, como foi o seu caso. Com uma análise consciente desses relatórios, será possível corrigir falhas internas que impeçam outras pessoas de também querer sair. Foi por isso que as perguntas se concentraram mais nas coisas que desgostaram você. Ninguém pede demissão se tudo está bem. O fato de você não ter assinado o questionário também não tem importância. O que interessa à empresa é a sua opinião, e você já a tinha dado. Espero que a empresa faça bom uso das informações que você forneceu, porque conheço empresas em que essa entrevista de saída é meramente uma formalidade burocrática, e a folha é arquivada na pasta do demitido, sem que providências sejam tomadas. Ou, o que é ainda pior, o relatório é avaliado, mas as respostas não são levadas em consideração, como se o demitido estivesse exagerando, ou vendo tudo errado, ou sendo ingrato. Quando bem utilizada, a entrevista de saída pode mostrar para uma empresa que ela não está sendo vista como gostaria de ser. Conheço uma empresa, uma só, cujo presidente lê todas as entrevistas de saída. Ele diz que faz isso porque poucas informações que chegam a um presidente são tão claras e tão objetivas quanto a opinião sincera de quem está indo embora.

Palavras-chave: demissão, obrigatoriedade, reputação.

194

Gostaria de saber se é válido colocar uma frase de um grande pensador ao final de um currículo, para diferenciá-lo dos demais currículos.

Vamos começar pela definição do que é um currículo. É uma lista de informações acadêmicas e profissionais que permitirão ao selecionador decidir se você deverá ser chamada para uma entrevista pessoal. Ao colocar uma frase, seja ela filosófica ou religiosa, você está tornando seu currículo diferente, mas nesse caso diferente não necessariamente significa melhor. Digamos que você esteja se candidatando a uma vaga na área financeira. Você relacionou os cursos que concluiu, os empregos que teve, as funções que desempenhou. Aí, para terminar, você escreve: "A coragem é a primeira qualidade humana, pois garante todas as outras. Aristóteles". Ao ler isso, o entrevistador poderá pensar que você é um candidato acima da média porque incorporou uma secular pérola da sabedoria grega em seu currículo. Ou poderá pensar: "O que isso tem a ver com a rotina da área financeira?". E aí descartar o seu currículo. Esse é o risco, porque você não conhece a pessoa que irá avaliar o seu currículo.

Não sabe o que ela pensa, o que estudou, que tipo de conversa aprecia e qual detesta. E, mesmo que você dê a sorte de a primeira pessoa que ler o seu currículo gostar da frase, muito raramente um processo de seleção será resolvido por uma única pessoa. E pode ser que a segunda ache que frases soltas em currículos é algo tão fora de realidade quanto chinelo em baile de gala. É por isso que se recomenda que as informações contidas no currículo sejam apenas aquelas adequadas à empresa que está recrutando e ao cargo pretendido. Depois, em uma entrevista, será possível mencionar de passagem fatos e frases sobre religião, política ou lazer que possam criar empatia com o entrevistador. Mas tentar antecipar no currículo a formação e as preferências da pessoa que irá lê-lo seria, como bem disse Aristóteles, muita coragem. Só que, na hora de batalhar por um emprego, ter coragem é sem dúvida uma grande qualidade, mas ter bom senso costuma dar mais resultado.

Palavras-chave: currículo, prioridade, expectativa, processo seletivo, riscos.

195

Eu me formei aos 33 anos. Só tive dois empregos na vida e estou no atual faz oito anos. Como minha empresa não possui uma área equivalente àquela em que me formei, cadastrei-me em sites de emprego e fiquei surpreso quando fui contatado por uma agência de emprego, que me convidou para uma entrevista. Fui e descobri que a vaga oferecida tinha tudo a ver com o que eu desejava. Paguei R$ 2 mil e fiquei aguardando a confirmação da data

do início do trabalho para poder solicitar minha demissão da empresa atual. Porém, a tal agência simplesmente desapareceu. Quinze dias depois, quando fui ao local em que fiz a entrevista, ele estava vazio. Estou abismado e me sentindo mal por, aparentemente, ter caído numa pegadinha. O que posso fazer a respeito?

Tudo indica que você, infelizmente, foi vítima do golpe do emprego. Quando alguém coloca um currículo na internet, ele pode ser visto por muitas empresas idôneas, mas também por muita gente sem escrúpulos. Esse segundo grupo é composto por agências que sabem exatamente o que procurar. Profissionais com idade acima de 30 anos, que tiveram ou têm um único emprego na vida, ou – como no seu caso – que se formaram tardiamente em um curso superior, visando dar um salto na carreira. Essas pessoas, de modo geral, não estão acostumadas a participar de processos seletivos e tendem a ser mais facilmente enganáveis. Aí, a agência faz o contato e diz que tem a vaga perfeita. Tão perfeita que parece que a vaga foi criada especificamente para aquele profissional. E foi mesmo. A vaga não existe. Depois de ser impressionado por um escritório bem montado e algumas entrevistas com pessoas cujo mérito é saber impressionar, o candidato é convidado a pagar previamente uma quantia que varia entre R$ 1 mil e R$ 5 mil. Nesse momento, alguns candidatos cheiram o golpe, outros não. Pagam e depois nunca mais conseguem um contato com a tal agência. Será possível reaver o dinheiro? É difícil, porque provavelmente o candidato assinou, sem prestar muita atenção, algum documento no qual estava escrito que estava apenas sendo preparado para conseguir um emprego. Ou, o que é pior, o candidato pagou sem assinar documento algum, o que torna sua situação ainda mais difícil. De qualquer forma, vale a pena denunciar a agência ao Procon. Se os responsáveis forem localizados, a possibilidade de reaver o dinheiro será grande. O mais importante, porém, é ter em mente que agências de recrutamento sérias não pedem dinheiro adiantado para conseguir uma vaga. É a empresa que vai contratar, e não o candidato, que paga pelo serviço de seleção. Portanto, fica o alerta geral. Se for mencionado um pagamento antecipado em troca de uma vaga praticamente certa, nem é preciso dizer "não, obrigado". Apenas escape o mais rápido que puder.

Palavras-chave: ética, contratação, currículo, situações inéditas, transparência, sabotagem, riscos.

196

Estou em dúvida quanto ao curso superior que devo fazer. Já consultei muita gente, ouvi muitas sugestões e opiniões, e quanto mais eu escuto, mais minhas dúvidas aumentam.

Então aqui vão mais algumas dicas para você considerar. Primeira: não escolha um curso só porque o nome dele é atraente ou diferente. Se você não conhece nenhuma pessoa que se formou naquele curso e esteja atuando na área, isso já é um sinal de preocupação. É exatamente nesses cursos que ocorre maior número de desistências nos dois primeiros anos. Segunda:

SUA CARREIRA DIRETO AO PONTO **259**

não escolha um curso porque você tem algum amigo que está fazendo e gostando muito. Por mais que um curso possa preencher o gosto pessoal imediato de alguém, o objetivo dele é gerar uma oportunidade de emprego para toda a vida, e não quatro anos de satisfação escolar. Terceira: não descarte as possibilidades mais conservadoras. Não é porque um curso existe há muitas décadas que se tornou antigo ou obsoleto. Bons cursos nunca envelhecem porque o mercado se renova, e esse é o caso, por exemplo, de Engenharia Civil, Engenharia de Produção, Administração e Tecnologia da Informação. Em relação ao número de formandos, esses são os cursos que proporcionam mais vagas no mercado de trabalho. Quarta: não existem cursos que não irão gerar empregos, mas há alguns que irão necessitar de algo além do diploma, porque já existe uma razoável saturação de profissionais no mercado. É o caso, para citar alguns, de Psicologia, Comunicação Social e Odontologia. Quem opta por um deles precisa ter ou estabelecer contatos com profissionais da área enquanto ainda está estudando. Esperar para procurar um emprego somente depois de formado pode vir a causar frustrações. Finalmente, quem pesquisar mais, conversar mais e perguntar mais, como você está fazendo, terá menos chances de vir a se arrepender da escolha que vier a fazer. Último ponto, mas muito importante. Muitos jovens entram em choque com os pais na hora de escolher o curso. Nesse momento, os dois lados precisam ter argumentos práticos para poder conversar, para que a discussão não se transforme em uma disputa para ver quem é mais teimoso.

Palavras-chave: formação acadêmica, amizade, *networking*, proatividade.

197

Sou um pequeno empresário. Tenho dezesseis funcionários e procuro seguir sempre a legislação. Minha pergunta é: por que a legislação tende sempre a ficar do lado do funcionário? E os direitos do empregador, que eu nunca vi?

Nos alicerces das leis trabalhistas existe uma palavra que muito raramente usamos: hipossuficiente. Ela significa "a parte mais fraca", aquela pessoa que precisa ser protegida porque não dispõe de meios ou recursos próprios para fazer frente a uma situação financeira ou trabalhista. As leis do trabalho foram redigidas pensando-se na proteção do trabalhador, supostamente a parte mais fraca na relação com uma empresa. Acontece que as leis, para poder oferecer essa proteção, listam uma série de responsabilidades que o empregado deve cumprir. Se o empresário se dispuser a ler, com isenção de ânimo, cada um dos artigos da Consolidação das Leis do Trabalho, notará que os direitos e os deveres são divididos. Para dar um exemplo dentre muitos, o empregador é protegido quando o empregado falta sem justificativa. A lei faculta ao empresário o direito de descontar as horas, ou o dia inteiro, e de aplicar punições em caso de reincidência. O que eu acredito que exista nessa relação é a visão parcial de cada uma das partes. Cada uma vê o que lhe mais lhe interessa. Para o empregado, não importa se a empresa está cumprindo com 99% de suas obrigações, se descumprir só uma delas. Para o empregador, é a mesma coisa. O empregado pode ser bom em tudo, mas, se falhar em algum ponto, aquele quesito adquire uma significância maior e, muitas vezes, desproporcional. Em resumo, as leis são uma cartilha básica para que os dois lados se comportem devidamente, sem desagradar um ao outro. Quando existe algum desacordo que não possa ser resolvido pacificamente, a Justiça do Trabalho decide quem tem razão. Na internet, existem milhares de páginas com decisões de juízes trabalhistas. E, como pode ser constatado, nem sempre a sentença é favorável ao empregado. O juiz procura dar razão a quem tem razão, com base no que diz a lei. Porém, como as duas partes sempre acreditam que têm razão, o número de processos trabalhistas beira a insanidade: são cerca de dois milhões a cada ano.

Palavras-chave: leis trabalhistas, empreendedorismo, obrigações, chefe.

198

Tenho 22 anos e vou me formar no ano que vem. Meu objetivo sempre foi entrar numa empresa privada e construir uma carreira. Acontece que meu pai é dono de uma fábrica de pequeno porte, e vive repetindo para quem quiser ouvir que sou o sucessor dele. Por isso, ele quer que eu comece a trabalhar na fábrica da família, passando alguns meses em cada setor, para que eu possa entender e assimilar os detalhes da operação. Sinceramente, não é isso que eu quero, mas pai é pai, e a pressão é grande. O que eu posso dizer para ele?

Diga que você aprenderá muito mais se começar a trabalhar longe dele. Salvo raras exceções, o pai que montou uma empresa e a transformou em um empreendimento viável não é lá muito chegado a abrir mão do comando dela. Ao ir para o mercado de trabalho, você ganharia não apenas maturidade profissional, mas também o respeito de seu pai, caso a sua carreira deslanche. E aí você poderia conversar com seu pai tendo uma posição mais fortalecida. Dito isso, preocupa-me o fato de que você tem 22 anos e ainda não trabalha. Você já deveria ter começado há dois ou três anos. Se tivesse, hoje provavelmente não estaria entrando nessa rota de colisão de interesses com seu pai. Talvez ele esteja preocupado pelo fato de você só estar estudando e tenha a intenção de proteger você ao mantê-lo perto dele. Essa situação, que você talvez não tenha avaliado, seria ainda pior do que a que você descreveu. Filhos que começam a trabalhar cedo escapam do impasse em que você se encontra agora. Minha dica para você seria esta: não importa a decisão que venha a tomar, tome-a imediatamente. Ir para o mercado ou começar na fábrica de seu pai. Eu só sugiro que você não passe mais um longo ano ouvindo o que não quer e falando o que seu pai não deseja ouvir.

Palavras-chave: começar a carreira, família, experiência prática, idade, proatividade.

199

Fui contratada para substituir um coordenador da área de Compras que foi promovido a gerente em outro setor da empresa. Ele é muito estimado por seu carisma, e todas as pessoas com as quais conversei fizeram elogios a ele. Porém, para me inteirar da rotina do setor, fiz uma verificação do trabalho dele e descobri

muitos erros. Não por desonestidade, mas por incompetência. São erros que fizeram com que a empresa perdesse uma razoável quantidade de dinheiro. Aparentemente, o gerente financeiro tinha tanta confiança no coordenador que não se dava ao trabalho de verificar os detalhes do que ele fazia. Para complicar, a auditoria interna tem apenas dois funcionários, que também não tiveram tempo suficiente para fazer uma análise detalhada dos documentos do meu setor nos últimos doze meses. Agora, não sei se fico calada ou se reporto o fato ao gerente, mesmo tendo provas do que estou afirmando.

Belo pepino. Vou lhe dar primeiro a sugestão mais profissional. Pergunte ao seu gerente se ele deseja que você faça algum tipo de levantamento do movimento dos últimos meses. Se o gerente quiser saber qual a razão de sua pergunta, explique que na empresa anterior lhe foi pedido para fazer esse tipo de levantamento. Se você descreveu bem o seu gerente (ou seja, ele vê somente o resultado final, sem dar muita atenção aos detalhes), ele lhe dirá para não se preocupar com o passado. Se lhe disser para fazer o levantamento, faça e apresente os resultados a ele num relatório confidencial, tomando o cuidado de reportar apenas os fatos dos quais você tem provas irrefutáveis. O que acontecerá depois é difícil dizer, mas não creio que você venha a sofrer represálias por ter sido uma profissional correta e eficiente. Porém, é provável que venha a ter sérios problemas com o fã-clube do ex-coordenador, considerando-se que ele continua na empresa, e num cargo mais elevado do que o seu. A segunda sugestão seria você não fazer nada. Entre as duas sugestões, esta é a que trará menos problemas para todos os envolvidos, incluindo você. Em seu lugar, creio que optaria pela sugestão número um, mas nunca estive numa situação semelhante à sua porque sempre achei mais prudente não remexer no trabalho dos antecessores dos cargos que ocupei.

Palavras-chave: sinceridade, o que falar, críticas, reputação, chefe, situações inéditas.

200

Tenho 20 anos. Comecei a trabalhar aos 18 e tive dois empregos até agora. Fiquei dez meses no primeiro e oito no segundo. No primeiro, pedi demissão porque não via possibilidades de progresso profissional. Do segundo, saí porque fiquei decepcionado com a maneira como a empresa tratava seus colaboradores. Um ambiente frio, para dizer o mínimo. Estou há quatro meses buscando outra colocação e tenho sido sincero quando os entrevistadores me perguntam por que saí dos empregos anteriores. Mas sinto que minha sinceridade incomoda quem me entrevista. Resultado: não tenho conseguido nada.

Vou tentar lhe explicar. A reação de cada profissional em relação a um novo emprego é uma questão de expectativa pessoal. Quanto mais baixas forem essas expectativas, melhor e mais rapidamente o profissional irá se adaptar a qualquer empresa. No seu caso em particular, você idealizou o que o mercado de trabalho deveria ou poderia ser. A diferença entre a idealização e a vida prática é que empresas não contratam empregados para que eles tenham uma carreira de sucesso. Isso é a consequência. Empregados são contratados com a finalidade de executar tarefas bem definidas de curtíssimo prazo. Aqueles que fazem isso com mais eficiência se destacam. Portanto, você saiu da primeira empresa sem dar tempo suficiente a ela. No tocante ao ambiente de trabalho, a variação é enorme. Há empresas mais tradicionais, que você preferiu chamar de frias, e há outras mais liberais, tanto no traje como no relacionamento entre as pessoas. Nas entrevistas que vem fazendo, você está de certa forma expressando o que uma empresa deveria fazer por você, quando o entrevistador está interessado em saber o que você pode fazer pela empresa. Não estou dizendo que você esteja errado. Estou apenas enfatizando o que você já descobriu: candidatos dispostos a aceitar o que a empresa é têm mais chances de ser contratados. Se um dia você considerar a possibilidade de vir a ter seu próprio negócio, entenderá melhor o que tentei explicar. Ao entrevistar os candidatos que irão trabalhar para você, será que contrataria alguém que se comportasse na entrevista da maneira como você está se comportando, ou daria preferência aos candidatos que aceitassem os seus pontos de vista?

Palavras-chave: vários empregos em pouco tempo, sinceridade, expectativa, processo seletivo, adaptação, cultura empresarial, contratação, crescimento pessoal, ambiente de trabalho.

201

Sou operador de máquina. Cometi um erro técnico no desempenho da minha função, erro este que resultou em prejuízo. **Meu superior me disse que o valor será descontado do meu salário, e pergunto se é correto e legal que empresas compartilhem suas perdas com os funcionários.**

A resposta é sim, mas desde que isso esteja escrito com todas as letras no contrato de trabalho. Funcionários que lidam com dinheiro vivo em bancos, por exemplo, são responsáveis por eventuais diferenças de caixa no final do dia. Isso é dito claramente no momento da contratação, e o funcionário só é admitido após afirmar que entendeu o procedimento, que concorda com ele, e então assinar o contrato de trabalho. Fora isso, nenhuma empresa pode obrigar um empregado a ser sócio no prejuízo. Se você mover uma ação trabalhista pedindo o ressarcimento da quantia descontada, irá ganhar a causa. A dúvida é: você deve fazer isso já? Se não se importa em perder o emprego, deve. Caso contrário, pode esperar. O prazo para mover uma ação é de dois anos após a data da demissão, e podem ser reclamados os cinco anos anteriores. Seria mais conveniente que você encontrasse outro emprego dentro dos próximos dois anos, se estabilizasse nele, e só aí pedisse o ressarcimento do desconto na Justiça do Trabalho. Indo um pouco mais longe no assunto, a sua empresa poderia fazer constar no contrato de trabalho que os operadores teriam que pagar pelos eventuais erros cometidos no desempenho da

SUA CARREIRA DIRETO AO PONTO **267**

função? Não. As perdas operacionais são um risco do negócio, e o risco é sempre do empregador. Empregados podem ser punidos ou demitidos por ineficiência ou incompetência, mas não podem ser cobrados pelos valores em questão. Em casos de desonestidade com apropriação indébita, a empresa pode mover uma ação civil contra o empregado. Mas esse certamente não é o seu caso.

Palavras-chave: contrato, obrigatoriedade, demissão, leis trabalhistas, riscos.

202

Após a chegada de um novo gerente, tive dois aumentos em menos de um ano. Embora eu tenha a certeza de que esses reajustes se deveram unicamente ao meu esforço e às minhas contribuições, percebo que muitos de meus colegas não ficaram satisfeitos com meu sucesso. Acredito que alguns pensam em favorecimento ou algo assim. Tenho mantido minha postura de sempre, ignorando o diz que diz e colocando-me à disposição do gerente para executar até mais tarefas, se ele achar necessário. Posso assumir que estou no caminho certo?

Sua pergunta me pareceu uma afirmação seguida por um ponto de interrogação, mais para efeito ornamental do que por uma dúvida genuína. Percebe-se que você está seguro de que a opinião dos colegas a seu respeito não tem importância alguma. Pode até ser que você esteja certo, mas vou lhe dar uma sugestão: não permita que uma corrente negativa se forme ao seu redor. Cumprimente os colegas, mesmo aqueles que lhe torcem o nariz ou lhe viram a cara, e ofereça a eles toda colaboração que puder. Por um motivo bem simples. Está claro que o novo gerente gostou de você, do seu estilo e do seu trabalho. Isso acontece. Mas seu gerente pode vir a desocupar a poltrona. Ele pode ser promovido, transferido ou mudar de empresa. E não necessariamente o substituto dele terá por você o mesmo apreço. Não estou afirmando que isso vai acontecer, mas que pode ser que ocorra. E, caso aconteça, você se verá numa situação incômoda: ter a antipatia generalizada dos colegas. Como gerentes novos costumam ser sensíveis às opiniões da maioria, você poderá ficar isolado. Por isso, sugiro que você faça o possível para demonstrar que continua sendo mais um na turma, e não é nem quer ser tratado como se fosse uma exceção. Pode ser que você continue merecendo aumentos e promoções e chegue à presidência da empresa, mas não perderá nada e ganhará muito se souber agregar a seu cardápio de talentos um ingrediente que os colegas apreciam bastante: humildade.

Palavras-chave: salário, perseguição, relacionamento com colegas, marketing pessoal, crescimento pessoal, elogios.

203

Sou gerente em uma empresa de grande porte. Recentemente entrevistei uma moça de 26 anos para uma vaga de assistente. A entrevista ia bem até que a moça me disse que se preocupava muito com qualidade de vida e que não faria horas extras. Fiquei

perplexo. Como uma pessoa de 26 anos, que deveria estar preocupada em construir uma carreira, pode jogar fora um bom emprego só por causa de algumas horas extras por mês? Não que eu também não queira ter uma boa qualidade de vida, mas entendo que o trabalho seja fundamental para chegarmos a algum lugar. Estou muito por fora do mercado?

Não, não está. Pelo contrário, está muito bem afinado com ele. Assim como você, eu também acredito que é possível ter uma carreira de muito sucesso e uma excelente qualidade de vida, mas será muito, muito difícil, ter as duas coisas ao mesmo tempo. Como você não disse se contratou a moça ou não, presumo que não tenha contratado. Mas você viveu um momento muito especial em entrevistas: estar diante de uma candidata que, primeiro, estabeleceu limites para sua vida profissional. E, segundo, foi totalmente sincera e transparente, sem se incomodar se isso iria eliminá-la do processo de seleção. Uma candidata que tem sua própria definição de sucesso, o que, entre outras coisas, significa que ela não está disposta a abrir mão de seus valores pessoais, mesmo sabendo que agindo assim nunca chegará a ter um cargo importante numa grande empresa. Certamente, você encontrará a candidata com o perfil desejado pela empresa porque a grande maioria dos candidatos se mostra cada vez mais disposta a aceitar qualquer coisa que a empresa peça ou imponha para conseguir uma vaga. Eu resumiria dizendo que você tem razão. A moça não era a candidata adequada para a sua empresa. Mas ela também tem razão. Sua empresa não era adequada para ela. Espero que você encontre a profissional que procura, e que a moça encontre uma organização que a entenda. Conhecendo o mercado, eu diria que será mais fácil para você do que para ela.

Palavras-chave: contratação, hora extra, prioridade, transparência, sinceridade, expectativa.

204

Sou concurseiro. Embora ache a palavra meio pejorativa, decidi sacrificar uma possível carreira em uma empresa privada para passar em um concurso público. Até agora, e já se vão três anos, ainda não consegui, mas sei que vou conseguir. Alguma sugestão?

Sim, várias. A palavra "concurseiro" ainda não entrou no dicionário, mas já faz parte do vocabulário de um razoável batalhão de pessoas no Brasil. São profissionais de todas as idades e com variados graus de instrução que se dedicam somente a estudar para concursos públicos, como você também vem fazendo. Os atrativos são inúmeros. Salários bem razoáveis, horários decentes, estabilidade garantida, aposentadoria integral. Além disso, as exigências em termos de escolaridade são menores do que nas empresas privadas, não há necessidade de experiência anterior na função, e não existe, na quase totalidade dos casos, a temível entrevista pessoal. Como na escola, passa quem tirar as notas mais altas. Logo, a conclusão é "não custa tentar". Na verdade, custa. Custa muito tempo e muito esforço. Os concurseiros ativos já sabem, mas aqui vão algumas dicas para iniciantes ou aspirantes. Primeiro, é preciso ter foco. Sair atirando em todas as direções geralmente faz com que o concurseiro quase acerte o alvo em muitos concursos, mas não acerte na mosca em nenhum. É preciso escolher uma direção, e aprender tudo sobre ela. É preciso ler cada sílaba dos editais, para ter certeza de que todos os pré-requisitos foram bem entendidos. Segundo, é preciso disciplina. O concurseiro estuda entre 12 e 16 horas por dia, seis dias por semana. Assistir televisão, surfar na internet, praticar esportes ou mesmo sair de férias deixam de fazer parte de sua rotina. Por isso, ele precisa ter um local isolado para se concentrar no estudo, em que não seja incomodado por ninguém. É necessária uma dedicação incomum para conseguir aguentar esse ritmo. Terceiro, é preciso resiliência. Não desistir, nem se desiludir após duas ou três tentativas. Para o concurseiro, cada concurso em que ele não passa é mais um aprendizado, não uma nova decepção. Quarta, é preciso apoio. A família precisa entender e estimular o concurseiro, que poderá passar anos estudando até conseguir ser aprovado. Pais que ficam pressionando por resultados imediatos são o pior pesadelo dos concurseiros. Em resumo, apesar das dificuldades, e ao contrário do que possa parecer para muita gente, é mais fácil conseguir um emprego atrativo numa empresa privada do que passar num bom concurso.

Palavras-chave: concurso público, salário, estabilidade, proatividade, família, adaptação, motivação.

205

No ano passado, a indústria em que trabalho contratou uma consultoria, que conversou com todos os empregados para entender a situação operacional e as expectativas individuais. Sabemos que dois pontos críticos foram levantados. O primeiro foi em relação aos equipamentos que utilizávamos no trabalho e que eram obsoletos, prejudicando a produtividade. O segundo foi em relação à remuneração dos empregados. Não recebemos vale-transporte nem vale-refeição, e sabemos que legalmente temos direito a esses benefícios. O primeiro ponto foi rapidamente solucionado, porque a consultoria mostrou que a empresa recuperaria em curto prazo o investimento feito em novos equipamentos, o que realmente aconteceu. Já no caso dos benefícios, a diretoria disse que iria estudar o assunto, e o caso foi esquecido. Queremos reivindicar o que julgamos ser o certo, mas não sabemos como fazer isso.

Uma opção seria procurar o sindicato da categoria. Mesmo não sendo sindicalizados, vocês recebem assistência do sindicato porque contribuem para ele com um dia anual de salário. Outra opção seria formar uma comissão de empregados para entregar uma reivindicação, por escrito, à área de Recursos Humanos. Sugiro que vocês comecem pela segunda opção, para não serem acusados pela diretoria de saírem buscando ajuda externa antes de tentar um entendimento interno. Essa comissão de empregados precisaria ter representantes de todos os setores da empresa, e pelo menos três pessoas por setor. É essa união que resultará numa posição mais fortalecida. Também é importante que vocês não adotem um tom de confronto na petição escrita.

Comecem dizendo que querem o melhor para a empresa, e terminem dizendo que uma resposta favorável certamente terá um efeito muito positivo na motivação geral. Acredito que o problema será conseguir pessoas suficientes para assinar essa petição. Na hora de botar o nome no papel, muita gente que hoje reclama irá pular fora. De qualquer forma, há uma diferença entre o justo e o legal. O justo é o que cada um acha; legal é o que a lei impõe. Se a lei de fato está do lado de vocês, a diretoria certamente acolherá a petição, por saber que a outra opção, a do sindicato, será bem menos conciliadora.

Palavras-chave: consultoria, salário, leis trabalhistas, obrigações, relacionamento com colegas, situações inéditas, produtividade.

206

Como faço para trabalhar numa empresa que leve em consideração o lado profissional e na qual não exista puxa-saquismo?

Primeiro, em toda e qualquer empresa do Brasil e do mundo existem puxa-sacos. Essa é uma característica pessoal, mas que só aflora em ambientes em que a badalação é permitida, porque neles existem chefes que apreciam elogios falsos. Por outro lado, há empresas que mantêm os puxa-sacos sob controle, impedindo que exercitem esse traço abjeto de personalidade. E como é – como você mesmo perguntou – que você descobre isso antes de ser contratado? Fazendo as perguntas certas na entrevista. Não que você vá perguntar algo do tipo:

"Só uma dúvida: como funciona o sistema de puxa-saquismo explícito aqui na empresa?". Mas você pode fazer a mesma pergunta de outro modo, por exemplo: "Qual é o método que a empresa adota para promoções?". Se você ouvir como resposta a palavra "meritocracia", é um bom sinal. Na meritocracia, cada funcionário tem metas e objetivos muito claros, e a recompensa se dá através dos resultados concretos. Se ouvir a expressão "avaliação de desempenho", também é um bom sinal, principalmente se a pessoa que está entrevistando você se dispuser a explicar como essa avaliação funciona na prática. E se o entrevistador lhe perguntar: "Como assim? Você nem entrou e já está pensando em ser promovido?", responda: "Sim, mas não tenho pressa. Primeiro, vou ter que demonstrar que mereço". Agora, se o entrevistador não souber lhe explicar de bate-pronto como as pessoas são promovidas, aí você já pode começar a ficar em dúvida. Quando não há um critério claro, os bajuladores tomam conta da situação. Finalmente, não incorra em um erro muito comum, que é confundir o puxa-saco com o político. Saber ser político significa entender a hierarquia, saber a hora de falar e a hora de se calar, ser capaz de construir alianças com os colegas e conseguir o respeito dos superiores. Ser puxa-saco é simplesmente esconder a incompetência atrás de elogios vazios. Um funcionário político, quando é competente, tem muito mais chances de ser promovido do que um funcionário até mais competente, mas que se mostre calado ou excessivamente crítico.

Palavras-chave: ambiente de trabalho, traços de personalidade, meritocracia, avaliação, processo seletivo, o que falar, marketing pessoal, hierarquia, etiqueta.

207

Tenho um cargo de liderança e meu próprio jeito de liderar. Sou educado, amistoso, falo baixo, treino, ensino. Sempre consigo alcançar os resultados determinados, mas meu diretor me cobra uma postura diferente. Ele diz que devo ser mais áspero e menos compreensivo em algumas situações porque é isso que se espera de um chefe. Pergunto: quem deve mudar, ele ou eu?

Antes de responder, posso até eventualmente concordar que seu diretor seja uma anta e que esteja desatualizado em relação às boas práticas de liderança do século 21. Dito isso, a resposta à sua pergunta é: você é que deve mudar, porque o diretor é seu chefe. Não que você deva mudar radicalmente e chegar amanhã cedo ao trabalho ameaçando enforcar seus subordinados se algum deles ousar tossir. Nada disso. Mas o fato de que você está atingindo os resultados determinados sendo um chefe compreensivo e camarada não significa que esteja atingindo o máximo que poderia atingir. E seu diretor está lhe dizendo que, com uma postura um pouco diferente em algumas situações, você poderia chegar a resultados ainda melhores. Ou talvez não seja nada disso, e seu diretor esteja apenas morrendo de inveja porque você é um chefe legal e ele é um chefe bronco. Mas, se for isso, como é que ele conseguiu chegar a diretor? Provavelmente, porque encarna bem a cultura interna da empresa. Eu lhe dou a seguinte sugestão: analise bem o ambiente. Se os outros diretores da empresa forem parecidos com o seu em termos de atitude, você só chegará a diretor caso também se comporte como eles. Se o seu diretor é um troglodita no meio de diretores que têm o mesmo estilo camarada que você, um dia você acabará assumindo a posição dele. Em meus tempos de executivo, eu agia exatamente como você. Porém, nunca ignorei o que um chefe tinha a me dizer. Seu chefe, assim como os meus, não quer que você se transforme de repente em um gladiador sem escrúpulos. Uma mudança mínima já o deixará satisfeito, sem que você precise deixar de ser como é.

Palavras-chave: liderança, traços de personalidade, adaptação, chefe, críticas, cultura empresarial, hierarquia.

208

Bobeei. Comecei a trabalhar cedo, mas não conduzi minha carreira corretamente. Mudei de área e de empresa diversas vezes, sempre seguindo meus sonhos, ideais e convicções. Fui muito filosófico e pouco prático. Hoje tenho 32 anos e não cheguei a lugar nenhum. Ainda dependo do meu pai financeiramente, tenho um currículo errático que não me ajuda a conseguir entrevistas, e muito menos um bom emprego, e estou desempregado mais uma vez. Não sei o que faço. Continuo seguindo meu coração, buscando o que gosto de fazer, com a esperança de que um dia serei recompensado?

Entre fazer o que você gosta e o que lhe dá mais dinheiro, a opção pelo dinheiro poderá lhe dar, um dia, recursos suficientes para fazer o que você gosta. Essa é a minha opinião, mas sei que é controversa. Teóricos do mercado de trabalho e defensores do politicamente correto certamente lhe recomendarão fazer o que você gosta. Eu defendo o lado mais prático e mais imediato, principalmente em casos como o seu, em que o romantismo já deu lugar suficiente ao realismo. Muitas vezes, há uma dicotomia entre aquilo que gostamos de fazer e aquilo que fazemos bem. Quantos jovens não gostariam de ser músicos e acabam optando por estudar Direito ou Administração e indo trabalhar numa empresa? E aí descobrem que são muito bons em algo que não era a sua primeira opção emocional, mas conseguem construir uma carreira bem-sucedida. Eu sou a favor de qualquer pessoa que queira perseguir um sonho, desde que ela entenda que a recompensa por isso não será garantida em termos monetários. E digo mais. A grande maioria dos profissionais que conheço não tinha a carreira atual como primeira opção quando eram jovens. Há casos em que procuramos uma carreira, e há casos em que uma carreira nos encontra. Aos 32 anos, você ainda tem muito tempo pela frente para encontrar uma carreira, ou ser encontrado por uma, desde que escolha um rumo e não se desvie mais dele.

Palavras-chave: vários empregos em pouco tempo, idade, currículo, riscos, crescimento pessoal, recomeçar a carreira, desemprego, prioridade.

209

Sou encarregada de um setor de *call center*. Minha equipe é composta de sessenta atendentes. Apesar de meus esforços, a rotatividade é alta. É muito raro um atendente completar um ano na função. O que posso fazer para unir e motivar minha equipe?

Permita-me tentar explicar o motivo da situação que você descreveu. Um funcionário permanece em uma empresa se forem dadas a ele três condições básicas: uma remuneração razoável, um bom ambiente de trabalho e possibilidades concretas de construir uma carreira. Começando pela remuneração, ela é compatível com a complexidade do serviço executado. Quanto mais difícil for a substituição de um funcionário, maior será o salário dele. No caso de um *call center*, a complexidade é baixa; por isso, a remuneração também é. O segundo ponto é o ambiente de trabalho. Pelo que sei, os atendentes trabalham em baias minúsculas e indistintas, com objetivos definidos de tempo de atendimento por chamada e total de chamadas atendidas por dia. Esse processo elimina a possibilidade de os funcionários circularem, conversarem e trocarem ideias com os colegas. E o terceiro fator é a possibilidade de carreira. Num sistema em que a relação entre funcionários e chefia é de 1 para 60, as oportunidades de crescimento são bastante remotas. Dito tudo isso, um *call center* é um bom lugar para um jovem começar a trabalhar. Ele estará sujeito a regras rígidas de execução, numa função que pouco irá exigir em termos de criatividade, mas aprenderá muito sobre disciplina e cumprimento de metas. Tudo isso certamente não incomoda a empresa porque a substituição de quem sai é bastante rápida, já que os pré-requisitos para contratação são poucos, tanto em termos de escolaridade como de experiência anterior. Não estou criticando o formato dos serviços de *call center*. Eles são o que são, por sua própria natureza, e cumprem muito bem o papel a que se destinam. Mas esse sistema não agrada ao funcionário, que estará sempre procurando opções em empresas que possam lhe acenar com um futuro mais promissor. Você provavelmente está fazendo tudo certo como supervisora, apenas não tem como mudar a natureza de um trabalho que é percebido como um trampolim.

Palavras-chave: motivação, chefe, salário, ambiente de trabalho, começar a carreira, crescimento pessoal, demissão, criatividade.

210

Tenho 29 anos e estou há sete executando a mesma função. Entrei nesta empresa como assistente e continuo como assistente. Como meu trabalho sempre foi elogiado por meu chefe, aproveitei um momento em que ele estava num bom astral para perguntar sobre uma possível promoção. Para minha surpresa, meu chefe mudou de humor e me perguntou se eu estava insatisfeito. Eu respondi que não. Ele me perguntou se eu gostava da empresa, e eu respondi que sim. E aí ele me falou que eu poderia ficar tranquilo porque estava no lugar certo, fazendo a coisa certa. Não sei bem o que isso significa. Você poderia me esclarecer?

Sim. Seu chefe lhe disse que você não perderá o emprego, mas não será promovido. Na avaliação dele, você tem competência para fazer o que faz, mas não para assumir uma posição de chefia. Você certamente dirá que posso estar equivocado em minha análise, ou, caso não esteja, seu chefe é que está, porque você reúne todas as condições para ser promovido.

Realmente, isso também pode ser verdade. Há muitos chefes que apreciam ter um bom funcionário que faz tudo direitinho, que levou sete anos para pedir uma oportunidade, e provavelmente levará mais sete anos para pedir outra. Então, se minha primeira análise estiver certa, seu chefe está protegendo você. Se você estiver certo, seu chefe está prejudicando seu desenvolvimento porque isso é cômodo para ele. Como descobrir quem está certo? Fazendo entrevistas em outras empresas. Digamos que você consiga uma boa proposta de outra organização. Você poderia usá-la para discutir sua situação com seu chefe numa posição mais fortalecida. Digamos que você não consiga nenhuma proposta, nem mesmo para ganhar o que ganha atualmente. Aí, você deveria ter outro tipo de conversa com seu chefe, perguntando o que lhe falta para merecer uma promoção, e procurar melhorar nos pontos que ele mencionar. Mas não seria melhor ter essa conversa sem precisar fazer as entrevistas? Não, porque aí seu chefe voltaria a lhe perguntar se você está insatisfeito e se gosta da empresa. É o resultado das entrevistas que lhe mostrará seu verdadeiro potencial e lhe indicará o tom que você deve adotar ao conversar com ele.

> **Palavras-chave:** estagnação, salário, chefe, o que falar, processo seletivo, avaliação, críticas, elogios.

211

Meu problema é simples de relatar e difícil de resolver. Tenho um temperamento explosivo. Reajo muito rapidamente a qualquer situação que não me agrada, subo o tom de voz, e quando entro

**numa discussão não sei parar. Já perdi dois empregos por causa
disso, mas não aprendi a me controlar porque sou assim desde
criança. Alguma dica?**

Sim. Procure um psicólogo. Neste exato instante, você deve
estar esbravejando sozinho por ter recebido uma sugestão
dessas, tão sem sentido. Essa seria a reação típica de quem
tem temperamento explosivo. A pessoa primeiro reage, depois
pensa. Para seu conforto, informo que existem empresas que
apreciam profissionais com seu temperamento. São empresas
nas quais a competição interna é tremendamente acirrada e
cada um tem seus objetivos para cumprir, sem se preocupar
com os demais. Já em empresas nas quais o relacionamento é,
digamos, mais civilizado, você só arrumaria encrencas. Após
algumas explosões, começaria a ser evitado pelos colegas. E,
como já sentiu duas vezes na pele, ninguém sobrevive isolado.
Uma vez, convivi com um profissional como você. Ele explodia, e meia hora depois vinha pedir desculpas. Daí a pouco,
explodia de novo e novamente se desculpava. Era um profissional que trazia resultados mais do que satisfatórios, mas
acabou sendo demitido porque gerava um clima incompatível
com o que a empresa pregava em termos de cordialidade e respeito. Ao sair, ele ficou muito bravo, evidentemente, e reiterou
que não iria mudar de comportamento, porque ele era o que
era. Acredito que você pense da mesma maneira. Você não se
sentiria bem fingindo ser o que não é. Por isso, o mais sensato
seria você procurar uma empresa adequada à sua personalidade. Nas entrevistas, deixe bem claro que você é um trator

e que vai atrás do resultado, mesmo que tenha que atropelar todo mundo à sua volta. Se não for contratado, isso significa que a empresa não aprecia o seu estilo. Se for, terá encontrado uma empresa que valoriza os temperamentais e explosivos. O único senão é que nela você irá encontrar gente igualzinha a você, ou ainda mais explosiva e temperamental. Aí, é uma questão de ver quem grita antes e quem grita mais alto. Pela descrição que você fez de si mesmo, suas chances de se destacar na barulheira serão altissonantes.

Palavras-chave: reações emotivas, cultura empresarial, relacionamento com colegas, demissão, traços de personalidade, produtividade.

212

Tenho 20 anos e estou muito irritado com uma situação que vivo no meu trabalho. Tenho muitas ideias e gosto de compartilhá-las com quem quiser ouvi-las, mas dois colegas que trabalham comigo já lapidaram algumas ideias minhas e as apresentaram como se fossem deles. Resultado: ficaram com os méritos e eu fiquei chupando o dedo. Como posso denunciar essa falta de ética sem parecer que sou um dedo-duro?

Vou lhe dar duas sugestões. Primeira: não denuncie ninguém. Segunda: continue a compartilhar abertamente suas ideias. Eu passei por uma situação semelhante quando era mais jovem e, como todo jovem, fiquei indignado quando um colega mais esperto se apossou de algumas de minhas ideias. Pensei em tudo, desde escrever uma carta para a diretoria até chamar o

SUA CARREIRA DIRETO AO PONTO **283**

colega para brigar na rua, na saída da empresa. Como não fiz nem uma coisa nem outra, até porque o tal colega era bem maior e bem mais forte do que eu, vivi durante algum tempo me lamentando por não ter tomado uma atitude mais drástica. Só alguns anos depois percebi o óbvio. Meu colega era um ladrão de ideias. E o fato de ele ter me roubado um par delas não era significativo porque eu continuaria a ter ideias pelo resto da vida. E ele, como todo ladrão, cedo ou tarde seria apanhado e desmascarado, como realmente foi. Minha conclusão é a seguinte: quem só tem uma ideia na vida, deve registrá-la correndo no Instituto Nacional de Propriedade Industrial. Mas quem tem muitas ideias deve apregoá-las abertamente, para o maior número possível de pessoas. Sempre existirão ladrões de plantão, mas, para cada ladrão, haverá dez pessoas com integridade e bom senso para perceber a diferença entre quem pensa e quem se apossa. Você tem um capital inestimável, a sua criatividade, que é permanentemente renovável. Por isso, não fique irritado. Fique agradecido.

> **Palavras-chave:** ética, relacionamento com colegas, reações emotivas, arrependimento, concorrência, criatividade.

213

Mudei de emprego pela primeira vez após passar nove anos em uma empresa. Já no meu primeiro dia nesta nova empresa, tive um choque. Parece que estou em outro país. O pessoal tem jargões que eu não entendo, o ambiente é bem diferente da cordialidade

que havia em minha empresa anterior, e voltei para casa à noite com a impressão de que não vou me encaixar nesta nova cultura. O que posso fazer para remediar a situação?

Em primeiro lugar, calma. Qualquer pessoa que passou nove anos em uma empresa, principalmente se for o primeiro emprego, sempre tem um choque quando muda. Tem a impressão de que veio trabalhar com a roupa errada, e estranha até o tempero da comida, se a empresa tiver um refeitório. Essa sensação de desamparo profissional dura no máximo quinze dias, até você entrar na temperatura certa da nova empresa. Mas há alguns cuidados básicos que você deve tomar. Primeiro: jamais mencione sua empresa anterior como modelo de nada. Só faça comparações se elas forem favoráveis à nova empresa. Segundo: não faça cara de assustado, nem de desorientado, e muito menos de arrependido. Não se feche em si mesmo. Pelo contrário, converse com as pessoas sempre que houver oportunidade e mostre-se receptivo quando alguém vier conversar com você. Terceiro: esqueça os hábitos que prevaleciam na empresa anterior. Se você era autorizado a usar a internet, por exemplo, ou usar o celular durante o expediente, e agora não é mais, não veja isso como um retrocesso. A empresa atual certamente deve oferecer outras compensações que você ainda não descobriu. Quarto: tente se adaptar ao ritmo da nova empresa. Se ela é mais calada do que a anterior, isso não é necessariamente um sinal de que seja menos preocupada com os funcionários. Quinto: ouça qualquer crítica atentamente e agradeça, mesmo que a considere injusta. Tudo isso não significa que você será eternamente um cordeirinho. Quer dizer apenas que você precisa adquirir a confiança da chefia e dos colegas no período de adaptação. Depois, você terá tempo suficiente para, aos poucos, ir se soltando e revelando sua personalidade. Quem passa nove anos em uma empresa dificilmente tem grandes defeitos, portanto não se preocupe demais. Você somente mudou de empresa, não de planeta.

Palavras-chave: ambiente de trabalho, cultura empresarial, expectativa, adaptação, relacionamento com colegas, marketing pessoal, etiqueta, proatividade, situações inéditas, traços de personalidade.

214

Pedi a conta porque não aguentava mais um colega de trabalho. Ele agia como se fosse meu chefe, dando-me ordens e me cobrando coisas que não tinha autoridade para cobrar. Para piorar, meu verdadeiro chefe era uma pessoa incapaz de se impor e não tomou nenhuma providência em relação ao colega mandão, mesmo depois de eu ter me queixado várias vezes. Nas entrevistas que tenho feito desde que saí, evitei contar essa história para não dar ao entrevistador a impressão de que sou alguém incapaz de suportar pressões. Eu suporto, e bem, mas não de quem não tem autoridade para me pressionar. Venho dizendo que pedi a conta porque o salário era baixo, mas os entrevistadores não parecem acreditar nisso e não consegui um emprego até agora. Devo dizer a verdade ou há outro motivo que deixaria o entrevistador mais à vontade, sem que eu precise ficar fantasiando demais nas explicações?

Começando pela resposta que você vem dando, se o seu salário estava próximo da média do mercado, talvez você esteja sendo eliminada dos processos porque isso é o que as empresas que entrevistam você estejam dispostas a lhe pagar. E elas não vão se arriscar a contratá-la por um salário parecido com o que você ganhava, se você afirmar que pediu demissão exatamente por causa disso. Por outro lado, você está certa ao não revelar o verdadeiro motivo de sua saída. Entrevistadores não apreciam reclamações do gênero "alguém lá não gostava de mim". Você pode dizer que pediu a conta porque percebeu que a empresa não gerava oportunidades de crescimento, nem para você, nem para ninguém. Essa falta de perspectiva lhe tirou a motivação e você preferiu procurar outro emprego que lhe desse um salário igual, mas um futuro melhor. De qualquer forma, como já comentei várias vezes, é sempre melhor procurar um novo emprego sem pedir a conta do atual porque isso evita que o candidato tenha que inventar histórias que, por mais sinceras que possam soar, não são verdadeiras. E bons entrevistadores percebem isso por um desvio do olhar do candidato, ou uma ligeira alteração no tom de voz. Se o conselho já não vale mais para o seu caso, espero que seja útil para muitos leitores que estejam pensando em pedir demissão sem ter para onde ir.

Palavras-chave: demissão, relacionamento com colegas, perseguição, contratação, processo seletivo, sinceridade.

215

Faz dois meses, comecei a participar de um processo de seleção em uma renomada empresa. Após passar por vários testes e entrevistas, e de fazer os exames médicos solicitados, recebi uma ligação da empresa e fiquei muito frustrada, para não dizer amargurada ou irritada. A pessoa que me ligou disse que eu não seria admitida porque não tinha o perfil que a empresa exigia. Pergunto que falha de perfil seria essa, que durante os testes e as entrevistas não apareceu em momento algum.

Concordo com todas as suas reações de frustração, amargura e irritação. Se você chegou à fase do exame médico, é porque todos os outros detalhes haviam sido suficientemente avaliados. O que posso pressupor é que essa desculpa do perfil foi usada no lugar de uma explicação que deixaria você ainda mais irritada. Muito provavelmente, outra candidata apareceu na última hora, recomendada por alguém de dentro da empresa, e acabou ficando com uma vaga que, por merecimento, seria sua. Não tenho nada contra indicações, e já repeti várias vezes anteriormente que a maioria das boas vagas é preenchida dessa maneira. Mas uma coisa é dar a vaga a alguém bem recomendado e outra, bem diferente, é desperdiçar o tempo dos candidatos num jogo de cartas marcadas. A palavra "perfil" pode ser usada de duas maneiras. Começando pela positiva, a empresa possui uma cultura bem sedimentada e procura profissionais que possam se adaptar a essa cultura. Isso evita que um profissional seja contratado e só depois de começar a trabalhar descubra que não se encaixa no sistema. É exatamente para isso que existem testes e entrevistas. Para filtrar os candidatos, não apenas em termos de escolaridade e de experiência, mas também de comportamento, ambição e personalidade. Quando um candidato chega aos exames médicos, como ocorreu com você, o perfil já ficou para trás. Você não foi eliminada porque o médico descobriu que você tinha unha encravada. Foi eliminada porque a empresa usou a palavra "perfil" não para explicar, mas para evitar uma explicação.

Palavras-chave: processo seletivo, cultura empresarial, transparência, reações emotivas.

216

Vou me casar e não sei se devo convidar meu chefe para o meu casamento. Meu contato com ele é estritamente profissional e nunca conversamos sobre assuntos pessoais. Mas, como estou convidando a maioria dos meus colegas, não sei como meu chefe irá reagir se não for convidado.

Em situações como a sua, a resposta é: em caso de dúvida, convide. A pior situação é aquela em que um chefe descobre que o casamento de uma funcionária está marcado e que ele não foi convidado. Ele comenta isso com outra pessoa, que conta para quem vai se casar que o chefe ficou chateado por ter sido esquecido. Aí, será preciso entregar o convite ao chefe e inventar uma história qualquer para tentar remediar a situação. Então, é mais sensato evitar esse inconveniente. Mas é bom levar em conta também o caso inverso: quando existe uma relação puramente profissional, como ocorre no seu caso, muitos chefes não gostariam de ir ao casamento, mas se sentem obrigados a ir porque foram convidados. Nesse caso, é bom dar uma dica de que a ausência do chefe não será o fim do mundo. Basta dizer: "Chefe, sei que o senhor é uma pessoa muito ocupada, mas mesmo assim estou lhe entregando meu convite". O chefe entenderá o recado. Não é para ele ir. Ele comprará um presentinho e arranjará uma desculpa para não comparecer. Já no caso de colegas de trabalho, você disse que convidou a maioria. Minha sugestão seria convidar todos ou nenhum. Independentemente do grau de relacionamento que possa existir no trabalho, quem não for convidado vai virar inimigo. A pessoa irá se sentir rejeitada quando ouvir os demais colegas comentando sobre o casamento, e esse sentimento de exclusão cedo ou tarde irá gerar algum tipo de troco. Mas também é preciso considerar que o convite geral e irrestrito irá aumentar o custo do casamento, e convidar um batalhão de gente significa gastar à-toa um dinheiro que poderia ser mais bem aproveitado pelo casal. O ideal seria dizer a cada colega que haverá uma cerimônia íntima, apenas para os familiares, e se desculpar por não poder estender o convite. Mas cada um é cada um. Tem gente que gasta o que não tem para fazer um casamento monumental, e aí o coração se sobrepõe ao cérebro. Nesse caso, sem dúvida, o chefe deve ser o primeiro a ser convidado.

Palavras-chave: etiqueta, chefe, o que falar.

217

Sou dono de uma empresa de pequeno porte e descobri que um funcionário que contratei há um mês mentiu no currículo. Ele escreveu que tinha formação superior e eu acreditei nele. Quando descobri que ele só havia cursado o primeiro ano da faculdade, meu primeiro impulso foi querer dispensá-lo por justa causa, porque não tolero mentiras, mas resolvi lhe escrever antes para perguntar o que você faria.

Eu primeiro ouviria o funcionário, caso nesses trinta dias ele tenha demonstrado ser um bom empregado, tanto em termos técnicos como de relacionamento. Ao ser confrontado com a verdade, ele provavelmente lhe dirá que mentiu porque precisava muito do emprego. A reação seguinte que ele terá é difícil de antecipar. Alguns choram. Outros reconhecem o erro, ficam envergonhados e dizem que aceitarão a dispensa, antes mesmo que essa possibilidade seja levantada. E há alguns que tentam engabelar, inventando uma história pouco plausível, o que só irá piorar a mentira inicial. Se o seu funcionário fizer isso, aí sim você poderá dispensá-lo sem problemas de consciência. Caso contrário, eu, em seu lugar, daria ao funcionário um prazo para retomar a faculdade, o que seria bom para você, e melhor ainda para a carreira dele. E também diria que a primeira mentira está sendo relevada, mas a próxima não será, qualquer que seja o tamanho dela. É bem provável que, agindo assim, você terá um funcionário agradecido e dedicado. Ou então estará diante de um mentiroso contumaz, algo que você descobrirá rapidinho, porque certamente ficará de olho nele.

Mas acredito mais na primeira hipótese. Embora haja mentirosos no mercado de trabalho, é preciso acreditar que a grande maioria não é, até para a sanidade mental dos próprios empresários. Como o funcionário em questão não cometeu um erro que possa render um processo por falsidade ideológica, nem causou nenhum prejuízo à empresa, seria humano de sua parte reconhecer que ele errou por também ser humano.

Palavras-chave: sinceridade, ética, demissão, currículo.

218

Pretendo aprender um idioma para incrementar meu currículo. A escolha mais óbvia seria o inglês, mas algumas pessoas sugeriram que eu estude mandarim, uma vez que a China deverá ser o grande parceiro comercial do resto do mundo pelas próximas décadas. Gostaria de ouvir sua opinião, já que não conheço muitas escolas que ofereçam cursos de mandarim e suponho que o investimento deva ser alto.

Ao longo da história, existiram alguns idiomas que se tornaram a língua franca de determinados períodos. "Língua franca" é uma expressão para designar um idioma usado como meio de comunicação por grupos que não falam a mesma língua. De três milênios para cá, o grego, o latim, o francês e atualmente o inglês vêm cumprindo essa missão de ser o idioma de convergência mundial. Creio que seja bem pouco provável que o mandarim venha a se tornar uma língua franca nas próximas décadas, mesmo que a China se torne a maior potência econômica mundial, uma vez que existem outros países, como a Índia, a Rússia e o próprio Brasil, que também deverão ter um papel de destaque no comércio mundial. Para que um norueguês, ou um japonês, ou um peruano, que queira estabelecer contatos comerciais com esses quatro países, não tenha que aprender quatro idiomas diferentes, ele aprenderá a língua franca. Chineses, hindus, russos e brasileiros também, para que possam se comunicar com o maior número possível de países. Atualmente, a língua franca é o inglês, e continuará a ser por muitos anos. É por esse motivo, como você mesmo escreveu, que o inglês é a escolha óbvia. Ele foi adotado, e não imposto, como o idioma do mundo dos negócios. Minha sugestão é que você não abandone a ideia de aprender outros idiomas, mas somente cogite fazer isso como segunda opção, após dominar muito bem o inglês.

Palavras-chave: cursos, prioridade, cultura empresarial.

219

Tenho 27 anos e ocupo um cargo de chefia. Meu problema é uma situação que me incomoda muito: não posso ver um subordinado meu mexendo no celular, ou acessando a internet, porque imediatamente me bate um desespero. Sinto-me como se estivesse sendo enganado. Quando saio para uma reunião, minha cabeça fica lá nos funcionários, martelando a questão: será que eles estão trabalhando? No fundo, parece que eu preciso ver todo mundo com a mão na massa para que meu dia seja feliz. Sou doente por pensar assim?

Não sei se é, mas certamente vai ficar, porque a tecnologia continuará oferecendo opções de entretenimento ou informação para as pessoas, e não há como evitar que alguém de vez em quando cheque o celular ou o e-mail pessoal para saber se há mensagens. A solução é avaliar o trabalho dos subordinados não pelo tempo dedicado, mas pelo resultado prático. Se você conseguir passar para cada um uma lista diária de tarefas que devem ser cumpridas, e se todas elas forem executadas adequadamente, isso deveria ser suficiente para deixá-lo mais tranquilo. Mas aí provavelmente você irá pensar: se meus subordinados executam todas as tarefas e ficam ciscando no celular e na internet, então eu poderia passar mais tarefas ainda, porque eles têm tempo livre. Talvez isso seja verdade, e talvez você tenha espaço para conseguir um pouco mais de produtividade. Porém, se começar a inventar tarefas desnecessárias, apenas para preencher 100% do tempo de todo mundo, é bem possível que consiga o efeito contrário: o de reduzir a motivação geral. Eu me recordo de uma época em que não havia celular nem internet, e os subordinados iam ler jornal no banheiro, longe da vista do chefe, ou davam uma escapadinha durante o expediente para bater um papo. Hoje, os subordinados estão fazendo isso às claras. Portanto, minha sugestão é que você se concentre nos resultados e converse reservadamente com algum subordinado que esteja exagerando e influenciando negativamente os demais. Essa pessoa é o seu problema. As outras, não.

Palavras-chave: chefe, produtividade, e-mail, motivação, críticas.

220

Sou negro e curso Administração. Infelizmente, o Brasil é um país racista mascarado e por isso pergunto: quando eu me formar, mesmo tendo um currículo conceituado, e for procurar uma vaga em nível gerencial, posso ser discriminado durante o processo de seleção? Ou a empresa vai visar somente minhas qualidades? Em suma, existe racismo nas grandes corporações?

Vamos por partes. Dizer que não existe discriminação no Brasil seria muita inocência da minha parte. Existe aqui, como em praticamente todos os países do mundo. Porém, argumentar que o Brasil é um país racista mascarado seria insinuar que todos os brasileiros são racistas enrustidos, o que não é verdade. Mas vamos às suas perguntas. Eu lhe diria que as grandes corporações são mais refratárias à discriminação por um motivo simples. Uma notícia negativa iria se espalhar rapidamente pela mídia e causar um estrago na imagem da empresa. Por isso, grandes corporações adotam programas de inclusão social e racial, e são bastante sensíveis a denúncias de fatos que possam vir a comprometê-las. A outra pergunta que você fez, sobre procurar uma vaga de chefia ou gerência assim que se formar, é mais fácil de responder. Você não conseguirá essa vaga. Não por racismo, mas porque existe uma escada que você terá que subir na hierarquia, e essa escada é a mesma para todo jovem recém-formado, independentemente de raça, situação social ou religião. Todo mundo começa pelo degrau mais baixo e vai subindo à medida que demonstra aptidões profissionais que

SUA CARREIRA DIRETO AO PONTO **295**

vão além do diploma. Ao formular sua pergunta, fiquei com a impressão de que você já tem um juízo previamente formado, e temo que possa atribuir a esse juízo eventuais fatores de avaliação que nada têm a ver com ele. Você precisará demonstrar, por exemplo, que pode ser um bom líder, e nenhum diploma lhe garante isso. Só a convivência diária com chefes e colegas irá revelar se você possui as qualidades profissionais que a empresa deseja no ocupante de um cargo de liderança. Caso venha a ser discriminado, há leis no Brasil que poderão ampará-lo, mas meu conselho, e meu desejo, de coração, é que você não confunda causa e efeito.

Palavras-chave: perseguição, contratação, proatividade, crescimento pessoal, liderança, meritocracia.

221

Concorri a uma vaga em uma empresa na qual sempre desejei trabalhar. A boa notícia é que passei por um longo processo seletivo e fui aprovado. A má notícia é que a empresa quer que eu comece imediatamente. Expliquei ao recrutador que seria muito difícil conseguir essa disponibilidade, ainda mais porque ocupo uma posição de liderança na empresa atual. Não gostaria de ser antiético com minha empresa, mas tenho receio de perder a vaga que consegui a muito custo na empresa nova. O que devo fazer?

De fato, algumas empresas estão abrindo vagas para início imediato, e não podem, ou não querem, esperar pelos trinta dias de aviso prévio de um funcionário que esteja empregado em outra organização. Do ponto de vista legal, você pode pedir demissão num dia e já não ir trabalhar no dia seguinte, desde que, nesse caso, pague à empresa os trinta dias de aviso prévio. Se a empresa que o está contratando bater o pé e exigir início imediato, há duas soluções. A primeira é agradecer e recusar a proposta, pela consideração que a empresa atual merece. Diante de uma posição dessas, boa parte das empresas irá reconsiderar a pressa e esperar os trinta dias. A segunda solução seria solicitar que a empresa apressadinha pague o aviso prévio. Se ela se negar, aí é uma questão de fazer as contas. A proposta teria que ser muito boa para compensar esse desembolso. Conheço uma pessoa que conseguiu uma solução intermediária. A empresa contratante fez um empréstimo para ela pagar o aviso prévio, e esse valor foi descontado mensalmente, nos doze primeiros salários. Saiu barato e tudo mundo ficou feliz, menos, é claro, a empresa que perdeu um funcionário da noite para o dia. Pessoalmente, não sou favorável a que alguém saia repentinamente de uma empresa que sempre foi justa no tratamento, mas legalmente isso é possível. Mas também entendo que, se for mesmo uma oportunidade única e imperdível, daquelas que aparecem uma vez na vida, é muito difícil dizer que um profissional deva rejeitá-la.

Palavras-chave: processo seletivo, ética, leis trabalhistas, mudança de emprego, cultura empresarial.

222

A empresa em que trabalho acaba de contratar uma pessoa recém-formada, sem experiência e sem conhecimento, para trabalhar na mesma função que eu, mas com salário inicial maior do que o meu porque não tenho curso superior. Porém, venho desempenhando minha função há dois anos com bons resultados e me sinto desprestigiado. Só o diploma justifica o salário desta contratação?

Vou tentar lhe responder o que a empresa provavelmente está pensando. Ao contratar alguém com mais escolaridade e um salário mais alto, embora com menor (ou nenhuma) experiência prática, a empresa está visando ao médio e ao longo prazo. Ela está avaliando até onde o novo funcionário poderá ir e quanto poderá crescer na organização. Se for isso, e normalmente é, a diferença salarial de curto prazo é apenas um passo num processo mais longo. Do ponto de vista da empresa, vale a pena trazer alguém com potencial, e pagar um pouquinho a mais no início, porque esse investimento será compensado no futuro. Naturalmente, saber disso não vai deixar você mais feliz. Porque você tinha um problema, o da diferença salarial, e agora tem dois. O segundo é que a empresa aparentemente não está vendo em você condições de ir além da função atual. O que você pode fazer? Um curso superior. Você poderia procurar seu chefe imediato, dizer a ele que já entendeu que a falta de uma formação superior está pegando, e até solicitar que a empresa o ajude a fazer uma faculdade. E mesmo que a empresa responda que não, isso não deve ser um empecilho para que você faça o curso por conta própria. A chegada do jovem ganhando mais foi um aviso que não pode ser ignorado. Outros jovens virão, e é preciso estar bem preparado para competir com eles. A competição se tornará mais difícil à medida que os anos forem passando. Não existe idade para voltar à escola, e sugiro que você considere seriamente essa possibilidade.

> **Palavras-chave:** salário, desvalorização, formação acadêmica, experiência prática, cursos, concorrência, estagnação, idade.

223

Tenho um chefe que sempre se mostrou compreensivo comigo, dando-me conselhos e orientações. Por isso, quando recebi um convite para participar de um processo seletivo em outra empresa, decidi abrir o jogo e contei a ele que faltaria ao trabalho na manhã seguinte para fazer uma entrevista. Ao contrário do que eu esperava, meu chefe me deu um tremendo sermão. Disse que eu estava traindo a confiança que ele sempre havia depositado em mim e deixou claro que, se eu faltasse no dia seguinte, ele iniciaria um processo para me substituir. Fiquei tão desorientado que pedi desculpas e cancelei minha participação no processo da outra empresa. Minha pergunta é: fiz o certo?

Provavelmente não. Vamos supor que você fosse à entrevista e que seu chefe cumprisse a ameaça de iniciar um processo para substituir você. Para isso, ele teria que entrevistar candidatos. A que horas ele faria essas entrevistas? Depois do expediente?

No fim de semana? Não. Ele as faria durante o horário normal de trabalho. Seu chefe também não perguntaria aos eventuais candidatos que desculpas eles tinham dado para faltar ao trabalho naquele dia, porque sabe que, diariamente, dezenas de milhares de candidatos a emprego faltam ao trabalho para participar de processos seletivos em outras empresas. O que seu chefe fez foi pressionar você, e a pressão funcionou. Ele agiu errado? Claro que não. A obrigação dele é zelar pelos interesses da empresa. A sua é zelar por sua carreira. Quando você pergunta se fez o certo, assumiu, corretamente, que a sinceridade é importante no relacionamento entre superior e subordinado. Mas também assumiu, agora não corretamente, que um superior camarada iria se colocar ao lado do subordinado e contra a empresa. Em minha opinião, você vacilou antes do episódio em si, por não ter aproveitado a abertura que seu chefe lhe dava. Em uma dessas conversas informais, você poderia, com jeito, ter descoberto como ele reagiria caso um subordinado recebesse uma proposta de emprego. Assim, você saberia com antecedência qual seria a reação dele quando uma proposta de fato surgisse, e não teria passado pelo dissabor que passou.

Palavras-chave: chefe, críticas, reações emotivas, sinceridade, situações inéditas, mudança de emprego.

224

Tenho um cargo de gestão em uma empresa que recentemente foi envolvida num processo de fraude. A notícia se espalhou e caiu na boca do mercado de trabalho. Não sabemos o que poderá

acontecer, mas circulam rumores internos de que irão ocorrer dispensas em todos os níveis. Tenho duas perguntas. A primeira é: seria melhor esperar pelos fatos ou se antecipar a eles, ou seja, fico ou vou embora? E a segunda é: o que posso dizer numa entrevista, já que a situação me pegou de surpresa e eu nem sei o que realmente aconteceu?

Sua primeira preocupação é válida. A segunda, não. Começando pela primeira, em situações anteriores de fraude que ganharam repercussão, tanto no Brasil como em outros países, de fato ocorreram demissões, mas nem todos os demitidos estavam diretamente envolvidos na situação. As dispensas de inocentes acontecem porque a empresa precisa se recompor financeiramente e cortes de despesas são inevitáveis, além de funcionarem como uma mensagem para que o mercado se acalme. Quando a empresa tem ações na Bolsa de Valores, o que não sei se é o caso da sua, esses cortes são alardeados na mídia para sossegar os investidores. Então, sim, é bom você se preparar para o pior, fazendo contatos e enviando currículos. Quanto às entrevistas, deve ser sincero. Se a pergunta sobre a fraude surgir, e é altamente provável que surja, responda que sabe tanto quanto o entrevistador, porque ambos só tomaram conhecimento do fato quando ele se tornou público. Até aquele momento, seu trabalho seguia a rotina normal de todos os dias, e sua primeira reação foi de incredulidade porque, internamente, nada indicava que algo de podre estava acontecendo. Nenhum entrevistador irá tratá-lo como se você fosse um dos vilões da história, mas é muito importante que você não fale sobre o que não sabe. Não tente explicar para o entrevistador como a fraude aconteceu, mesmo que você ainda venha a ouvir algumas histórias e detalhes pelos corredores de sua empresa. Quanto mais você se distanciar da situação, menos será contaminado por ela.

Palavras-chave: situações inéditas, sinceridade, ética, demissão, processo seletivo.

225

Trabalho em uma empresa que tem por norma promover pessoas pelo tempo de casa, não pelo mérito. Nos três anos que estou aqui, a empresa já perdeu vários profissionais muito bons porque eles não concordaram em ficar anos esperando por uma oportunidade que claramente já faziam por merecer. Não que eu seja contra a experiência dos mais antigos, mas não acho que somente isso seja motivo para uma promoção.

Primeiro, não creio que o tempo de casa seja o único fator levado em conta. Se fosse assim, bastaria que um empregado atingisse determinado número de anos de casa e a promoção dele seria automática. O que imagino que aconteça é que, dentre todos os que completam o tempo exigido pela empresa, alguns sejam promovidos com base em outros fatores. Concordo com você que o mérito devesse ser o primeiro fator a ser levado em conta, mas essa é só a minha opinião. Quem tem o poder de decisão é a empresa, e é ela que estabelece os critérios a serem observados pelos empregados que ambicionam uma promoção. Sua empresa decidiu que lealdade e confiança são critérios que se sobrepõem aos resultados imediatos, e não há como nem por que dizer que ela está errada. O importante é que um funcionário, ao ser contratado, saiba que essa é a regra do jogo. A empresa estaria errando se, para atrair bons candidatos a emprego, prometesse a eles uma carreira rápida com base em resultados práticos, e o empregado só viesse a descobrir depois da contratação que a carreira dependeria mais da longevidade do que da competência no curto prazo. Como você afirmou que a empresa tem por norma promover os mais antigos, ninguém deve ter sido iludido no momento da contratação, porque empresas que adotam essa prática dizem isso com orgulho no processo de seleção. Portanto, quem não concorda com a regra do jogo da empresa em que trabalha, como você parece não concordar, tem como opção procurar outro jogo para jogar em empresas que tenham regras mais condizentes com as aspirações pessoais e profissionais de seus contratados. Eu sou a favor do mérito, que parece ser a tônica do século 21, mas confesso que me sinto bem ao saber que ainda existem empresas à moda antiga, que valorizam um longo tempo de dedicação tanto quanto valorizam o lucro.

Palavras-chave: salário, meritocracia, métodos arcaicos, cultura empresarial, mudança de emprego.

226

Algumas amigas minhas elaboram currículos que não correspondem à realidade. Elas afirmam que, se não fizerem isso, seu currículo não chamará a atenção de quem for avaliá-lo. Então, inventam uma coisinha aqui, aumentam outra coisinha ali, e criam um currículo chamativo. Acho errado mentir, mas fico imaginando se minha sinceridade não irá me prejudicar, já que meu currículo ficará parecendo pobre se comparado ao de minhas amigas.

As mentiras mais usuais em currículos são quatro. A mais frequente é a do idioma (transfigurar "arranho o inglês" em "sou fluente"). A segunda é a formação acadêmica, com a transformação de seminários ou palestras em cursos completos. A terceira é o exagero na descrição das tarefas efetivamente desempenhadas em funções anteriores ("coordenei", "liderei", quando, na verdade, era mais um na equipe). E a quarta é a participação em trabalhos voluntários. Essas são, digamos assim, as mentirinhas básicas. Mas há os mentirosos mais corajosos, que simplesmente inventam cursos que não frequentaram, viagens que não fizeram ou funções que nunca desempenharam. Nesse caso, os bons entrevistadores são capazes de flagrar a esperteza numa entrevista. O que eu lhe recomendo é não se deixar levar pela onda de que a mentira traz vantagens e que, portanto, é aceitável. Não é, mesmo que, no curto prazo, dê a impressão de ser.

Palavras-chave: currículo, sinceridade, ética, processo seletivo, amizade.

227

Estou nesta empresa há quatro anos e participei de um processo interno de seleção para uma vaga que eu queria muito. Fui bem na parte técnica e a última etapa foi uma dinâmica entre os cinco finalistas. Fui descartado porque, segundo o avaliador, sou inflexível. Caí das pernas, porque não me considero inflexível, muito pelo contrário. Agora, além de não ter conseguido a vaga que queria, acredito que acabei ficando com um rótulo que pode me prejudicar em futuros processos. Por que será que passei essa impressão falsa ao avaliador?

Bom, a primeira característica do inflexível é negar que seja. Todo inflexível se considera autêntico e seguro de suas opiniões. Mas o avaliador não teria chegado à conclusão que chegou se você não tivesse dado, durante a dinâmica, repetidas demonstrações de inflexibilidade. Mas vamos ao futuro, que é o que interessa. Não é preciso que você mude radicalmente de atitude nas próximas dinâmicas. A tática é começar concordando, para depois discordar. Se um participante fizer uma afirmação e você tiver uma opinião oposta, deve dizer algo assim: "O ponto do colega é válido, mas eu gostaria de abordar a questão por outro ângulo". E aí emitir seu parecer. Inflexibilidade é a característica de quem não ouve o que os outros têm a dizer porque está convencido de que sua própria opinião é definitiva e suficiente. Ao demonstrar que, pelo menos, ouviu o que o outro falou, e deu a ele um mínimo de crédito, a inflexibilidade se dilui. Outro ponto importante é não interromper quem estiver falando. O inflexível é sempre impaciente, e já mostra isso nos gestos, antes mesmo de cortar o colega. Finalmente, você não deve confundir flexibilidade com concordância geral e irrestrita. Chefes tendem a ser inflexíveis quando a situação exige uma posição mais dura, e as empresas apreciam isso. Mas o verdadeiro inflexível se revela quando não precisa discordar e discorda. Quando poderia ouvir e não ouve. Quando não precisaria interromper e interrompe. Essa é a inflexibilidade sem causa, que de fato cria um rótulo indesejável, mas é facilmente corrigível.

Palavras-chave: processo seletivo, reputação, traços de personalidade, adaptação, crescimento pessoal.

228

Tenho 24 anos. Já passei por três empresas de ramos diferentes e nelas ocupei três funções em áreas diferentes. Minha conclusão é que não sei para onde estou indo porque nunca pensei aonde queria ir. Será que o que está me faltando é um plano de carreira?

Sim. Outra palavra que você poderia usar seria "foco", mas tanto ela como o plano de carreira levam ao mesmo objetivo. Você precisa saber onde está, aonde quer chegar, e o que será preciso fazer para poder chegar. O primeiro passo é um exercício de autoconhecimento. Comece listando as coisas que você faz melhor. Você é bom em números? Em informática? No relacionamento com os colegas? Você se sente melhor numa função estática, sentado em frente a um computador, ou prefere viajar? Você gosta de falar e de discutir, ou prefere trabalhar num ambiente silencioso, em que cada um se concentra em seu trabalho? Essa lista não lhe indicará um futuro claro e preciso, mas lhe dará uma direção a seguir. Por meio dessa lista, já lhe será possível concluir se você quer trabalhar na área administrativa, na área de produção ou na área de vendas, que são diferentes entre si e exigem características diferentes. Feita essa primeira escolha, você deve listar o que está lhe faltando. Por exemplo, um curso de especialização, de comunicação verbal ou de informática. Ou um idioma. Você certamente não poderá fazer todos eles ao mesmo tempo e, portanto, precisa organizá-los por ordem de importância ou necessidade. Mas coloque como uma missão profissional de que não irá desistir até completar todos eles. Também é importante que, ao se decidir por uma área específica, você não desista diante dos primeiros obstáculos. O que mais atrapalha um plano de carreira é a mudança sem um objetivo, só porque uma coisa não funcionou como você queria. Seu plano de carreira não é uma estrada plana e pavimentada; é uma trilha que terá subidas, descidas e contornos. Às vezes, você terá que recuar um pouco, outras vezes terá que esperar um pouco. O que importa é que você não perca seu objetivo de vista. Finalmente, será vital estabelecer contato com pessoas de sua área de atuação. São essas pessoas que, no futuro, poderão contratá-lo ou indicá-lo para uma boa vaga. Um plano de carreira é um exercício individual, mas quem anda em boa companhia chega mais rápido.

Palavras-chave: vários empregos em pouco tempo, começar a carreira, avaliação, cursos, adaptação, *networking*.

229

Tenho participado de cursos de curta duração para conhecer profissionais que possam me ajudar em minha carreira. Já conheci vários e tenho mantido correspondência regular com alguns deles, mas há duas semanas travei contato com um diretor de uma empresa muito conceituada. Conversa vai, conversa vem, ele me perguntou se eu tinha um currículo atualizado, porque havia uma vaga aberta na área dele e ele me considerava um bom candidato. Eu não tinha o currículo comigo, mas enviei ao diretor por e-mail no dia seguinte. Em poucos minutos, ele respondeu agradecendo e me pediu para aguardar notícias. Passaram-se quinze dias e não recebi nenhum retorno dele. Nesse meio-tempo, pesquisei melhor a empresa e a cada informação que descubro percebo que essa talvez possa ser a oportunidade de minha vida. Minha dúvida é: como posso voltar a abordar o diretor sem parecer ansioso?

Existem dois tipos de ansiedade. O negativo, que é fruto do nervosismo, se manifesta quando alguém imagina que não esteja à altura de um trabalho ou de uma vaga. A outra ansiedade é a positiva, e é essa que você está sentindo. Você quer que as coisas aconteçam rapidamente. Eu lhe sugiro escrever um e-mail para o diretor dizendo exatamente isso. Que você está ansioso como nunca esteve porque não quer deixar passar o que considera a melhor oportunidade de sua carreira. Termine colocando-se à disposição em qualquer dia e horário para prosseguir o assunto. Só isso. Não é preciso entrar em mais detalhes. O diretor já conheceu você, a iniciativa do convite foi dele, e ele já está de posse de seu currículo. O que pode ter acontecido é que outro candidato tenha surgido ou que alguém da própria empresa esteja sendo considerado para a vaga. Mas isso não é problema seu. O seu problema é mostrar que você quer a vaga. Há momentos na vida profissional em que a ansiedade funciona como um freio, mas no seu caso certamente será um acelerador.

Palavras-chave: cursos, *networking*, o que falar, processo seletivo, reações emotivas, etiqueta, currículo.

230

Estou deixando a empresa após três anos de trabalho e tenho dúvida sobre o que fazer com os e-mails que recebi e enviei durante esse tempo. Tenho mais de quinhentas mensagens armazenadas em meu computador. Creio que muitas delas poderiam ser úteis para meu substituto entender como meu trabalho era executado, que tipo de informação eu passava para quem, e por aí vai. Por outro lado, reconheço que também guardei muitas informações que não servem para nada e que só ocupam espaço. O que devo fazer? Deletar tudo? Deletar o que acho sem importância? Ou não deletar nada e meu substituto que faça o que bem entender?

Das três hipóteses, a terceira é a mais correta. Deixar tudo como está. Por um motivo simples: todas as informações de caráter profissional que você recebeu ou enviou nesses três anos pertencem à empresa. Antes do advento do e-mail, a situação era mais fácil de entender. Memorandos eram arquivados e nenhum funcionário, ao sair da empresa, pensava em ir ao arquivo para rasgar ou queimar os memorandos que considerava sem importância. E, como todos sabemos, pelo menos metade do que é arquivado realmente não serve para mais nada após um par de anos. Naquela época, porém, estava perfeitamente claro que o memorando era propriedade da empresa, e não sei se hoje está claro para todo mundo que o e-mail também é. Então, sugiro que você deixe tudo como está e explique isso a seu substituto. Mas eu gostaria de aproveitar sua pergunta para clarificar outro ponto. Muita gente mistura assuntos profissionais e pessoais no mesmo e-mail. Começa contando onde passou o fim de semana, entra no assunto propriamente dito, e termina com uma gozação do tipo "E o teu time, hein? Que vexame". É claro que numa conversa telefônica muita gente faz isso, mas deixar a prova por escrito é algo que pode e deve ser evitado, porque cria uma imagem bem pouco profissional. Como o conteúdo do e-mail pertence à empresa, sempre é bom tomar o cuidado de usá-lo apenas para assuntos da empresa. Quem quiser mandar uma mensagem pessoal para um colega deve fazê-lo num e-mail à parte e deletá-lo de imediato. E torcer para que o colega faça o mesmo.

Palavras-chave: e-mail, etiqueta, cultura empresarial.

231

Estou num grande dilema. Trabalhei numa empresa durante cinco anos e pedi a conta para aceitar uma proposta extremamente vantajosa em termos salariais. Isso aconteceu faz oito meses. Minha

saída não gerou nenhum ressentimento, tanto que continuei mantendo contato com meu antigo chefe e com alguns ex-colegas. Na semana passada, minha empresa atual anunciou um programa de reestruturação e quatro colaboradores de minha área foram dispensados – eu incluído. A demissão me pegou de surpresa, mas imediatamente liguei para um colega de minha antiga empresa e ele me informou que há uma vaga em aberto. O salário é quase 30% menor do que estou ganhando aqui, mas é mais ou menos o que eu ganhava antes de sair de lá. O que seria melhor fazer? Ligar para meu ex-chefe e pleitear a vaga, dando um passo atrás em termos salariais, ou ficar desempregado por um tempo até que apareça uma vaga compatível com minha remuneração atual?

Vamos primeiro tentar entender por que você recebeu uma proposta tão vantajosa para ser demitido quando mal havia esquentado a cadeira. Propostas para aumentar repentinamente o salário devem ser avaliadas com extremo cuidado. Ou elas vêm de empresas que, por qualquer motivo, estão com dificuldade para contratar bons funcionários, ou então vêm de empresas que precisam comprar conhecimento. Neste segundo caso, a empresa oferece um salário bem acima da média do mercado, atrai bons técnicos, suga o que os novos contratados sabem, e depois os substituem por outros funcionários com preços mais em conta. Se algo parecido ocorreu no seu caso, você não estaria dando um passo atrás se regressasse à empresa anterior. Simplesmente retomaria o caminho normal da carreira. O que aconteceu foi que você deu um súbito salto temporário à frente, mas devido a uma circunstância, não às condições normais do mercado. Se minha avaliação estiver correta, muito dificilmente você encontrará de imediato outra empresa que esteja pagando bem mais do que o mercado paga. Portanto, o mais razoável seria você fechar o parêntesis aberto há oito meses e manter-se bem empregado numa boa empresa, aguardando as oportunidades normais que ela possa oferecer. Mas fica a dica. Qualquer proposta de mudança que supere em muito as condições normais do mercado deve ser vista primeiro com o inevitável entusiasmo, e em seguida com a necessária desconfiança.

Palavras-chave: mudança de emprego, demissão, relacionamento com colegas, *networking*, desemprego, salário.

232

Um funcionário do meu setor foi demitido e o meu chefe me comunicou que eu deveria acumular o trabalho, já que a vaga do meu colega seria extinta. Respondi que tudo bem, esperando que ele dissesse alguma coisa sobre um aumento de salário que compensasse o aumento de serviço. Mas já se passou um mês e o meu chefe não disse nada, e estou quase certa de que não irá dizer. Pergunto se isso que a empresa fez está dentro da legalidade, ou se tenho algum direito que posso exigir.

Não, infelizmente você não tem. Em seu contrato de trabalho, consta uma função, um salário e um horário a ser cumprido. Se a carga de trabalho que lhe é passada pode ser executada dentro desse horário, tudo está dentro da legalidade. Casos como o seu, em que o número de funcionários é diminuído e o trabalho é dividido entre os demais, já são comuns em empresas. Geralmente, isso ocorre quando há ociosidade, ou quando a implantação de uma nova tecnologia permite a redução do quadro. Ao dispensar o seu colega, a empresa fez as contas e concluiu que uma pessoa poderia fazer o trabalho de duas. Logicamente, do ponto de vista do empregado isso parece estar errado, porque ele usa como referência o que fazia e o que ganhava, e se vai fazer mais deveria ganhar mais. Como as duas visões, a da empresa e a do empregado, são contraditórias, vale o que a lei determina. E ela leva em conta o horário, não o volume. Mas não custa nada você abordar o chefe e dizer: "Chefe, não vou receber nenhuma recompensa por assumir mais tarefas?". Aí, ou o chefe vai explicar a mesma coisa que estou explicando, ou vai cair em si e dizer: "Sim, é claro, você merece um aumento e vamos concedê-lo de imediato". A segunda hipótese é remota, mas não é impossível. Portanto, vale a pena tentar. No mínimo, para mostrar que não está aceitando passivamente a situação.

Palavras-chave: contrato, leis trabalhistas, salário, chefe, o que falar, transparência.

233

Eu mereço um aumento. Até aí, sei que faço parte da imensa maioria, porque todo mundo que eu conheço acha que merece ganhar mais do que ganha. Acontece que meu chefe concorda comigo, e acredito que são poucos os chefes que aceitam os argumentos dos subordinados quando o assunto é aumento

salarial. Todas as vezes que mostrei para ele os motivos que eu teria para ganhar mais, ele me deu inteira razão, falou que meu salário de fato estava defasado, que aquilo não podia continuar assim, e que iria resolver a situação. Isso deve ter acontecido pelo menos umas cinco vezes só no ano passado. Porém, na prática, meu chefe não faz nada. A cada vez que volto ao assunto, ele diz que está cuidando do meu caso e que irá resolvê-lo. No começo eu acreditava, mas comecei a desconfiar que meu chefe está adotando a tática do cinismo. Ao concordar com o que eu falo, ele me deixa tranquila por mais um ou dois meses, e vai repetindo a mesma artimanha a cada novo pedido meu. Estou enganada com relação ao meu chefe ou estou sendo enganada por ele?

Vamos começar pela primeira hipótese. Seu chefe está realmente fazendo tudo o que está ao alcance dele para lhe conceder um aumento. Nesse caso, ele estaria sendo barrado pelos superiores dele e não quer transferir para você essa rusga interna de hierarquia. Agora, vamos à segunda hipótese, a de que seu chefe esteja enrolando você. Se for isso, ele tanto pode ser cínico, como você desconfia, ou então acha que você faz um bom trabalho, é eficiente, mas na verdade não merece um aumento. Só que ele não quer lhe dizer isso claramente para não deixar você desmotivada. Qualquer que seja o motivo, o que você deve fazer é começar a participar de processos em outras empresas. Se, eventualmente, conseguir uma proposta melhor, você descobrirá quais são as verdadeiras razões por trás da atitude de seu chefe. Ou ele usará a proposta para pressionar os superiores dele, ou finalmente entenderá que você merece um aumento, ou lhe desejará boa sorte no novo emprego. Uma coisa, porém, é certa: um aumento não demora um ano para ser decidido. Se você não fizer mais nada além de continuar insistindo, vai passar outro ano na dúvida.

Palavras-chave: salário, chefe, sabotagem, motivação, mudança de emprego, negociação.

234

Quando no site de uma empresa tem aquele quadrinho dizendo "Trabalhe conosco", isso quer dizer o quê? Porque eu já me cadastrei em um monte de sites, e em cada um deles tive que preencher uma sucessão de campos com informações pessoais e profissionais. Ao final dessa trabalheira, tudo o que recebi foram respostas automáticas, do tipo "Obrigado por se cadastrar". Se a empresa não está interessada em contratar através do site, por que oferece essa opção?

Primeiro, as boas notícias. A empresa está interessada. Agora, as notícias menos alvissareiras. O número de vagas é muito menor do que o número de cadastrados. Recentemente, conversei com a gerente de um banco e ela me disse que a quantidade diária de inscrições através do campo "Trabalhe conosco" do site chega quase a mil. O que significa que, em seis meses, o banco já acumulou um número de cadastrados que é maior do que o número de funcionários efetivos. E, como você descobriu, a quase totalidade dos inscritos receberá um "Muito obrigado". Agora, vamos ver como a coisa funciona depois que uma pessoa aperta o "o.k." final do cadastro. Imediatamente, o sistema lê as informações e as cruza com os dados das vagas em aberto. Esse cruzamento é feito através de palavras-chave. Um curso, uma especialização, um idioma, o tempo de experiência prática, a passagem por uma empresa do mesmo setor, ou até mesmo o local da residência, porque para certas funções há empresas que preferem contratar pessoas que morem na vizinhança. E por que a empresa simplesmente não revela quais são os pré-requisitos para as vagas em aberto, o que eliminaria o desperdício de tempo de quem não se enquadra no que é solicitado? Porque a empresa não sabe quais vagas serão abertas nos próximos meses, e no fim das contas o sistema é tão rápido que tanto faz analisar cem ou mil currículos. O cruzamento é feito em poucos segundos, e os candidatos aceitáveis são convocados para entrevistas. Outra coisa: na maioria das empresas, o banco de dados é zerado a cada seis meses. Então, quem se cadastrou e acredita que tem um currículo chamativo precisa se recadastrar periodicamente. É preciso ter uma boa dose de paciência, mas o sistema do "Trabalhe conosco", embora impessoal, realmente funciona.

Palavras-chave: contratação, concorrência, currículo, processo seletivo, cursos, experiência prática.

235

Vale a pena fazer faculdade? Tenho 24 anos e ganho relativamente bem. Além disso, trabalho em uma empresa que me dá certa estabilidade, e consegui essa situação sem ter um curso universitário.

Seria mais recomendável eu guardar dinheiro hoje para garantir uma melhor qualidade de vida no futuro? Já conversei com meu chefe e ele mesmo me falou que ter faculdade não é garantia de salário maior. Se somente minha empresa pensa assim, acho que nunca mais vou poder sair daqui.

Vamos lá, por partes. O primeiro ponto é que seu chefe está desinformado. Existem estatísticas mostrando que, na média, quem tem um curso superior ganha mais do que alguém que não tem, e quem tem uma pós-graduação ganha mais do que alguém que só tem a faculdade. Cada curso corresponde a um aumento médio de 15%. Nos extremos, porém, sempre haverá alguém com pós-graduação ganhando uma miséria, e alguém sem curso superior ganhando bem, como é o seu caso. O segundo ponto é a frase meio solta que você colocou no fim da mensagem, afirmando que não pode sair da empresa atual porque não conseguiria outro emprego que pagasse o que você ganha hoje. É exatamente isso. Se saísse, você iria enfrentar as exigências do mercado, e teria que concorrer a uma vaga com candidatos que têm curso superior. O terceiro ponto é que você está correto ao mencionar que tem "certa" estabilidade. No mercado de trabalho, a palavra "certa" sempre soa mais como um aviso de precaução do que como uma garantia de segurança. Você talvez imagine que a sua situação atual e as condições de sua empresa não sofrerão alterações durante os próximos anos, algo que é, no mínimo, tremendamente otimista. Daqui a dez anos, você terá apenas 34 anos. Hoje, muita gente com essa idade, ou com mais idade, está se lamentando por não ter feito um curso superior quando tinha 20 anos. Sugiro que você reconsidere sua posição de abrir mão do estudo. Antes que perca sua certa estabilidade e atinja certa idade.

Palavras-chave: formação acadêmica, estabilidade, salário, cultura empresarial, acomodação, arrependimento, idade.

236

Em minha empresa anterior, havia um clima mais camarada, para não dizer festivo. Os colegas conversavam bastante sem que isso interferisse no trabalho de cada um. E o chefe era o que mais conversava. Ficava circulando, fazendo perguntas, incentivando, contando histórias, rindo das piadas de meus colegas. O ambiente na empresa atual é o oposto. Quase ninguém conversa, e acredito que isso seja porque o chefe é calado. Mudo. Estou aqui há quinze dias e acho que não ouvi meu chefe falar nada além de "bom dia" e "boa tarde". Quando algum colega vai à sala do chefe para perguntar alguma coisa, a conversa raramente ultrapassa um minuto. Por tudo isso, eu me sinto cada vez com menos vontade de vir trabalhar. É como se eu fosse todo dia a um velório, com a diferença de que já fui a velórios bem mais animados. O que devo fazer para me acostumar a esse silêncio, já que o salário é bom e não pretendo mudar de emprego?

Você fez algo bastante comum quando alguém sai de uma empresa para trabalhar em outra, que é imaginar, ou esperar, que todas as coisas positivas do emprego anterior irão se repetir no seguinte. O ambiente de trabalho é a face mais visível dessa expectativa. Ao sair de um ambiente festivo, você muito provavelmente nem considerou a possibilidade de que o novo ambiente pudesse ser o oposto. Mas a pergunta é: se você soubesse disso, teria recusado o emprego? Provavelmente não, porque você mesma disse que está satisfeita com o salário e não fez nenhuma outra reclamação. Para mim, parece claro que o jeito caladão de seu chefe influi no comportamento dos subordinados, que assumem uma postura idêntica à dele por comodidade, receio ou osmose. Mas posso lhe garantir que, se a remuneração é boa e o ambiente é ético, você acabará se acostumando com o silêncio. E até a gostar dele. Acredite que existe muita gente que gostaria de trabalhar num lugar assim, quieto, compenetrado, sem algazarra nem diz que diz. Você conseguiu, e agora só precisa se adaptar a um ambiente que não é pior. É apenas diferente.

Palavras-chave: relacionamento com colegas, chefe, ambiente de trabalho, expectativa, adaptação, traços de personalidade, reações emotivas.

237

O que devemos fazer quando uma pessoa nos cumprimenta e nós não lembramos o nome dela? Isso acontece muito comigo, e na maioria dos casos são pessoas que vi uma vez na vida, mas foram situações em que eu deveria ter memorizado os nomes. Como almoços de negócios, por exemplo. E pelo menos uma vez por semana tenho que passar pela desagradável situação de alguém me perguntar "Você se lembra de mim?", e eu até me lembro da fisionomia, mas não do nome.

Para que você se sinta melhor, tirando meia dúzia de privilegiados que possuem uma memória muito acima da média, o resto de nós tem o mesmo problema que você. Todos nós esquecemos nomes. E, quanto mais gente conhecemos, mais nomes esquecemos. A reação diante da pergunta "você se lembra de mim?" varia conforme a idade. Jovens tendem a levar a conversa adiante até que o nome apareça num relance, ou que a outra pessoa o revele. Já executivos mais veteranos respondem "Me perdoe, mas não estou me lembrando", e aí fazem aquela expressão de supremo interesse. Existem maneiras de minimizar esse inconveniente, e uma delas é repetir diversas vezes o nome da pessoa à qual estamos sendo apresentados para que ele não caia facilmente no esquecimento. Outra dica é se antecipar ao pior. Quando uma pessoa, que não lembramos quem é, se aproxima com aquela cara de "eu te conheço", basta estender a mão e dizer com um sorriso elegante: "Como vai? Me desculpe, mas seu nome me escapou". Como regra geral, porém, é melhor confessar. Mesmo que sejamos efusivos, a outra pessoa percebe rapidinho que não estamos nos lembrando dela, e, se ela vai ficar ofendida com isso, já ficou. Enquanto estamos tentando contornar a situação e exagerando na intimidade para disfarçar a ignorância, ela fica pensando: "Confessa logo que você não sabe quem eu sou, seu mané". Dito tudo isso, o que acontece conosco acontece também com os outros. Muitas pessoas vão esquecer nosso nome, para desconsolo de nosso ego. Por isso, profissionalmente falando, a maneira ideal de abordar alguém, e principalmente alguém com um bom cargo, é começar dizendo o próprio nome. E, se for o caso, a circunstância em que conhecemos a pessoa. Aí ela ficará aliviada por não ter sido submetida a uma pequena sessão de tortura e vai nos tratar com uma deferência maior do que nos trataria.

Palavras-chave: sinceridade, etiqueta, o que falar, cultura empresarial.

238

Minha empresa está me transferindo de estado. Nasci, cresci e moro até hoje numa cidade do Sul, e estou sendo transferido para uma capital do Nordeste. Nunca viajei mais de cem quilômetros na vida, e esta é a primeira vez que vou sair de perto de meus familiares. Aceitei por ser solteiro, pelo reajuste oferecido e por ser uma promoção para um cargo gerencial. Não tenho nada contra nenhuma região do Brasil, mas vários colegas já me disseram que vou ter problemas porque lá o ritmo é outro, o tratamento é diferente, coisas assim, que assustam um pouco. Tenho receio de querer impor meu sistema de trabalho e despertar antipatias logo de saída, por isso pergunto como devo proceder para amenizar o choque, meu e deles.

Se os seus colegas que lhe disseram tudo isso nunca trabalharam na região Nordeste, a opinião deles deve ser ouvida com restrições. Mas certamente há diferenças. Se você olhar o mapa da Europa, vai perceber que a viagem que você fará é equivalente à distância entre Portugal e a Bósnia, com cinco países no meio. Aí, pense o seguinte: se você estivesse sendo transferido para a Bósnia, e não tivesse colegas que ficassem lhe soprando o que você irá encontrar por lá, qual seria sua atitude? Certamente, seria a de tentar primeiro entender as idiossincrasias do país. Não há por que não adotar o mesmo procedimento nessa mudança de um extremo para outro do Brasil. Ao chegar a seu destino, tire um tempo para visitar os locais mais pitorescos. Leia sobre a história, a cultura, os hábitos, os alimentos, a música, as festividades da cidade. Aprenda as expressões locais e faça perguntas a seus novos subordinados sobre a terra deles, evitando fazer comparações com a sua cidade no Sul, a não ser que a comparação seja favorável ao Nordeste. Tudo isso nada mais é do que você também esperaria de alguém do Nordeste que fosse transferido para a sua cidade no Sul. Depois que você estiver enturmado, seu trabalho será tranquilo e talvez você é que comece a achar que seu ritmo anterior era meio insano. Uma última observação. Conheço muita gente que foi transferida do Sul para o Nordeste. Todos pensavam em bater e voltar, mas, depois de um ano, a maioria não queria mais regressar. Portanto, relaxe e aproveite o melhor que você puder essa oportunidade, pessoal e profissionalmente.

Palavras-chave: transferência, adaptação, crescimento pessoal, ambiente de trabalho, expectativa.

239

Chego sempre à fase final das entrevistas, mas perco a vaga por algum detalhe que não sei qual seria. O que você poderia me sugerir?

Quatro coisas. A primeira é pensar positivamente, mas com os números a seu favor. Se o processo tinha inicialmente vinte candidatos, você foi melhor do que, pelo menos, quinze deles. Talvez melhor do que dezenove, inclusive. Portanto, você tem potencial para conseguir um bom emprego. A segunda coisa é esperar um pouco até a frustração passar e aí, com calma, avaliar o que aconteceu na última entrevista. Faça um esforço para se lembrar dos detalhes. Quais de suas respostas impressionaram bem o entrevistador? Quais não impressionaram? Quando um entrevistador não está satisfeito com uma resposta, ele repete a mesma pergunta de outro modo, ou pede mais detalhes. Quando está satisfeito, passa para a pergunta seguinte. Então, lembre-se dos pontos em que você vacilou, engasgou, demorou a responder, ou não estava segura da resposta. Feito isso, elabore as respostas que teriam sido mais apropriadas. A terceira coisa é lembrar que nem todo processo seletivo é um primor de igualdade. Há processos, e não são poucos, em que um dos candidatos já vem recomendado por alguém e só perderá a vaga se for um desastre. Talvez você tenha sido ótima, mas não ótima o suficiente para desbancar um candidato que se portou muito bem. Nesse caso, você perdeu por falta de um bom padrinho, e não por alguma deficiência. Isso quer dizer que, se você não for apadrinhada, terá que ganhar por um bom saldo de gols para conseguir a vaga. Isso é justo? Não sei dizer, mas é uma situação normal no mercado de trabalho, e não será mudada de repente. Quarta coisa: ao receber a notícia de que não foi a escolhida, não demonstre insatisfação. Agradeça e coloque-se à disposição para uma nova oportunidade. Porque nem sempre o candidato que foi admitido se dará bem no emprego e, nesse caso, o segundo colocado no processo será o primeiro a ser chamado. Ou então uma nova vaga pode aparecer em outro setor da empresa, e um candidato que se portou bem, tanto na entrevista como depois dela, terá mais chances de ser reconvocado. Finalmente, não pense em mudar radicalmente seu comportamento em futuras entrevistas, tentando parecer o que não é. Isso lhe traria mais dissabores do que alegrias.

> **Palavras-chave:** processo seletivo, concorrência, reações emotivas, contratação, adaptação, proatividade, avaliação, etiqueta.

240

Eu estava empregado quando surgiu um convite para participar de um processo seletivo em outra empresa. Fui à entrevista, agradei, fiquei satisfeito com o que ouvi e decidi aceitar. Na hora de discutir o salário, meu novo chefe disse que isso seria feito pela área de Recursos Humanos, porque essa era a praxe da empresa. Só aí fiquei sabendo que a empresa não poderia cobrir o salário que eu ganhava, mas a gerente de Recursos Humanos explicou que isso era devido a uma questão de orçamento e me fez uma proposta: eu receberia um reajuste de 20% dali a seis meses. Tudo combinado, comecei a trabalhar e, dois meses depois, a gerente de Recursos Humanos foi demitida. Assim, de repente. Ela recebeu a má notícia e foi embora no mesmo dia. E sem deixar por escrito que me havia prometido um aumento. Ao conversar com meu chefe sobre a questão, ouvi o que temia. Ele não havia sido informado sobre a promessa e, portanto, não poderia fazer nada a respeito. Eu então me dispus a procurar a

gerente demitida para conseguir uma carta confirmando o acordo, mas a nova gerente de Recursos Humanos me explicou que a empresa não poderia aceitar uma carta de alguém que tinha, como obrigação profissional, deixar registrado tudo o que combinasse com os empregados que eram admitidos. Estou furioso e pergunto se eu poderia mover uma ação contra a empresa, tendo a antiga gerente de Recursos Humanos como testemunha.

A resposta é sim e não. Sim, porque é possível mover qualquer ação contra qualquer empresa e deixar que a Justiça do Trabalho decida quem tem razão. E não, porque só com a palavra da gerente, mas sem nenhuma outra testemunha viável do acordo, a causa se arrastaria durante vários anos e diversas instâncias, porque a empresa certamente iria continuar recorrendo até esgotar todas as possibilidades (ou esgotar a sua paciência). O resumo dessa história é o seguinte: o que não é formalizado não tem valor legal. Quem ouve uma promessa na hora de ser contratado, seja de salário, promoção ou do pagamento de algum curso, deve pedir que isso seja colocado por escrito e ficar com uma cópia. Essa simples providência poderá ser a diferença entre ficar resguardado ou ficar furioso.

Palavras-chave: contratação, salário, leis trabalhistas, expectativa, negociação, transparência, riscos.

241

Estou passando por uma situação profissional muito embaraçosa. Comecei neste emprego faz apenas alguns dias e descobri que meus colegas de trabalho fizeram um bolão para prever quanto

tempo eu duraria. Só aí é que fiquei sabendo que nenhum de meus antecessores resistiu mais de cinco meses na função. Esta é uma boa empresa, embora meu trabalho seja burocrático, chato, repetitivo e sujeito a erros. E aí vem o problema. Os eventuais erros são criticados em voz alta pelo chefe, e meus colegas se divertem com as broncas que eu levo. Como posso conviver com essa situação?

Antes de mais nada, espero que seu chefe não esteja participando do bolão, porque ele certamente acertaria o dia, o mês e a hora de sua demissão. Mas vamos olhar a situação embaraçosa pelo lado desembaraçado. Como você mencionou que a empresa é boa, encare como um teste o tipo de trabalho que lhe foi dado. Se passar, como seus colegas já devem ter passado, você receberá tarefas menos chatas para executar. Quanto ao bolão, sugiro encará-lo não só como um desafio pessoal, mas também com bom humor. Peça para participar dele. Veja qual foi o prazo mais longo que lhe deram e coloque um mês a mais. E, ao final de cada dia, antes de encerrar o expediente, despeça-se mencionando aos colegas quantos dias faltam para você ganhar. Eu lhe sugiro também comunicar a seus colegas que você gastará o dinheiro do prêmio num *happy hour* para o qual todos estão convidados. Se você entrar na brincadeira, conseguirá criar um clima mais leve. Caso se revolte, o clima ficará pesado, e você não ganhará nada com isso. Nem em termos de ambiente, nem em termos de dinheiro. Existem várias situações em que um novo funcionário se sente rejeitado, com ou sem motivo. A melhor maneira de escapar não é se isolando. É participando. Você está tendo uma chance de mostrar que pode superar um desafio, e ainda ganhar um troco. O lado bom da história é que tudo isso passa rápido. Pense que você poderia estar num emprego chato, com um chefe pernóstico e colegas irritantes, e sem nenhuma perspectiva de mudar a situação. O seu caso é muito melhor porque você ganhou uma oportunidade de poder, literalmente, rir por último.

> **Palavras-chave:** perseguição, ambiente de trabalho, adaptação, críticas, relacionamento com colegas, chefe, reputação, situações inéditas, desvalorização, crescimento pessoal.

242

Participei de um processo seletivo e o entrevistador só me fez quatro perguntas, sendo que a última foi: o que você menos gostava em seu emprego anterior? Respondi que era a falta de desafios, porque meu trabalho era muito burocrático. Pensei que essa fosse uma resposta adequada, mas pelo visto não foi, porque não consegui a vaga. O que eu deveria ter respondido?

Qualquer pergunta sobre uma empresa anterior tem como único objetivo saber como você reagiria a uma situação que talvez exista também na empresa que o está entrevistando. Se a função para a qual você foi entrevistado também incluía trabalhos burocráticos, você simplesmente respondeu que não era a pessoa certa para aquela vaga. A melhor resposta para essa questão, e para algumas outras semelhantes, é não cair na armadilha de indicar algo negativo. Certa vez, entrevistei um candidato para uma função de gerente júnior. Ele não era nem o mais experiente, nem o mais qualificado dentre os candidatos, mas me deu uma resposta tão certeira que, no fim, acabei optando por ele. Quando perguntei o que ele não gostava em um emprego, a resposta foi: "Muita coisa. Mas, quando não gosto, sempre assumo que o problema sou eu e tento me adequar à situação". Isso é o que qualquer empresa espera de qualquer contratado para qualquer função: que a pessoa entenda que não irá viver em um ambiente que poderá controlar a seu gosto. E, principalmente, que não se apresente como vítima de empregos ou empresas anteriores.

Palavras-chave: processo seletivo, o que falar, adaptação, proatividade, ambiente de trabalho, sinceridade, contratação.

243

Eu me formei há dois anos. Como não consegui um emprego na área de minha formação, aceitei uma vaga abaixo da minha qualificação. Não me adaptei, mudei para outro emprego praticamente igual, porque foi o que apareceu, e por isso meu astral está bem baixo. Não sei o que posso oferecer de diferente ou especial a uma empresa, e por isso sempre vou mal em entrevistas.

Realmente, você precisa tonificar o seu astral. Vamos então começar com o que você pode oferecer. Se voltar no tempo e recordar seus primeiros anos de escola, certamente se lembrará de que havia matérias das quais você gostava e outras que não apreciava. Todo mundo é assim. Quem tem uma inclinação natural para números geralmente não é entusiasta de letras. Mas uma coisa é certa. É impossível que você não seja muito boa em pelo menos um aspecto profissional do interesse de empresas. Se você está tão confusa que não consegue discernir que aspecto é esse, pergunte a amigos sinceros que conhecem você há algum tempo. O que eles veem de especial em você? Normalmente, quem promove uma minipesquisa como essa acaba se surpreendendo, porque a opinião da pessoa sobre si mesma quase nunca bate com o consenso alheio. E, pior, a tendência é que a pessoa diga: "Não, eu não sou assim, vocês estão enganados". Eu lhe sugiro fazer essa rodada de consultas e acreditar no que ouvir. Aí, comece a investir naquilo que os outros veem de positivo em você. O que você mesma está vendo talvez seja apenas o reflexo daquilo que gostaria de ser e mostrar, e não aquilo que realmente tem a oferecer.

Palavras-chave: adaptação, expectativa, motivação, amizade, crescimento pessoal, formação acadêmica, mudança de emprego.

244

Meu gerente, que estava na empresa havia muitos anos, se aposentou. Três pessoas da própria empresa foram indicadas para concorrer ao cargo, e eu fui o escolhido. Porém, fiquei surpreso quando me foi informado meu novo salário: apenas 15% mais do que eu ganhava. Nesta empresa, as informações salariais são guardadas a sete chaves e não sei quanto os outros gerentes ganham, mas sei que o salário do meu ex-gerente era o dobro do meu. Isso aconteceu há dois meses e até agora não consegui digerir o assunto. Devo ir conversar com a diretoria?

Por enquanto, sugiro que não. Pode ter acontecido que seu ex-gerente, por ter muitos anos de casa, recebesse um salário bem acima da média do mercado. Também não é anormal que o primeiro salário de um recém-promovido a uma primeira gerência, como foi o seu caso, não chegue ao teto da função, deixando espaço para que a empresa faça um reajuste depois de seis meses ou um ano. Ou pode ser que sua empresa tenha, simplesmente, decidido fazer uma economia ao promovê-lo. De qualquer maneira, você sairá no lucro. Durante um ano, preocupe-se apenas em mostrar à diretoria que você mereceu a promoção. Aí, se você não for reajustado, sonde o mercado. Talvez você descubra que está na média dele. Ou que está abaixo e poderia mudar com um bom aumento. Tenha em mente que, até três meses atrás, se você decidisse mudar de emprego, não seria admitido como gerente por outra empresa. Daqui a dez meses, poderá ser. A promoção, se não lhe deu um bom aumento imediato, colocou você em um novo patamar profissional. Esse é o seu lucro na história.

Palavras-chave: salário, transparência, mudança de emprego, marketing pessoal.

245

Estou muito desesperançada com minha vida profissional. Eu me formei faz dois anos e até agora não consegui um emprego na minha área. Já entreguei currículos, estou estudando para concursos públicos, mas me sinto mal por ainda não ter ingressado no mercado de trabalho. As pessoas que convivem comigo dizem

que sou inteligente, esforçada e criativa, mas me sinto cada vez mais pessimista e angustiada quanto ao meu futuro. Penso em fazer um mestrado ou uma segunda graduação, mas não quero começar sem ter a segurança de um emprego para custear meus estudos. Que conselho você poderia dar para alguém, como eu, que se vê diante de um mercado que é cruel para com profissionais sem experiência?

Eu começaria dizendo que o mercado não é cruel. Apenas, tem regras, e uma delas é dar preferência, nos processos seletivos, a profissionais com experiência prática. A segunda constatação é que você está considerando seguir o caminho mais comum em situações como a sua, que é adicionar mais diplomas ao currículo, quando já sabe que o que falta nele é mão na massa. O conselho que posso lhe dar é não se sentir prisioneira do curso que concluiu. Ele é um ponto de partida, não uma linha de chegada. Comece a trabalhar em qualquer função, em qualquer área, em qualquer setor, com qualquer salário. Sendo inteligente, esforçada e criativa, você terá chances rápidas de progresso se, de fato, demonstrar que possui essas qualidades tão apreciadas pelos empregadores. E, depois, não deixe de fazer os cursos complementares a que se referiu. Eles podem não resolver sua situação agora, mas serão de grande importância no futuro.

Palavras-chave: expectativa, formação acadêmica, concurso público, experiência prática, motivação, cultura empresarial, começar a carreira, adaptação, contratação, cursos, proatividade, criatividade, currículo.

246

Você já escreveu muitas vezes que bons empregos são obtidos através de indicações. Pergunto se poderia me indicar para um.

Talvez, eventualmente, algum dia, mas não de imediato. Isso porque você atropelou a regra número dois do chamado *networking*, o círculo profissional de relacionamentos. A regra número um é semear e cultivar esse círculo. A regra número dois é não chegar já pedindo alguma coisa a alguém que você acaba de conhecer. Muita gente faz isso quando participa de eventos abertos, aos quais comparecem profissionais que ocupam bons cargos em grandes empresas. Abordar uma dessas pessoas e entregar um currículo na mão dela não funciona, por mais simpático que o profissional abordado possa ter sido e por mais receptivo que possa ter parecido. Um círculo de relacionamentos pode demorar anos até dar bons frutos. Ele começa com o contato frequente, hoje facilitado pelo correio eletrônico, com ex-colegas de escola e ex-professores. Mandar a cada uma dessas pessoas um e-mail por mês irá manter seu nome vivo na lembrança delas. Esse e-mail, porém, não pode ser aquele famoso repasse de piadas que é enviado a uma longa lista de contatos. São mensagens pessoais, ou cumprimentando pelo aniversário, ou lembrando fatos que vocês viveram juntos. Um dia, quando essa relação estiver bem sedimentada, uma solicitação de ajuda para conseguir um emprego será recebida com simpatia. Voltando à regra número dois, você não pode querer colher os frutos sem ter plantado a árvore.

Palavras-chave: *networking*, contratação, currículo, etiqueta.

247

O sindicato e minha empresa negociaram um acordo de dissídio coletivo que prevê aumentos percentuais até determinado teto e, daí em diante, um valor fixo, qualquer que seja o salário. Logo, aqueles que têm salários mais altos receberão um percentual menor. Pergunto se isso não é discriminação, ou mesmo um caso de redução salarial.

Se você consultar um dicionário, verá que a definição de discriminação é a seguinte: tratar de modo injusto ou desigual um grupo de indivíduos por alguma característica especial. A palavra, entretanto, é sempre usada para se referir a grupos minoritários que necessitem de proteção especial. Ganhar mais do que os outros até pode se enquadrar nessa definição, mas não se enquadra no quesito de uma categoria que precise ser protegida. Se, por exemplo, o governo decidir decretar um novo imposto para quem tem mais de R$ 1 milhão em aplicações financeiras, isso é discriminação, mas a imensa maioria da população aplaudirá a medida. Já do ponto de vista legal, no seu caso não houve uma redução salarial, uma vez que seu salário não baixou (pelo contrário, aumentou). Houve apenas uma perda salarial comparativa, o que não é ilegal. O que posso lhe dizer é que, de todos os grupos que sofrem discriminação neste país, o grupo dos bem pagos é um dos raros que não encontrará defensores.

Palavras-chave: salário, leis trabalhistas, perseguição, discriminação.

248

Estamos vivendo uma situação meio estranha. Trabalhamos no setor de Compras de uma multinacional. Recentemente, foi contratado um colega formado em Psicologia. A explicação dada por Recursos Humanos foi que a diversidade na formação poderia agregar valor ao negócio e ao ambiente de trabalho. Em nossa opinião, não está agregando. Essa pessoa gosta de oferecer conselhos pessoais e profissionais sem que a gente solicite, algo que, creio eu, esteja de acordo com o que ele aprendeu na faculdade, mas que não agrega nada aos resultados da nossa área. Não queremos demonstrar abertamente nossa insatisfação, até para não desgastar um profissional que só está tentando praticar o que estudou, mas gostaríamos de saber como contornar essa situação.

A ideia de contratar um profissional com formação diferente é boa porque ele pode contribuir com uma visão diferente. A contratação de engenheiros para a área de Vendas, por exemplo, é uma iniciativa que vem trazendo ótimos resultados para muitas empresas. O que talvez tenha faltado no caso da sua empresa foi uma explicação prévia ao contratado. Um engenheiro sabe que a função primordial dele na área de Vendas será vender, e não ficar procurando rachaduras na estrutura do prédio. E um psicólogo na área de Compras pode aplicar o que aprendeu para conseguir melhores condições com os fornecedores, e não para promover sessões individuais de terapia. Conversem então com seu gerente. Com o devido tato, ele explicará à área Recursos Humanos que a iniciativa foi muito boa, e só necessita de um pequeno ajuste.

Palavras-chave: situações inéditas, contratação, formação acadêmica, sinceridade, o que falar.

249

Minha empresa contratou uma consultoria de *coaching* individual. Não sei se precisávamos disso, mas, se a empresa achou que sim, só me cabe aceitar. O problema é que meu relacionamento com a *coach* que me foi destinada não tem sido dos melhores. Tenho a impressão de que ela fica me forçando a reconhecer que tenho defeitos. Como ela mesma disse, todos temos os nossos defeitos, e é somente a partir da aceitação deles que um trabalho de *coaching* se torna efetivo. Em momento algum, entretanto, ela abriu uma conversa sobre minhas eventuais qualidades. Estou começando a desconfiar que me expor demais, ou aceitar algum rótulo, poderá mais me prejudicar do que contribuir para minha melhoria. Pergunto se por acaso estou sendo sensível demais.

Um processo desse tipo levará a um relatório que sua diretoria irá ler. Se você se mostrar defensivo, esse será o rótulo que constará na sua avaliação, e ele é negativo. Então, já que você não pode cancelar o baile, o melhor é dançar conforme a música. Evite o confronto, escolhendo um ponto a melhorar. Por exemplo, como parece ser o caso, sua baixa resistência a críticas. A partir daí, sua *coach* elaborará um programa para você se tornar mais receptivo a opiniões contrárias às suas. Você seguirá os passos do programa e, no relatório final, sua *coach* escreverá que seu maior problema foi resolvido e acrescentará que você foi bastante colaborativo. Pronto. Ela ficará feliz, sua empresa também, e você terá aprendido alguma coisa. Qualquer outra atitude lhe dará mais trabalho e lhe trará aborrecimentos.

Palavras-chave: críticas, adaptação, situações inéditas, reputação, reações emotivas, consultoria.

250

Quando ingressei nesta empresa, há dois anos, fiquei entusiasmada com a informação de que haveria um plano de carreira para mim. Pois bem, até hoje, ninguém conversou comigo sobre um plano de carreira formal. O que existe é uma avaliação semestral de desempenho, e no rodapé dela eu posso escrever o que gostaria que me acontecesse em curto e médio prazo. Por exemplo, se quero ficar onde estou, se desejo mudar de área, se tenho interesse em fazer algum curso, se espero uma promoção. Devo entender que isso é o propalado plano de carreira a que a empresa se referiu quando da minha contratação?

Não. Um plano de carreira não é uma manifestação unilateral de vontades e desejos do funcionário. É um documento muito mais específico, em que o funcionário e a empresa começam concordando com uma direção a ser seguida. Depois, são discriminados os cursos a serem feitos, os aspectos comportamentais a melhorar (se esse for o caso) e um cronograma aproximado de quando as coisas irão acontecer na prática. O que provavelmente aconteceu no seu caso, e vem acontecendo em muitas empresas, é que o longo prazo está se tornando cada vez mais curto. A situação muda com tal frequência que a empresa prefere somente saber o que cada funcionário espera, em vez de se arriscar a assumir algum compromisso formal que poderá não vir a se materializar. O importante é que você manifeste claramente, mesmo que seja no rodapé do formulário, o que espera e para quando espera. Se a empresa tem os motivos dela para se omitir, você tem os seus para não ser omissa.

Palavras-chave: expectativa, cultura empresarial, salário, começar a carreira, transparência.

251

Trabalho no turno da noite, no setor de Logística, na parte operacional. Estou me formando em Gestão de Logística e terminando um curso de inglês, e já cansei de pedir ao meu supervisor uma transferência para o turno diurno, porque todos os que são promovidos trabalham de dia. Meu supervisor me disse que no momento não é possível me transferir porque não há vagas de dia, e pergunto se devo continuar insistindo ou procurar outro lugar para trabalhar.

Existem profissionais que preferem trabalhar no turno noturno porque nele a aporrinhação é menor. Mas a noite não faz bem para quem tem ambições imediatas na carreira, como você. Há uma velha frase que diz: "De dia, todos os santos estão no altar". No caso, o presidente, os diretores, os gerentes, e todos os querubins dos órgãos de apoio. As reuniões importantes acontecem de dia, e todas as decisões estratégicas são tomadas de dia. O turno da noite é muito importante, mas é limitado ao trabalho operacional, como o que você executa. Seu supervisor não defende a sua causa com mais veemência porque sabe que é difícil encontrar bons funcionários que se disponham a trabalhar somente à noite. Por isso, minha sugestão é: peça uma transferência para qualquer setor no turno diurno, mesmo que seja em outra função. Assim, você poderá ser notado por quem decide, e há bem mais gente que decide trabalhando de dia. Se a transferência lhe for negada, parta para o plano B. Comece a procurar outro emprego. Não necessariamente no setor de Logística, mas em uma empresa de Logística.

> **Palavras-chave:** transferência, salário, o que falar, proatividade, mudança de emprego, reputação, cultura empresarial.

252

Trabalho há sete anos na área de TI. Semanalmente, temos uma reunião com participantes de todas as áreas para discutir aspectos operacionais. Eu represento minha área nessa reunião e nunca tive problemas, mas agora passei a ter um. Uma gerente de Planejamento, contratada faz um par de meses, passou a dar palpites no meu trabalho. Não só no meu, mas no de todas as áreas. Acredito que ela queira mostrar serviço, mas fico irritado só de ouvir as coisas que ela fala, porque o entendimento dela em relação ao trabalho de TI é zero à esquerda. Se eu apresento um cronograma, por exemplo, ela me pergunta o que pode ser feito para o tempo ser encurtado. Creio que passo a impressão de que estou sempre me defendendo e não gosto disso, mas não sei como reagir.

Para começar, não fique irritado, porque a irritação é inimiga da inteligência. Depois de sete anos em TI, você sabe uma infinidade de coisas que o resto não sabe. O que você precisa fazer é apenas misturar diplomacia e competência. A diplomacia lhe permite evitar conflitos. A competência lhe permite amedrontar a quem fala sem base. A maneira de fazer isso é passando da situação atual, na qual você dá respostas, a uma situação em que você faz perguntas. Quando essa gerente lhe perguntar algo, elogie a sagacidade dela e devolva com outra pergunta, utilizando termos técnicos. O importante é que você sempre termine seus esclarecimentos com uma questão que todos os presentes entenderão (mesmo que não tenham entendido inteiramente suas explicações), e não com um confronto, um menosprezo ou uma promessa vazia, do tipo "Vou ver o que dá para fazer". Rapidamente, a gerente perceberá que há outras pessoas mais fáceis de azucrinar na reunião e deixará você em paz.

Palavras-chave: reações emotivas, críticas, adaptação, relacionamento com colegas, situações inéditas.

253

Fui contratado como temporário, por três meses. Essa é minha primeira experiência como temporário e estou tentando fazer o melhor que posso para mostrar que mereço uma chance de ser efetivado. Mas, por querer mostrar serviço, tornei-me alvo de gozações dos mais antigos. Será que escolhi mal a empresa ou é assim em todas elas?

Existem estatísticas confiáveis mostrando que um em cada oito temporários é efetivado ao final do contrato. Mas isso não acontece porque vagas novas são abertas. Pelo contrário. Quando a alta temporada termina, há uma tendência de redução de quadro, e não de aumento. Portanto, na maioria dos casos, quem é efetivado vai ocupar o lugar de um efetivo, que será dispensado. Para as empresas, não é difícil tomar essa decisão porque um temporário pode ser observado trabalhando, como é o seu caso, durante noventa dias. Por outro lado, a empresa pode ter alguns empregados efetivos cujo desempenho não é dos melhores porque faltam ao trabalho, chegam atrasados com alguma frequência ou sua produtividade é inferior à dos colegas. Para funcionários assim, um temporário eficiente é uma ameaça, e as gozações são uma maneira de tentar fazer com que o temporário desacelere o ritmo ou se desequilibre. Portanto, se você está trabalhando bem, entenda as gozações como um mecanismo de defesa de quem não está e não se preocupe. Ser alvo de piadas só mostra que você está bem próximo de ser efetivado.

Palavras-chave: *trainee*, proatividade, críticas, contratação, começar a carreira, chefe, ambiente de trabalho.

Índice de temas

Acomodação: 36-7, 47-8, 56-7, 77-8, 93-4, 115-6, 126-7, 176-7, 188-91, 199-200, 211-2, 316-8

Adaptação: 28-9, 31-4, 38-9, 42-6, 56-7, 59-61, 68-9, 75-8, 80-1, 87-8, 90-2, 107-8, 112-3, 119-20, 125-6, 128-31, 135-6, 144-5, 151-2, 155-6, 158-9, 165-6, 168-7, 174-9, 194-5, 201-2, 206-7, 230-1, 243-4, 265-6, 271-2, 276-7, 284-6, 305-7, 318-9, 321-31, 335, 338-9

Ambiente de trabalho: 16-7, 25-6, 41-2, 44-5, 48-9, 59-60, 68-9, 72-3, 75-6, 91-2, 108-9, 118-9, 128-9, 135-6, 142-3, 146-7, 172-3, 201-2, 216-7, 230-4, 237-40, 243-4, 265-6, 274-5, 278-80, 284-6, 318-9, 321-2, 325-8, 339-40

Amizade: 48-9, 72-5, 103-4, 117-9, 139-40, 144-5, 147-8, 152-3, 165-6, 168-9, 189-90, 213, 249-50, 252-3, 259-60, 304, 328-9

Arrependimento: 18-20, 36-7, 42-6, 49-51, 56-7, 92-5, 103-4, 108-9, 123-4, 139-40, 142-3, 154-7, 173-4, 199-200, 208-9, 216-7, 229-30, 232-3, 241-2, 283-4, 316-8

Avaliação: 25-6, 40-1, 59-60, 85-6, 105-8, 114-5, 141-2, 151-2, 157-8, 186, 190-1, 193-4, 216-7, 222-3, 229-30, 274-5, 280-1, 306-7, 322-4

Chefe: 13-4, 16-7, 23-4, 28-9, 38-41, 48-9, 52-3, 55-7, 62-6, 72-3, 80-2, 84-6, 92-3, 98-9, 102-6, 108-11, 115-6, 119-20, 123-4, 129-30, 135-6, 145-7, 154-5, 167-8, 177-9, 183-4, 187-8, 193-4, 201-2, 208-10, 215-20, 221-5, 230-4, 240-1, 243-4, 246-7, 261-5,

276-81, 289-90, 293-4, 299-300, 312-5, 318-9, 325-7, 339-40

Começar a carreira: 15-6, 18-9, 44-5, 67-8, 79-80, 130-1, 234-5, 250-1, 262-3, 278-80, 306-7, 330-1, 336, 339-40

Concorrência: 25-6, 28-9, 36-7, 41-2, 46, 49-50, 84-5, 99-102, 114-6, 125-6, 129-30, 133-4, 151-2, 158-9, 161-2, 167-8, 173-4, 177-8, 182-3, 203-4, 222-4, 246-7, 283-4, 298-9, 315-6, 322-4

Concurso público: 22-3, 46, 140-1, 165-6, 182-3, 231-2, 271-2, 330-1

Confiança: 20-2, 28-9, 37-8, 55-6, 68-9, 80-1, 99-100, 103-4, 135-6, 146-7, 186, 229-30, 246-7

Consultoria: 112-3, 144-5, 147-8, 244-6, 273-4, 335

Contratação: 15-6, 29-30, 41-2, 47-51, 53-6, 69-72, 74-5, 82-3, 99-100, 103-4, 117, 121-2, 126-7, 139-40, 163-9, 173-4, 177-8, 206-7, 213, 217-8, 226, 257-9, 265-6, 269-71, 286-7, 295-6, 315-6, 322-8, 330-2, 334, 339-40

Contrato: 19-20, 49-50, 120-1, 124-5, 145-6, 164-5, 223-4, 234-5, 267-8, 312-3

Crescimento pessoal: 28-9, 62-3, 79-80, 87-9, 96-7, 101-2, 105-6, 108-9, 140-2, 148-9, 151-2, 163-4, 169-73, 176-7, 241-2, 265-6, 268-9, 277-80, 295-6, 305-6, 321-2, 325-7, 328-9

Criatividade: 26-7, 44-9, 90-1, 107-8, 114-5, 278-80, 283-4, 330-1

Críticas: 13-4, 23-4, 28-9, 38-9, 47-8, 59-60, 77-8, 118-9, 120-4, 133-4, 154-6,

SUA CARREIRA DIRETO AO PONTO **341**

176-9, 181-2, 189-90, 195-6, 201-2, 219-20, 222-3, 263-5, 276-7, 280-1, 293-4, 299-300, 325-7, 335, 338-40

Cultura empresarial: 16-7, 25-6, 29-32, 34-5, 37-8, 40-2, 46-9, 53-4, 56-61, 64-5, 68-9, 70-2, 76-7, 86-7, 99-100, 104-5, 107-8, 110-1, 120-1, 125-7, 131-2, 134-7, 148-9, 158-9, 168-9, 174-5, 188-9, 195-7, 204-5, 210-1, 216-9, 231-2, 249-51, 265-6, 276-7, 281-6, 288-9, 292-3, 296-7, 302-3, 309-10, 316-21, 330-1, 336-7

Currículo: 29-30, 32-4, 47-8, 62-3, 69-70, 84-7, 93-4, 112-4, 117, 149-51, 157-8, 160, 168-9, 173-4, 199-200, 204-5, 208-10, 215-6, 256-9, 277-8, 291-2, 304, 308-9, 315-6, 330-2

Cursos: 26-7, 36-7, 50-1, 58-9, 96-7, 137-8, 140-1, 151-2, 158-9, 163-4, 167-8, 173-4, 186, 198-9, 206-7, 214-5, 229-30, 253-4, 292-3, 298-9, 306-9, 315-6, 330-1

Cursos técnicos: 15-6, 84-5

Demissão: 19-20, 38-9, 41-2, 49-51, 59-61, 65-6, 71-2, 95, 112-3, 124-7, 134-5, 189-90, 192-3, 197, 204-5, 209-12, 215-7, 236-40, 252-6, 267-8, 278-83, 286-7, 291-2, 300-2, 312-3

Depreciação: 13-4, 25-6, 28-9, 44-5, 48-9, 55-6, 68-9, 71-2, 80-1, 112-3, 123-4, 136-7

Desemprego: 29-30, 32-4, 38-9, 49-50, 69-70, 104-5, 112-3, 144-5, 163-6, 179-80, 214-5, 219-20, 277-8, 310-2

Desvalorização: 96-7, 168-9, 176-8, 230-1, 247-50, 298-9, 326-7

Discriminação: 333

Elogios: 70-1, 85-6, 105-6, 157-8, 164-5, 167-8, 214-5, 233-4, 249-50, 268-9, 280-1

E-mail: 50-1, 65-6, 76-7, 105-6, 293-4, 309-10

Empreendedorismo: 32-4, 103-4, 112-3, 145-8, 169-70, 190-1, 205-6, 223-4, 231-2, 244-6, 261-2

Engenheiro: 20-2

Estabilidade: 46, 53-4, 56-7, 71-2, 99-102, 121-2, 125-6, 140-1, 149-51, 154-5, 167-70, 200-1, 205-6, 214-5, 236-7, 271-2, 316-8

Estágio: 15-6, 44-5, 121-2, 148-9, 161-2, 176-7, 234-5, 250-1

Estagnação: 121-2, 137-8, 140-1, 148-9, 158-9, 167-8, 214-5, 234-5, 280-1, 298-9

Ética: 19-20, 23-6, 31-2, 41-2, 48-9, 60-1, 70-1, 82-3, 88-9, 91-2, 97-8, 102-3, 117, 123-4, 134-5, 139-40, 157-8, 172-3, 183-4, 192-3, 200-1, 217-20, 257-9, 283-4, 291-2, 296-7, 300-2, 304

Etiqueta: 38-9, 50-1, 52-5, 63-4, 76-7, 120-1, 128-9, 142-3, 155-6, 178-9, 187-8, 274-5, 284-6, 289-90, 308-10, 318-24, 332,

Expectativa: 31-2, 44-5, 50-3, 56-9, 68-71, 77-8, 92-3, 110-1, 118-9, 121-4, 130-2, 141-2, 145-6, 148-9, 155-7, 167-8, 193-4, 206-7, 218-9, 222-3, 229-32, 234-5, 237-42, 246-50, 253-4, 256-7, 265-6, 269-71, 284-6, 318-9, 321-2, 324-5, 328-9, 330-1, 336

Experiência: 86-7

Experiência prática: 22-3, 32-4, 47-8, 58-9, 77-8, 84-5, 113-4, 137-8, 140-1, 144-5, 148-51, 155-8, 161-2, 168-70, 176-7, 181-2, 194-5, 199-200, 231-2, 244-6, 262-3, 298-9, 315-6, 330-1

Família: 36-7, 42-4, 54-5, 131-2, 140-1, 147-8, 154-5, 163-4, 169-71, 173-4, 181-2, 185, 200-1, 232-3, 236-7, 262-3, 271-2

Flexibilidade: 60-1, 119-20, 125-6

Formação acadêmica: 15-6, 18-9, 22-3, 29-30, 67-8, 84-7, 96-7, 135-8,

342 MAX GEHRINGER

140-1, 156-7, 168-9, 173-4, 186, 198-9, 214-5, 221-2, 246-7, 250-1, 259-60, 298-9, 316-8, 328-31, 334

Frustração: 52-3, 67-8

Futuro: 50-1, 67-8, 88-9

Hierarquia: 13-4, 20-2, 48-9, 65-6, 72-3, 81-2, 91-2, 102-3, 136-7, 141-2, 176-7, 203-5, 230-1, 240-1, 252-3, 274-7

Honestidade: 81-2

Hora extra: 16-7, 20-2, 64-5, 75-6, 131-2, 195-6, 269-71

Idade: 36-7, 47-8, 54-5, 121-2, 125-6, 128-9, 135-8, 140-2, 154-5, 167-70, 173-4, 176-7, 181-2, 188-91, 199-201, 211-2, 262-3, 277-8, 298-9, 316-8

Leis trabalhistas: 16-7, 34-5, 49-50, 55-6, 64-5, 67-8, 97-8, 117, 120-1, 124-5, 129-32, 134-5, 164-5, 192-3, 195-6, 210-1, 217-9, 234-5, 261-2, 267-8, 273-4, 296-7, 312-3, 324-5, 333

Liderança: 28-9, 47-8, 56-7, 68-9, 98-9, 107-8, 141-2, 151-2, 177-8, 193-4, 206-7, 229-30, 276-7, 295-6

Marketing pessoal: 23-4, 28-9, 32-4, 36-7, 47-8, 105-6, 133-4, 139-40, 147-8, 151-2, 155-6, 161-2, 165-6, 173-4, 179-80, 194-6, 199-200, 209-10, 243-6, 268-9, 274-5, 284-6, 329-30

Meritocracia: 25-6, 41-2, 48-9, 60-1, 68-9, 125-6, 133-4, 151-2, 162-3, 177-8, 193-4, 206-7, 218-9, 222-3, 229-30, 274-5, 295-6, 302-3

Métodos arcaicos: 81-2, 109-10, 119-20, 217-8, 230-1, 302-3

Métodos peculiares: 16-7, 20-2, 25-6, 37-8, 40-1, 58-9, 68-9, 76-7, 80-1, 99-100, 110-1, 120-1, 126-7, 136-7, 162-3, 216-7, 240-1

Motivação: 25-7, 44-6, 56-7, 90-1, 93-4, 98-100, 126-7, 140-3, 145-6, 165-6, 199-200, 206-7, 233-4, 243-4, 250-1, 271-2, 278-80, 293-4, 313-5, 328-9, 330-1

Mudança de emprego: 32-4, 36-7, 40-2, 47-50, 53-4, 62-3, 72-3, 86-7, 92-3, 98-102, 104-5, 109-10, 112-3, 119-22, 124-7, 134-5, 139-40, 144-5, 157-8, 162-3, 165-6, 170-1, 174-5, 183-4, 187-8, 190-1, 200-1, 209-10, 213, 217-22, 230-1, 234-5, 243-4, 296-7, 299-300, 302-3, 310-5, 328-30, 337

Negociação: 40-1, 49-50, 104-5, 162-3, 213, 313-5, 324-5

Networking: 22-3, 47-8, 69-70, 86-7, 139-40, 144-5, 147-8, 185, 244-6, 249-50, 259-60, 306-12, 332

O que falar: 13-4, 23-4, 28-9, 38-9, 50-7, 62-3, 65-6, 72-5, 79-81, 85-6, 92-3, 95, 105-6, 108-9, 113-7, 129-30, 133-4, 139-40, 142-3, 151-3, 165-6, 177-82, 186-8, 190-1, 193-5, 199-200, 208-9, 213, 218-9, 221-2, 224-5, 230-1, 232-4, 238-40, 252-4, 262-5, 274-5, 280-1, 289-90, 308-9, 312-3, 319-21, 325-8, 334, 337

O que fazer: 53-4, 79-80, 88-9

Obrigações: 34-5, 37-8, 40-1, 52-6, 64-5, 76-7, 117, 129-30, 139-40, 164-5, 172-3, 192-3, 205-6, 218-20, 240-1, 252-3, 261-2, 273-4

Obrigatoriedade: 16-7, 34-5, 49-50, 54-5, 63-4, 67-8, 81-2, 91-2, 120-1, 129-32, 192-3, 195-6, 234-5, 254-6, 267-8

Perseguição: 48-9, 59-60, 96-7, 118-9, 155-6, 165-6, 174-5, 222-5, 268-9, 286-7, 295-6, 325-7, 333

Prioridade: 15-6, 18-9, 46, 54-5, 58-9, 130-1, 146-7, 154-5, 165-6, 168-71, 200-1, 221-2, 240-1, 252-3, 256-7, 269-71, 277-8, 292-3

Proatividade: 29-32, 36-9, 77-8, 87-8, 109-10, 115-6, 125-6, 134-5, 146-9, 176-8, 190-1, 194-5, 206-7, 244-6, 247-8, 259-60, 262-3, 271-2, 284-6, 295-6, 322-4, 327-8, 330-1, 337, 339-40

SUA CARREIRA DIRETO AO PONTO **343**

Processo seletivo: 19-20, 22-3, 32-4, 53-4, 70-1, 74-5, 82-5, 87-8, 95, 107-8, 113-5, 119-20, 133-6, 149-53, 156-8, 165-6, 168-9, 179-80, 183-6, 194-5, 198-200, 215-6, 226-7, 238-40, 253-4, 256-7, 265-6, 274-5, 280-1, 286-9, 296-7, 300-2, 306, 308-9, 315-6, 322-4, 327-8

Produtividade: 25-7, 76-7, 97-8, 110-1, 129-30, 146-9, 211-2, 218-9, 222-3, 273-4, 281-3, 293-4

Promoção: 56-7

Reações emotivas: 13-4, 23-4, 26-7, 31-2, 37-44, 96-7, 108-9, 142-3, 154-5, 170-1, 178-9, 189-90, 215-6, 228, 241-2, 252-3, 282-4, 288-9, 299-300, 308-9, 318-9, 322-4, 335, 338-9

Recomeçar a carreira: 22-3, 32-4, 86-7, 144-5, 185, 221-2, 231-2, 244-6, 277-8

Recursos Humanos: 102-3

Redes sociais: 160, 208-9

Relacionamento com colegas: 28-9, 31-2, 41-2, 44-5, 50-1, 59-60, 72-3, 96-8, 103-4, 118-9, 123-4, 133-4, 146-7, 155-6, 168-9, 172-8, 187-90, 201-2, 228, 231-4, 237-8, 268-9, 273-4, 282-7, 310-2, 318-9, 325-7, 338-9

Reputação: 23-4, 28-9, 41-2, 53-4, 59-61, 65-6, 72-3, 75-6, 105-6, 120-1, 131-2, 147-8, 155-6, 164-5, 172-5, 195-6, 209-10, 226, 232-3, 236-7, 240-1, 254-6, 263-5, 305-6, 325-7, 335, 337

Riscos: 15-6, 18-9, 42-4, 50-1, 60-1, 63-4, 72-3, 79-80, 92-3, 99-100, 102-5, 117, 123-6, 130-1, 134-5, 145-6, 154-7, 168-9, 173-4, 182-5, 187-8, 201-2, 209-11, 214-5, 221-2, 244-6, 256-9, 267-8, 277-8, 324-5

Sabotagem: 28-9, 123-4, 197, 215-6, 233-4, 246-7, 257-9, 313-5

Salário: 18-9, 40-4, 47-8, 52-4, 62-3, 74-5, 85-6, 93-4, 97-102, 104-5, 112-3, 124-7, 130-1, 136-8, 140-2, 144-5, 147-8, 151-3, 158-9, 162-3, 167-8, 172, 174-5, 177-8, 182-3, 188-91, 193-4, 197, 200-1, 203-7, 209-11, 216-19, 229-30, 234-5, 244-8, 268-9, 271-4, 278-81, 284-7, 298-9, 302-3, 310-9, 324-5, 329-30, 333, 336-7

Sinceridade: 19-20, 31-2, 40-2, 49-56, 59-66, 91-2, 97-8, 102-3, 113-4, 117, 119-20, 123-4, 142-3, 152-3, 165-6, 181-4, 200-1, 221-3, 231-3, 238-42, 252-3, 263-6, 269-71, 286-7, 291-2, 299-302, 304, 319-21, 327-8, 334

Situações inéditas: 13-4, 23-4, 28-9, 31-4, 37-8, 42-5, 47-9, 54-5, 63-4, 68-9, 88-9, 105-6, 121-2, 136-7, 142-5, 147-8, 174-5, 177-8, 209-10, 218-9, 223-4, 229-31, 236-7, 243-4, 257-9, 263-5, 273-4, 284-6, 299-302, 325-7, 334-5, 338-9

Trabalho em equipe: 26-7, 31-2, 41-2, 59-60, 105-6, 146-7, 193-4, 233-4

Traços de personalidade: 31-2, 56-7, 59-61, 65-6, 80-1, 107-8, 110-1, 119-20, 146-7, 151-2, 157-8, 178-9, 228, 237-8, 274-7, 281-6, 305-6, 318-9

Trainee: 339-40

Transferência: 19-20, 22-3, 26-7, 40-4, 47-8, 54-5, 71-2, 93-4, 108-10, 136-7, 170-1, 190-1, 211-2, 221-2, 321-2, 337

Transparência: 34-5, 40-1, 49-50, 52-3, 70-1, 85-6, 105-6, 109-10, 135-6, 149-51, 157-8, 177-8, 193-4, 197, 204-6, 209-10, 240-1, 253-4, 257-9, 269-71, 288-9, 312-3, 324-5, 329-30, 336

Treinamento: 16-7, 126-7, 145-6, 177-8, 234-5

Vários empregos em pouco tempo: 53-4, 59-60, 93-4, 121-2, 189-90, 241-2, 265-6, 277-8, 306-7